인지영역 기반 인지훈련 워크북

Cognitive Training Workbook Based on Cognitive Area

저자 **차 수 민**

‖ 저자 차수민 (경남대학교 작업치료학과 교수)

이 성과는 정부(과학기술정보통신부)의 재원으로 한국연구재단의 지원을 받아 수행된 연구임(No.2021R1G1A1093641).
This work was supported by the National Research Foundation of Korea(NRF) grant funded by the Korea government(MSIT) (No. 2021R1G1A1093641).

차 례

제1장. 인지영역 기반 인지훈련 워크북 소개 ·· 1

제2장. 난이도 하 ·· 9
   1. 지남력 및 기억력 ·· 11
   2. 주의집중력 ·· 55
   3. 시지각능력 ·· 97
   4. 언어능력 및 사고력 ·· 133

제3장. 난이도 중 ·· 179
   1. 지남력 및 기억력 ·· 181
   2. 주의집중력 ·· 223
   3. 시지각능력 ·· 265
   4. 언어능력 및 사고력 ·· 311

제4장. 난이도 상 ·· 343
   1. 지남력 및 기억력 ·· 345
   2. 주의집중력 ·· 391
   3. 시지각능력 ·· 433
   4. 언어능력 및 사고력 ·· 475

에듀컨텐츠·휴피아
CH Educontents Huepia

제1장.
인지영역 기반 인지훈련 워크북 소개

에듀컨텐츠·휴피아
CH Educontents Huepia

인지영역 기반 인지훈련 워크북 소개

○ **인지란?**

  인지란 우리가 환경과 상호작용하며 살아가는 동안 뇌를 사용해 지각하고, 기억하고, 판단하고, 실행하는 모든 과정을 의미합니다.

○ **인지영역**

인지(Cognition)
고차원의 뇌 기능을 사용하는 능력
세부 영역

- 각성수준(Level of Arousal): 각성수준, 의식 명료와 환경자극에 대한 반응
- 지남력(Orientation): 사람, 장소, 시간, 위치에 대한 인식
- 재인(Recognition): 친근한 얼굴, 대상, 전에 존재했던 물질에 대해 인식
- 집중력(Attention): 과제 수행기간 내에 과제에 초점을 두어 집중
- 활동 시작(Initiation of Activity): 물리적이거나 정신적인 활동의 시작
- 활동 종료(Termination of Activity): 적절한 시간에 활동을 중지
- 기억력(Memory): 감각기억, 단기기억, 장기기억
- 순서화(Sequencing): 순서에 따라 정보, 개념, 활동을 배치
- 범주화(Categorization): 환경의 정보들 중에 유사성과 차이점을 아는 것
- 개념 형성(Concept Formation): 생각이나 착상으로부터 다양한 정보를 조직화
- 공간 조작능력(Spatial Operations): 다양한 관계 속에서 대상의 위치를 정신적으로 조작하는 것
- 문제해결(Problem Solving): 문제를 인식하고 정의하고 대안을 알고 계획을 선택하여 계획의 단계를 조직화하며 수행하고 그 결과를 평가하는 것
- 학습(Learning): 새로운 개념이나 행동을 습득하는 것
- 일반화(Generalization): 전에 학습된 개념이나 행동들을 다양한 새로운 환경에 적응시키는 것

지각(Perception)
감각입력을 의미있는 패턴들로 조직화 하는 능력
세부 영역

- 입체인지지각(Stereognosis): 고유수용감각, 인지능력, 접촉의 감각을 통해 대상을 인지.
- 운동감각(Kinesthesia): 움직임과 관절운동의 방향을 인지
- 통증반응(Pain Response): 유해한 자극의 해석
- 신체도식(Body Scheme): 신체에 대한 내적 인식과 서로에 대한 신체부분의 상대성의 인식 획득
- 좌우구별(Right-Left Discrimination): 한쪽과 반대쪽을 구별
- 형태 항상성(Form Constancy): 형태나 대상을 다양한 환경, 위치, 크기에 따라 같은 것으로 인식
- 공간 내 위치(Position in Space): 도안과 대상을 스스로 혹은 다른 형태와 대상과의 공간관계에서 인식
- 시각적 완성(Visual Closure): 불완전한 표시의 형태나 대상의 인식
- 전경 배경(Figure Ground): 형태나 대상을 전경과 배경으로 구분
- 깊이지각(Depth Perception): 대상, 그림 혹은 표시와 관찰자간의 상대적인 거리를 결정하고 표면의 면 안에서 변화를 인식
- 공간 관계(Spatial Relations): 서로에 대해 상대적인 대상의 자세 결정
- 지리 지남력(Topographical Orientation): 대상의 위치와 배치, 어떤 장소로 가는 과정을 결정

○ **인지영역 기반 인지훈련 프로그램의 필요성**

  노화 또는 치매 등 퇴행성 질환으로 인한 인지기능이 지속적으로 저하될 수 있습니다. 인지기능 저하는 일상생활 수행 독립성 저하 뿐만 아니라 전반적인 삶의 만족도, 삶의 질에도 악영향을 미치는 원인이 될 수 있습니다.

인지기능 중재를 위한 치료프로그램은 치료 방법 및 내용에 따라 흔히 인지훈련(Cognitive training), 인지재활(Cognitive rehabilitation), 인지자극(Cognitive stimulation)으로 나눠 볼 수 있습니다. 하지만, 이러한 인지중재 치료 프로그램에 대한 분류는 때에 따라 명확하지 않으며 여러 치료자와 연구자들 사이에서 인지자극, 인지훈련, 인지재활이 개념상 특별하게 구분되지 않고 서로 혼용되어 사용되기도 합니다.

본 프로그램에서 주요하게 적용하게 될 중재 방법인 인지훈련(Cognitive training)은 주로 구조화된 환경에서 특정 인지영역을 훈련시키기 위해 표준화된 수행 과제를 부여하는 방식으로 진행됩니다. 주로 기억력, 주의력, 정보처리 능력, 추론 및 문제해결 능력 등의 인지영역을 치료 회기 내에 훈련합니다. 기억 및 인지를 증진 시킬 수 있는 전략들을 교육하는 것까지 프로그램에 포함하기도 합니다. 이러한 훈련을 통해 인지기능을 증진시키거나 경도의 인지 기능 손상이 있는 경우에는 이전 상태로 회복시키는 것을 목적으로 하며, 경우에 따라서는 보존된 인지기능을 유지시키는 것을 목적으로 합니다. 인지 훈련에 의해 특정 인지영역의 수행 능력이 증진되면 이는 다른 인지영역의 수행 능력 향상 또는 일상생활 속에서 인지적 요구가 있을 때 수행 능력의 향상 등으로 훈련 효과의 일반화가 이루어는 것으로 알려져 있습니다.

인지재활(Cognitive rehabilitation)은 인지 손상에 의한 장해를 갖고 있는 상황에서 보존되고 있는 기능을 최적화하여 발휘할 수 있도록 돕는 치료입니다. 보통 환자, 가족, 치료사가 함께 환자가 처한 상황에 맞춰 적절한 치료 목적을 설정하게 됩니다. 인지 훈련처럼 특정 인지영역에 대한 과제의 수행을 향상 시키는 것을 목적으로 하지는 않고, 일상 생활을 영위하는 데 있어 좀 더 잘 기능할 수 있도록 하는 데에 초점을 맞춰 치료합니다. 인지 재활은 주로 실제 생활에서 목표로 하는 활동의 실행 능력에 국한되어 접근하며, 보통 인지 재활을 통해 전반적 인지가 향상될 것이라는 효과의 일반화에 대해서는 가정하지 않습니다. 환자에서 상대적으로 더 잘 보존되어 있는 인지기능을 통해 손상된 인지영역으로 인한 장애를 보완할 수 있도록 합니다. 기억보조도구와 같은 외부적 도움을 이용하는 전략이 인지재활에 이용되기도 합니다. 질병의 경과가 진행된 치매환자에서는 인지훈련의 적용에 제한이 많고, 치료를 통한 실제적인 도움을 줄 수 있다는 면에서 인지재활이 유용할 수 있습니다.

인지자극(Cognitive stimulation)은 인지 활동을 촉진하도록 하는 광범위한 중재들을 포함하며, 인지훈련에 비해 치료 프로그램이 덜 표준화되어 있는 편입니이다. 일반적으로 생각, 집중, 기억 등과 관련된 정신 활동을 유도하고 촉진시키는 다양한 활동으로 치료 프로그램이 구성되어 있습니다. 단어 게임, 퍼즐, 악기 연주에서부터 원예, 요리 등 다양한 활동이 인지자극 프로그램에 포함될 수 있습니다. 여러 치료 기관 및 요양기관에서는 회상 치료, 현실지향훈련 등과 같은 인지자극 치료 프로그램이 시행되기도 합니다. 인지자극은 정상 노화성 인지감퇴를 보이는 노인에서부터 치매 환자까지 다양한 대상자들에게 적용될 수 있습니다.

본 프로그램에서 적용하는 인지영역 기반 인지훈련 워크북을 활용함으로써 인지기능 저하 예방 및 유지, 대상자 뿐만 아니라 보호자의 삶의 독립성과 삶의 질 향상에도 기여할 수 있을 것입니다.

○ 프로그램 적용 시간
주 1회, 1회기 60분

○ 프로그램 사용방법
본 프로그램은 인지기능을 4가지 영역으로 구분하여 각 세부영역에 해당하는 기능을 훈련할 수 있도록 인지영역 기반 인지훈련 워크북으로 구성되어 있습니다.

각 대상자의 저하된 인지영역을 향상 및 유지하기 위한 인지훈련 프로그램으로 구성하였으며, 대상자의 인지기능 수준에 따라 난이도를 3단계로 구분하여 구성하였습니다. 난이도 선정 기준을 참고하여 대상자의 특성에 맞도록 적용하시기 바랍니다.

○ 프로그램 구성

인지영역	세부 영역
1. 지남력 및 기억력	▪ 시간, 장소, 사람 인식 능력 ▪ 감각기억, 단기기억, 장기기억(서술기억, 절차기억, 전향기억)
2. 주의집중력	▪ 반응 집중력(초점 집중력) ▪ 선택적 집중력 ▪ 지속적 집중력 ▪ 동시 집중력(분리 집중력) ▪ 변화적 집중력(변환 집중력, 교대 집중력)
3. 시지각능력	▪ 물체, 모양 인식 ▪ 좌우구별 ▪ 형태 항상성(물체 항상성) ▪ 공간 내 위치 ▪ 운동감각(신체 방향) ▪ 시각적 완성 ▪ 전경-배경(겹쳐진 그림) ▪ 깊이지각 ▪ 공간관계(도형 보고 그리기, 2차원, 3차원 모형 만들기, 페그보드 구성하기, 퍼즐 맞추기, 나를 기준으로 한 공관계 인식능력, 상대방을 기준으로 한 공관계 인식능력) ▪ 지리지남력
4. 언어능력 및 사고력	▪ 단어 찾기, 초성 맞추기, 사물 이름 맞추기 ▪ 따라 말하기 ▪ 분류하기(범주화 하기) ▪ 순서화 하기 ▪ 개념형성 ▪ 문제해결능력 ▪ 계산능력

○ **프로그램 진행방법 및 고려사항**
- 스스로 준비할 수 있도록 충분한 시간을 줍니다.
- 워크북 활동은 책상이나 테이블에 바른 자세로 앉아서 수행하고, 주변을 정돈하여 집중할 수 있는 환경을 제공합니다.
- 매일 일정한 시간을 정해 워크북 활동을 진행하도록 합니다. (약 60분 내외 수행)
- 인지장애 정도가 경도, 중등도, 중증 이상에 해당하는 대상자는 프로그램 진행자가 필요한 경우 청각적, 시각적, 촉각적 힌트를 제공합니다.
- 워크북 활동을 시작 시, 진행과정을 설명한 후 활동을 실시합니다.
- 문제에 대한 이해를 잘 못하는 경우에는 정답을 알려주기 보다는 문제를 이해할 수 있도록 천천히 한 단계씩 설명해줍니다.
- 워크북 활동을 잘 수행하지 못할 경우, 재촉하지 말고 충분히 기다려주어 최대한 스스로 수행할 수 있도록 합니다.
- 지속적인 칭찬과 격려를 통해 동기와 흥미를 유발합니다.
- 활동 중간에 집중력이 떨어지거나 힘들어 할 경우, 짧은 휴식을 제공하거나 간단한 스트레칭 및 체조를 통해 활동에 집중할 수 있도록 도와줍니다.
- 너무 빨리 문항을 풀어버린 대상자의 경우 숨은 그림 찾기, 만다라 색칠하기, 종이접기 등 간단한 과제를 제공하여 전체적인 분위기가 산만해지지 않도록 합니다.
- 활동 종료 후 스스로 주변 정리정돈을 할 수 있도록 하고, 활동 소감을 간단히 공유하는 시간을 갖도록 합니다.

인지영역 기반 인지훈련 워크북 난이도 선정

○ K-MMSE 검사결과를 활용하여 대상자의 활동 난이도 선정
- 다양한 연구의 MMSE 점수 기준과 인지활동형 도구개발 연구(국민건강보험공단, 2017)에서 제시한 K-MMSE 점수기준을 근거로 하여 인지기능장애 대상자를 위한 워크북의 난이도 기준을 선정하였음
- 인지활동형 도구개발 연구(국민건강보험공단, 2017)는 건강보험공단 치매환자 장기요양등급 데이터를 분석하여 적용 난이도 기준을 설정하였음
- 장기요양인정조사표 인지기능(총 7항목: 단기 기억장애, 날짜 불인지, 장소 불인지, 나이/생년월일 불인지, 지시 인지, 상황판단력 감퇴, 의사소통/전달장애) 점수는 증상 여부에 따라 예(0점), 아니오(1점)로 배점하여 총점이 높을수록 인지기능장애가 있는 것을 의미함
- 본 프로그램 워크북은 인지기능 수준을 최대한 고려하여 난이도를 상부터 하까지 3단계로 세분화 하였음
- 대상자의 특성에 따라 워크북의 난이도를 조절하여 적용

다양한 연구의 MMSE 점수 기준			장기요양인정조사표 인지기능 총점	K-MMSE		워크북 적용 기준 선정		
MMSE-K (1989)	Kramer 등(1985), Weissman 등(1985)	Zeck (1993)				난이도		인지장애 정도
확정적 정상 (24~30점)	정상 (24~30점)	정상 (20~24점)	0~3	14점 이상	⇒	해당 없음		정상
치매 의심 (20~23점)	경도 인지기능장애 (18~23점)	경도치매 (20~23점)				상	★★★	경도 CDR 0.5 또는 K-MMSE 14점 이상
확정적 치매 (0~19점)	중증장애 (0~17점)	중등도 치매 (10~19점)	4~5	12~13점		중	★★☆	중등도 CDR 1 또는 K-MMSE 7~13점
			6	7~11점				
		중증치매 (0~9점)	7~10	6점 이하		하	★☆☆	중증 이상 CDR 2 이상 또는 K-MMSE 6점 이하

(국민건강보험공단, 2017)

에듀컨텐츠·휴피아
CH Educontents Huepia

제2장.
난이도 하

(난이도 ★☆☆)

1. 지남력 및 기억력

2. 주의집중력

3. 시지각능력

4. 언어능력 및 사고력

에듀컨텐츠·휴피아
CH Educontents Huepia

난이도 하 (난이도 ★☆☆)

1. 『지남력 및 기억력』

[1회차]

지남력 및 기억력
난이도 하 (★☆☆)

제 이름은 _____입니다.
오늘은 _____년 _____월_____일입니다.

1. 다음 사진들은 어떤 계절을 나타내고 있나요?

① 봄   ② 겨울

2. 다음 사진들은 어떤 계절을 나타내고 있나요?

① 봄　　　　　　　　② 겨울

3. 다음 사진들은 어떤 계절을 나타내고 있나요?

① 봄　　　　　　　② 가을

4. 다음 사진들은 어떤 계절을 나타내고 있나요?

① 여름　　　　　　　② 겨울

5. 다음 사진들은 어떤 장소에서 볼 수 있나요?

① 화장실　　　　　　② 부엌

6. 다음 사진들은 어떤 장소에서 볼 수 있나요?

① 화장실　　　　　　② 부엌

7. 다음 사진들은 어떤 장소에서 볼 수 있나요?

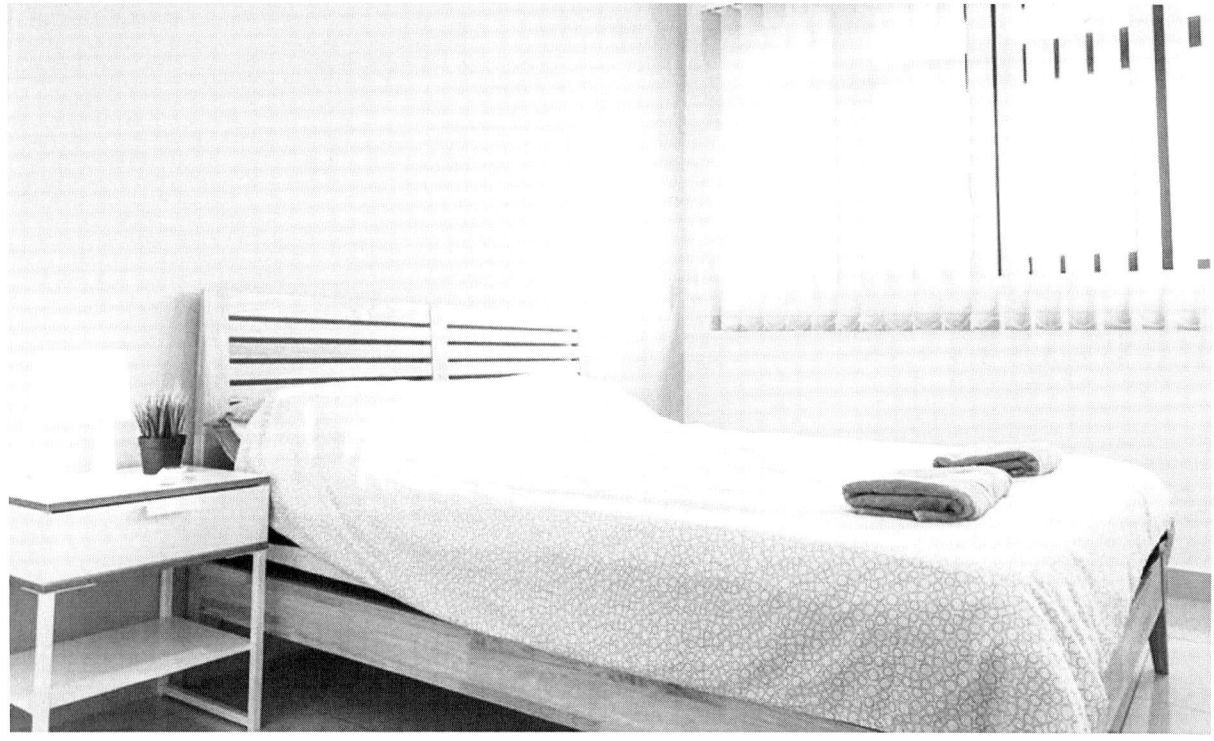

① 공부방　　　　　　　② 침실

8. 사진 속 사람들의 직업은 무엇일까요?

① 소방관　　　　　　　　② 경찰관

9. 사진 속 사람들의 직업은 무엇일까요?

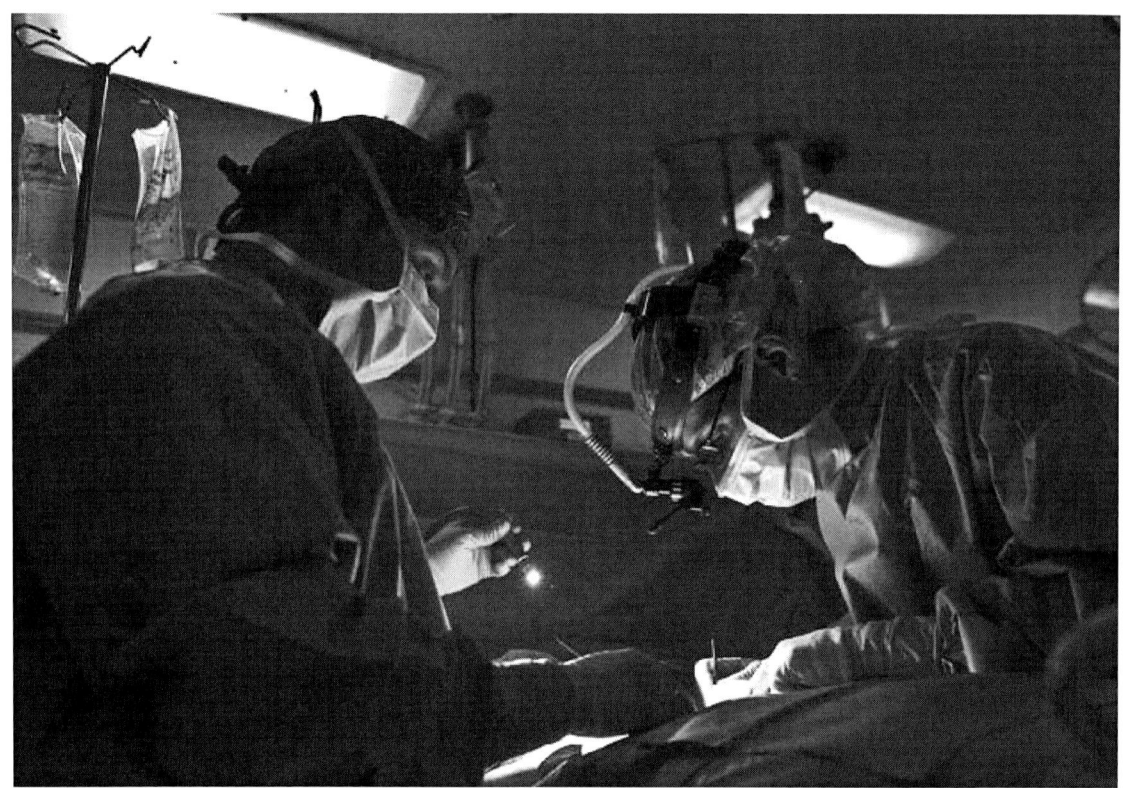

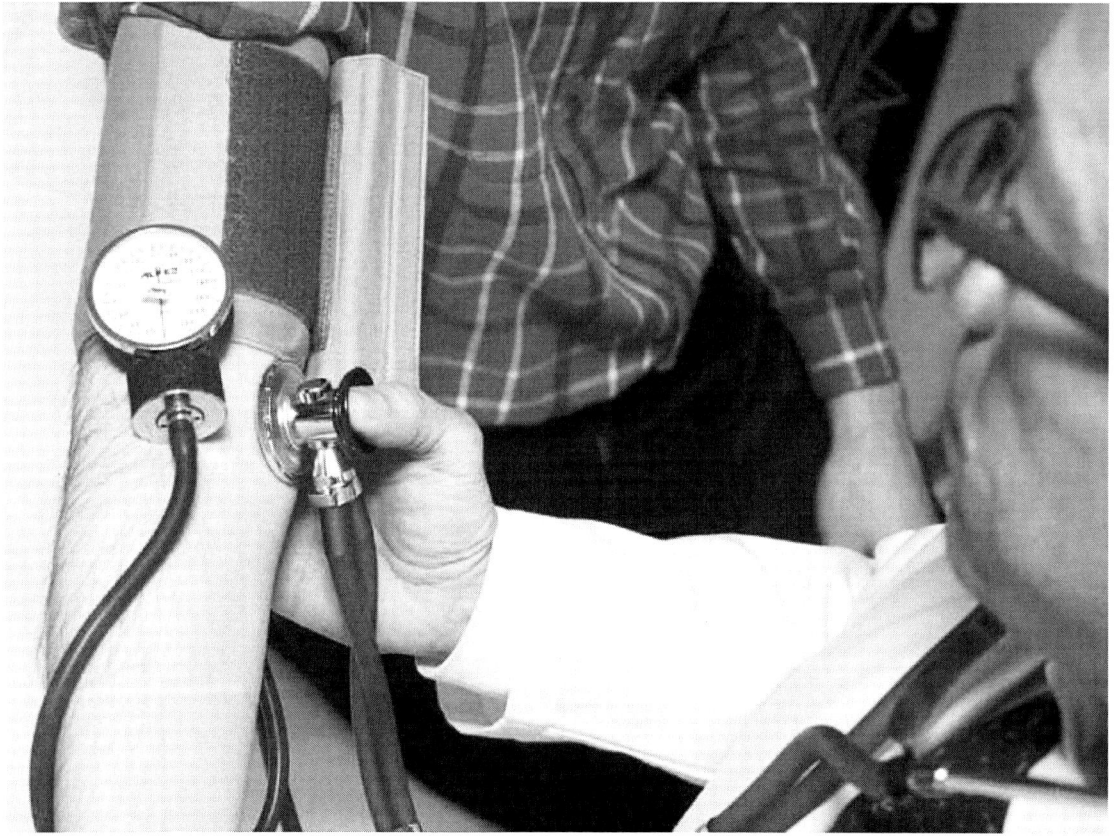

① 약사　　　　　　② 의사

10. 다음 사진들은 어떤 상황을 나타내고 있나요?

① 집 청소　　　　　　② 생일 파티

[2회차]

지남력 및 기억력 난이도 하 (★☆☆)

제 이름은 _____ 입니다.
오늘은 _____ 년 _____ 월 _____ 일입니다.

1. 다음 사진은 어느 장소일까요?

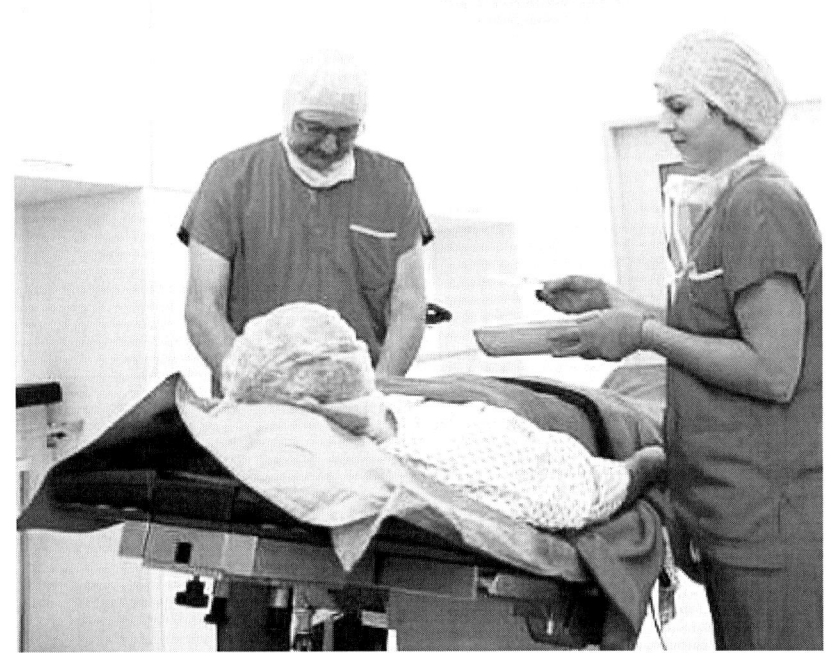

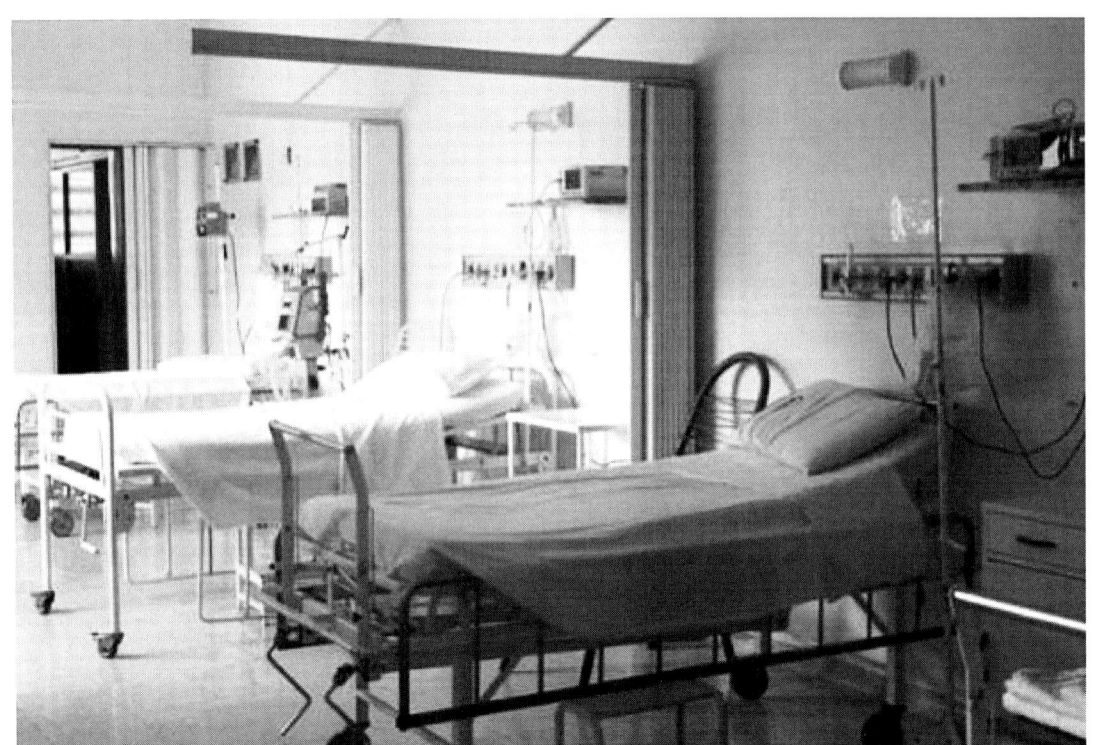

① 호텔　　　　　② 병원

2. 다음 사진은 어느 장소일까요?

① 시장   ② 서점

3. 다음 사진은 어느 장소일까요?

① 병원　　　　　② 도서관

4. 다음 사진은 어느 장소일까요?

① 영화관(극장)　　　　② 지하철(전철)

5. 다음 사진은 하루 중 어느 시간 일까요?

① 오전 11시   ② 저녁 11시

6. 다음 사진은 하루 중 어느 시간 일까요?

① 오전 11시　　　② 저녁 11시

7. 다음 중 잠을 자는 곳은 어디일까요?

①

②

8. 다음 중 식사를 하는 곳은 어디일까요?

①

②

9. 다음 중 가장 나이가 어려 보이는 사람은 누구인가요?

◆ 다음 중 가장 나이가 많아 보이는 사람은 누구인가요?

10. 다음 사진을 잘 보세요.

모두 몇 명이 있나요?
① 2명　　　　　② 3명　　　　　③ 4명

여자는 몇 명인가요?
① 1명　　　　　② 2명　　　　　③ 3명

[3회차]

지남력 및 기억력
난이도 하 (★☆☆)

제 이름은 _____입니다.
오늘은 _____년 _____월 _____일입니다.

1. 다음 사진은 어느 장소일까요?

① 은행　　　　　② 시장

3. 다음 사진의 음식을 사러 가기 위해 가야 하는 곳은 어디일까요?

① 채소가게　　　　② 과일가게

4. 다음 사진의 시계를 잘 보세요. 지금 시각은 어떻게 되나요?

① 7시　　② 7시 4분　　③ 12시 4분

5. 다음 사진은 어느 장소인가요?

① 꽃가게　　　② 옷가게

6. 다음 건물의 가장 높은 층은 몇 층인가요?

① 5층　　② 7층　　③ 10층

7. 다음 장소는 어디일까요?

① 법정 　　　　② 백화점

8. 다음 장소는 어디일까요?

① 빵 가게 　　　② 세탁소

9. 바깥 날씨가 다음 사진과 같습니다. 날씨가 어떠한가요?

① 비가 내립니다.　　② 화창합니다.

10. 오늘 바깥 풍경은 다음 사진과 같습니다. 어느 계절인가요?

① 여름　　② 겨울

[4회차] 지남력 및 기억력 난이도 하 (★☆☆)

제 이름은 _____입니다.
오늘은 _____년 _____월_____일입니다.

1. 양치를 하기 위해 가야 하는 장소는 어디일까요?

2. 음식 준비를 하기 위해 가야 하는 곳은 어디인가요?

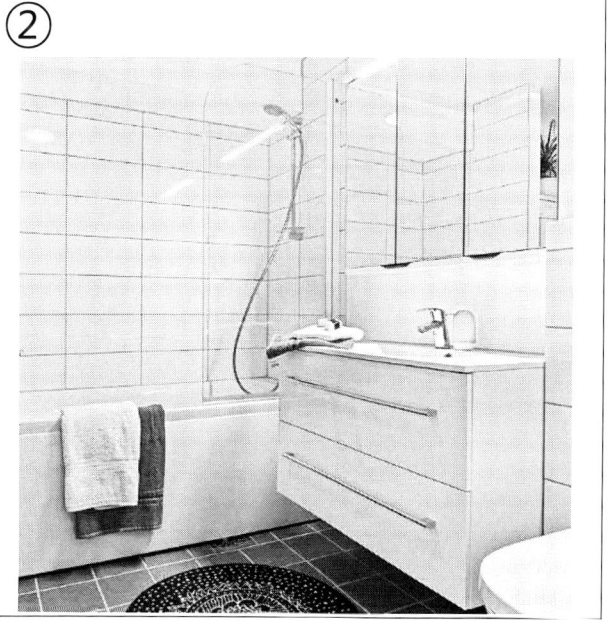

3. 머리를 자르기 위해 가야 하는 곳은 어디인가요?

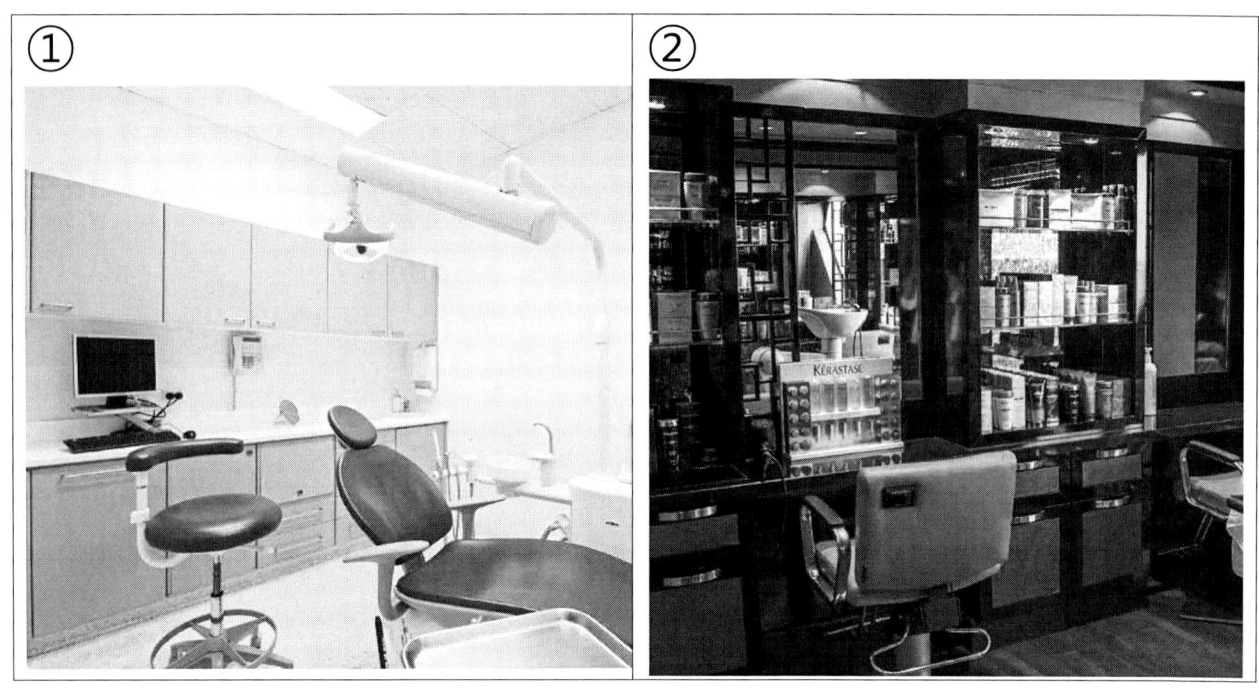

4. 외출 후 집으로 돌아와서 손을 씻기 위해 가장 먼저 가야 하는 곳은?

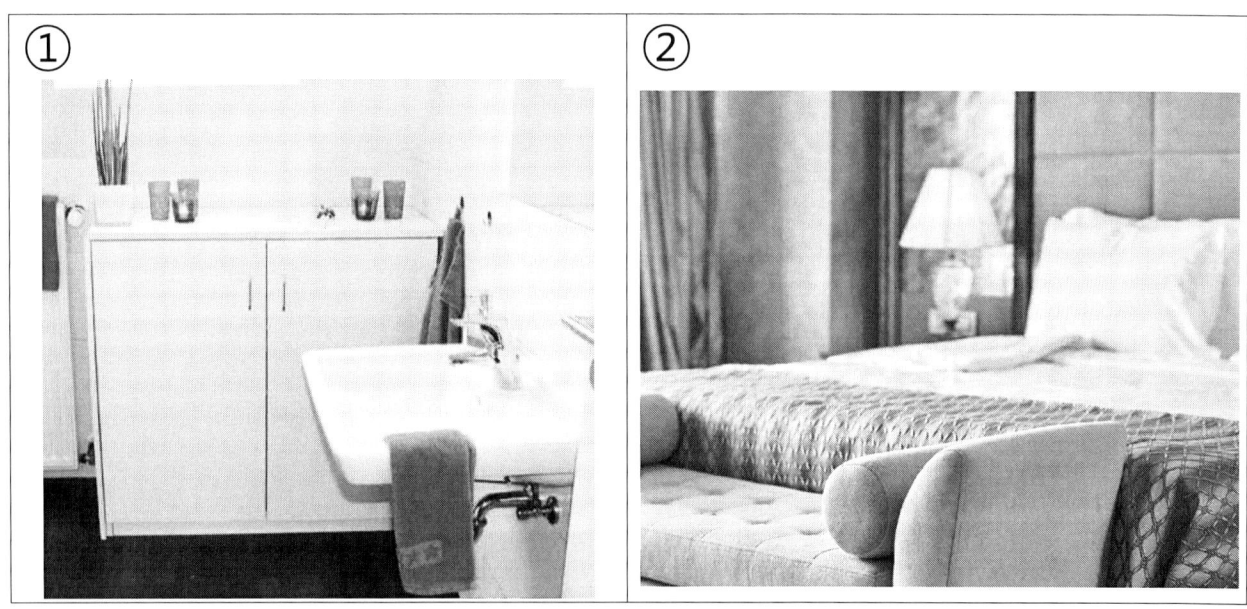

5. 친구 딸 결혼식을 야회 결혼식장에서 한다고 초대받았습니다. 가야 할 장소는 어디일까요?

6. 다음 중 가장 나이가 많은 사람은 누구일까요?

7. 다음 사진을 잘 살펴보세요. (20초 동안)

앞에서 본 사진은 어떤 음식이었나요?
① 삼계탕　　　② 비빔밥

8. 다음 사진을 잘 살펴보세요. (20초 동안)

앞에서 본 사진에 있었던 것은 무엇인가요?
① 변기　　　　　② 장독대

9. 다음 사진을 잘 살펴보세요. (20초 동안)

앞에서 본 사진에 있었던 과일은 무엇인가요?
① 사과　　　② 복숭아

10. 다음 사진을 잘 살펴보세요. (20초 동안)

앞의 사진에서 본 사람은 안경을 끼고 있었나요?
① 네 　　　② 아니오

[5회차]

| 지남력 및 기억력 |
| 난이도 하 (★☆☆) |

제 이름은 _____입니다.
오늘은 _____년 _____월_____일입니다.

1. 다음 중 다른 계절을 나타내는 사진은 무엇인가요?

2. 다음 중 다른 장소를 나타내는 사진은 무엇인가요?

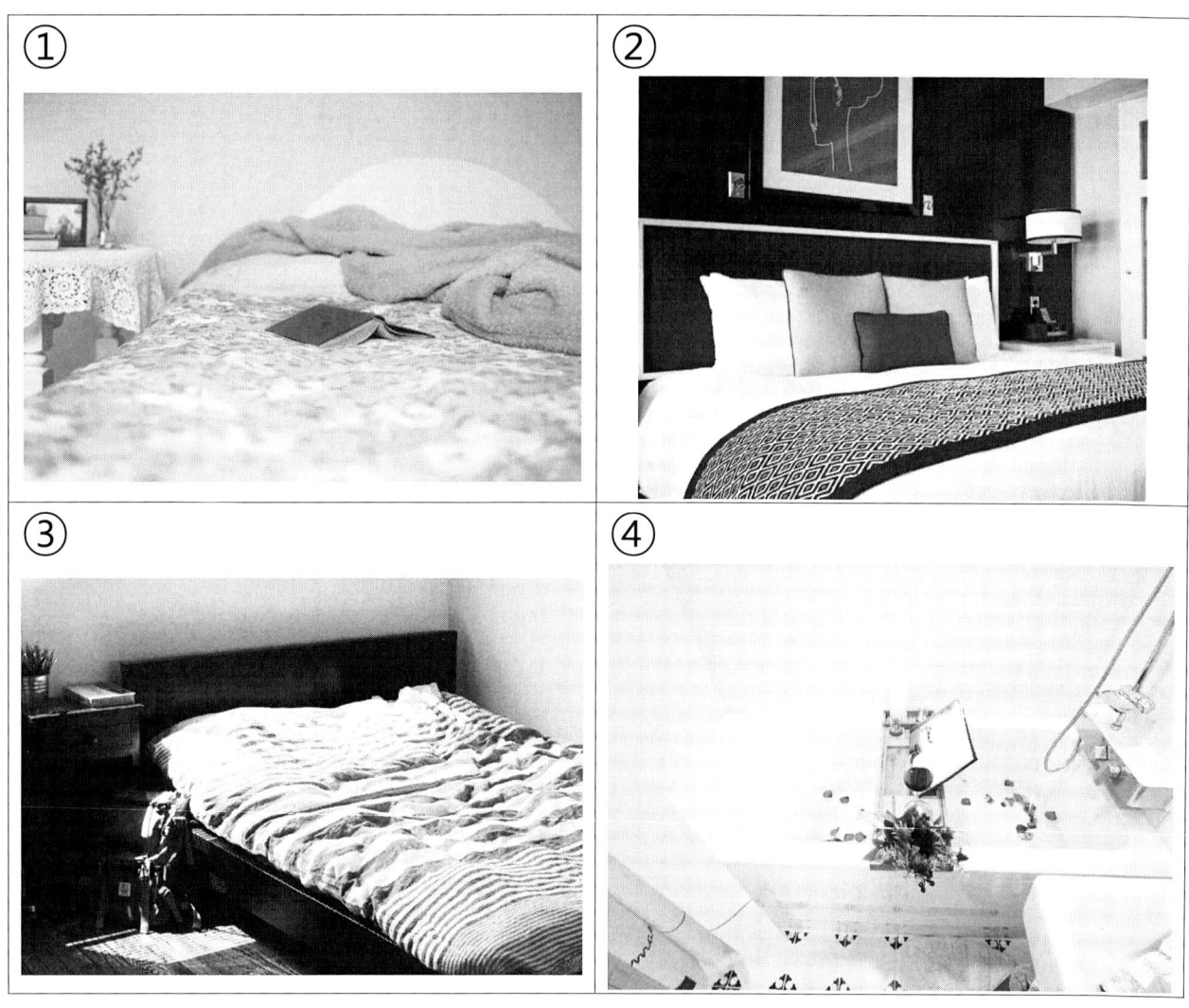

3. 다음 중 나이대가 다른 사람은 누구인가요?

4. 다음 사진을 잘 살펴보세요. (20초 동안)

앞에서 본 사진은 어떤 음식이었나요?
① 삼계탕　　　② 국수

5. 다음은 어느 장소인가요?

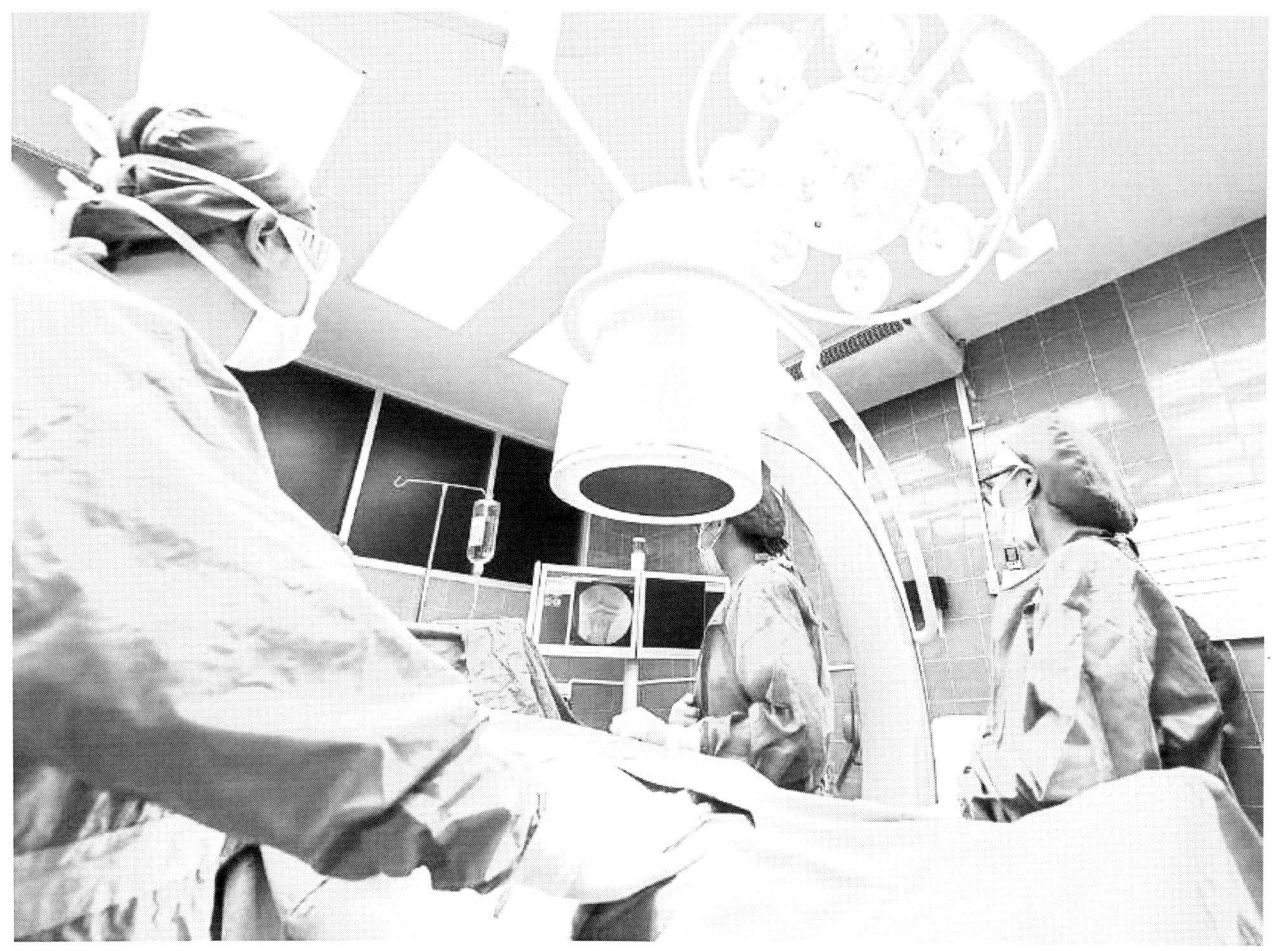

① 병원　　② 미용실

6. 다음 중 태극기를 다는 날이 **아닌** 것은?
① 삼일절 ② 현충일
③ 부활절 ④ 광복절

7. 다음과 같은 전통음식을 먹는 한국의 명절은?

① 설날 ② 추석

8. 다음 사진을 잘 살펴보세요. (20초 동안)

앞의 사진에서 본 사람은 모자를 쓰고 있었나요?
① 네　　　② 아니오

9. 오늘은 화요일입니다. 이틀 뒤는 무슨 요일인가요?
① 월요일　　② 수요일　　③ 목요일

10. 오늘은 광복절입니다. 오늘 날짜가 어떻게 되나요?
① 3월 1일　　② 7월 17일　　③ 8월 15일

| 지남력 및 기억력 마무리 활동 | 제 이름은 _____ 입니다. |
| 난이도 하 (★☆☆) | 오늘은 _____ 년 ____ 월 ____ 일입니다. |

[자유롭게 표현해 보세요.]

1. 집주소를 알고 계신가요?

2. 지금 현재 계시는 곳은 무엇을 하는 곳인가요?

3. 어느 계절을 가장 좋아 하나요? 이유는 무엇인가요?

4. 생년월일은 어떻게 되나요? 가장 기억에 남는 생일은 언제인가요? 누구와 함께 있었나요?

5. 가장 기억에 남는 여행이 있나요? 누구와 함께 어디로 갔었나요?

에듀컨텐츠·휴피아
CH Educontents·Huepia

난이도 하
(난이도 ★☆☆)

2. 『주의집중력』

[1회차]

주의집중력
난이도 하 (★☆☆)

제 이름은 _____입니다.
오늘은 _____년 ____월____일입니다.

1. 다음 숫자판에서 "6"을 찾아 동그라미(O) 하세요.

9	8	6	9
2	5	7	6
6	3	4	0
3	9	6	9
6	2	8	6

"6"은 모두 몇 개 인가요? (_____)개

2. 아래 글자 중에서 "ㄱ"이 들어간 단어를 찾아 동그라미(O) 하세요.

나비	고구마	다리미
유과	자동차	가지
코끼리	수국	다람쥐

3. 아래 단어 중에서 과일을 3개 찾아 동그라미(O) 하세요.

당근	고구마	포도
유과	딸기	가지
파인애플	수국	수정과

4. 색깔과 색깔 이름이 일치하면 O, 일치하지 않으면 X 표시하세요.

노란색	빨간색	초록색
(O)	(X)	( )

노란색	파란색	빨간색
( )	( )	( )

초록색	노란색	파란색
( )	( )	( )

5. 다음 그림을 잘 보고, 같은 그림 3개가 나란히 연결된 것을 찾아 선을 그어 보세요.

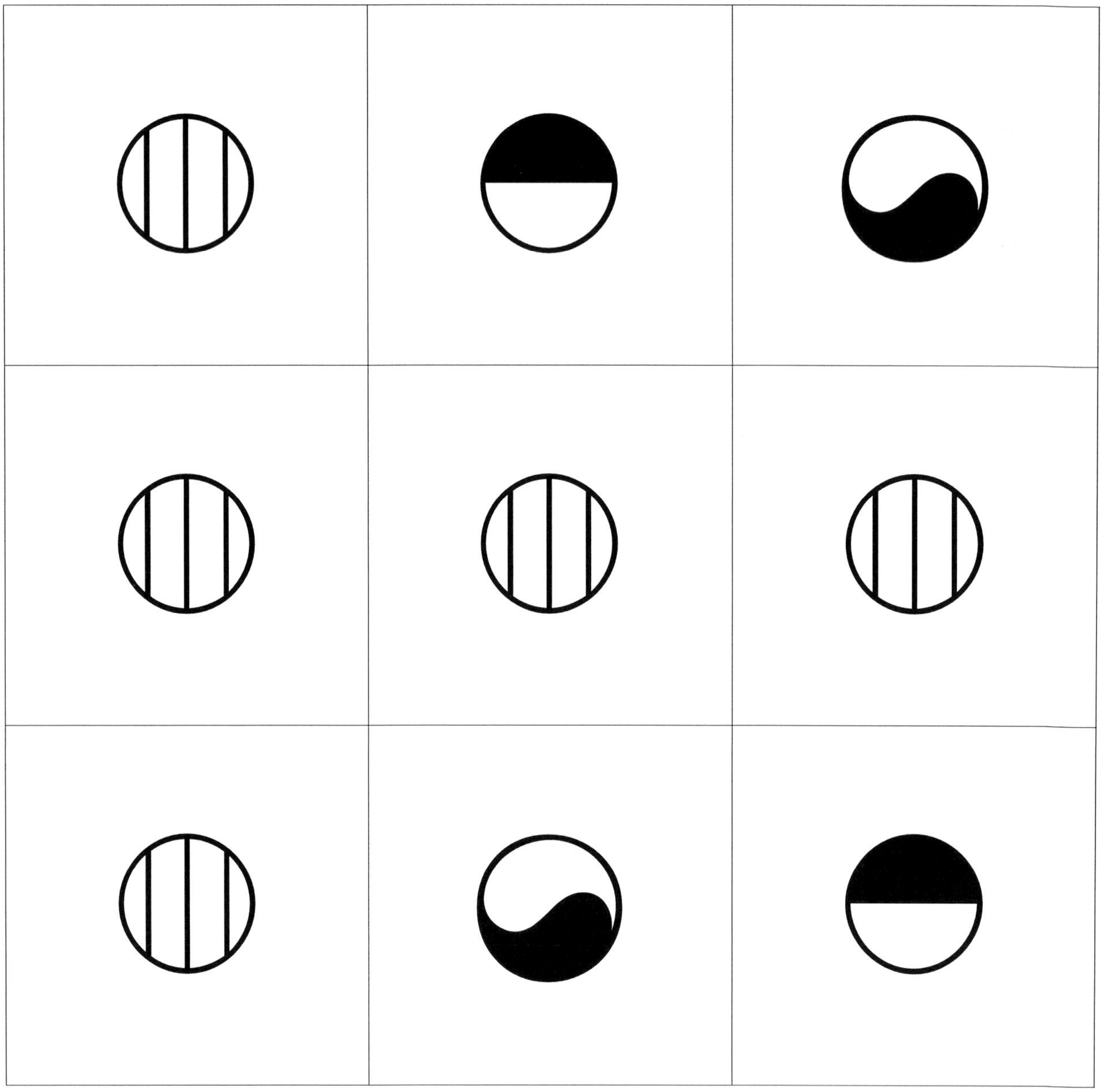

6. 다음 숫자를 잘 보고, 아래 빈칸에 뒤에서부터 거꾸로 순서로 써 보세요.

5 8 9 7
(   )

7. 다음 글자를 잘 보고, 아래 빈칸에 뒤에서부터 거꾸로 써 보세요.

나 비
(   )

8. 아래에서 "☯" 와 같은 그림을 찾아 동그라미(O) 하세요.

"☯"은 모두 몇 개 인가요? (_____)개

9. 아래 그림을 잘 보고, 그림을 나타내는 단어를 뒤에서부터 거꾸로 써 보세요. (세 글자)

(_____ _____ _____)

10. 아래 도형 순서를 잘 보고, 그 다음 순서에 와야 하는 도형을 빈 칸에 그려 넣으세요.

| □ | △ | ○ | □ | △ | | | |

주의집중력
난이도 하 (★☆☆)

제 이름은 _____ 입니다.
오늘은 _____년 ____월____일입니다.

1. 다음 글자판에서 "ㄲ"을 찾아 동그라미(O) 하세요.

ㄲ	ㄱ	ㄴ	ㄱ
ㄴ	ㄷ	7	ㄲ
ㄷ	ㄲ	ㄱ	ㄴ
ㄲ	ㄱ	ㄴ	ㄷ
ㄱ	ㄷ	ㄲ	ㄴ

"ㄲ"은 모두 몇 개 인가요? (_____)개

2. 아래 글자 중에서 "ㅇ"이 들어간 단어를 찾아 동그라미(O) 하세요.

가위	고구마	연필
유과	옥수수	가지
자동차	태극기	다람쥐

3. 아래 그림 중에서 동물을 3개 찾아 동그라미(O) 하세요.

4. 아래 사진과 이름이 일치하면 O, 일치하지 않으면 X 표시하세요.

사과	거울	가위
(O)	(X)	( )

지우개	바나나	수박
( )	( )	( )

5. 다음 그림을 잘 보고, 같은 그림 3개가 나란히 연결된 것을 찾아 선을 그어 보세요.

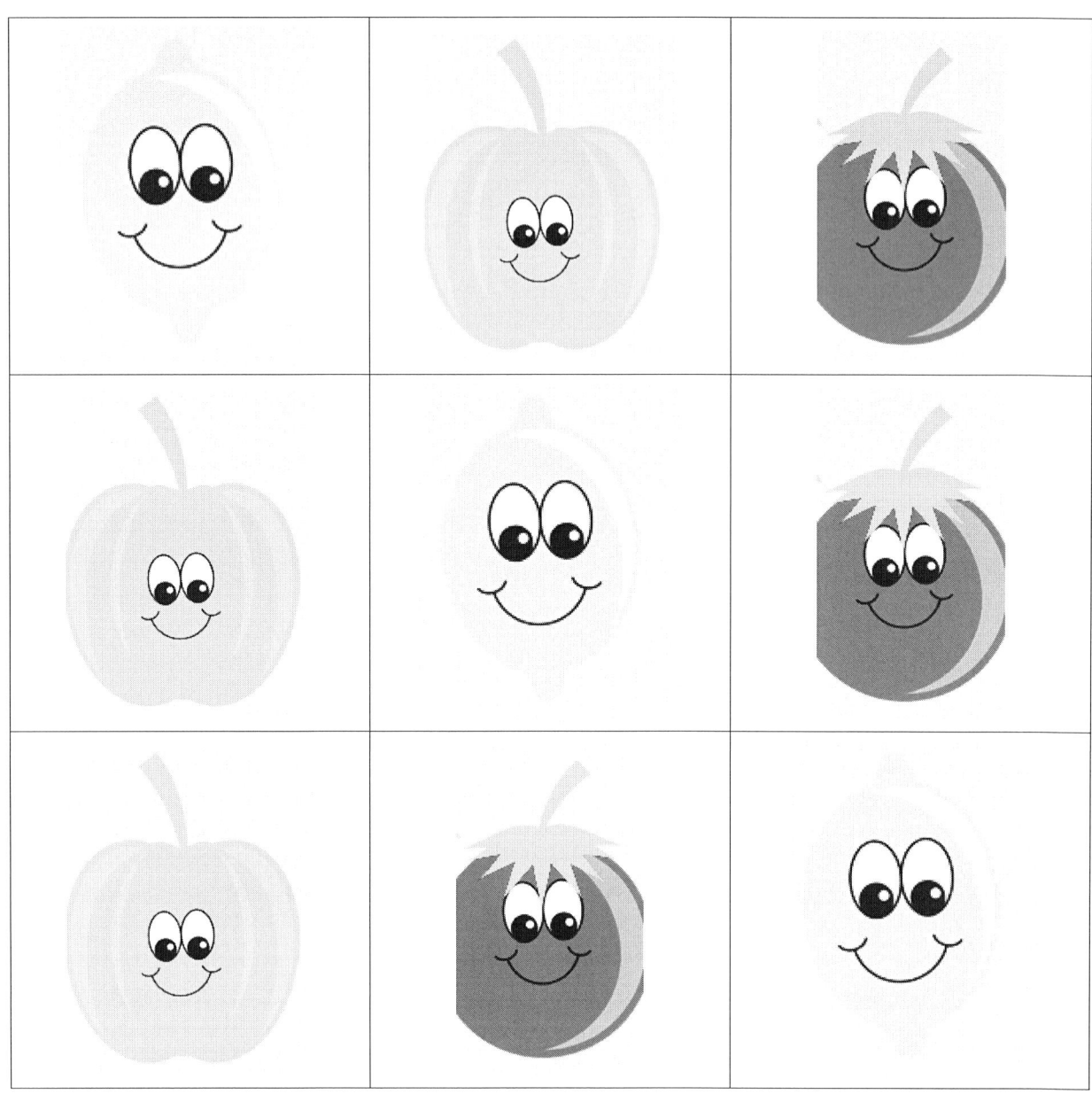

6. 다음 숫자를 잘 보고, 아래 빈칸에 뒤에서부터 거꾸로 순서로 써 보세요.

9 6 4 3
(   )

7. 다음 글자를 잘 보고, 아래 빈칸에 뒤에서부터 거꾸로 써 보세요.

호 랑 이
(   )

8. 아래에서 "⦀" 와 같은 그림을 찾아 동그라미(O) 하세요.

"⦀"은 모두 몇 개 인가요? (　　　　)개

9. 아래 그림을 잘 보고, 그림을 나타내는 단어를 뒤에서부터 거꾸로 써 보세요. (세 글자)

(_____ _____ _____)

10. 아래 도형 순서를 잘 보고, 그 다음 순서에 와야 하는 도형을 빈 칸에 그려 넣으세요.

[3회차]

주의집중력
난이도 하 (★☆☆)

제 이름은 _____ 입니다.
오늘은 _____ 년 _____ 월_____ 일입니다.

1. 다음 색깔판에서 "노란색"을 찾아 동그라미(O) 하세요.

"노란색"은 모두 몇 개 인가요? (_____)개

2. 아래 글자 중에서 "ㅁ"이 들어간 단어를 찾아 동그라미(O) 하세요.

감자	고구마	연필
설날	옥수수	컵
고양이	젓가락	다람쥐

3. 아래 그림 중에서 옷을 3개 찾아 동그라미(O) 하세요.

4. 아래 글자와 글자 이름이 일치하면 O, 일치하지 않으면 X 표시하세요.

ㄱ	ㅁ	ㅅ
기역	시옷	니은
(O)	(X)	( )

ㅎ	ㄹ	ㄷ
이응	리을	디귿
( )	( )	( )

5. 다음 그림을 잘 보고, 같은 그림 3개가 나란히 연결된 것을 찾아 선을 그어 보세요.

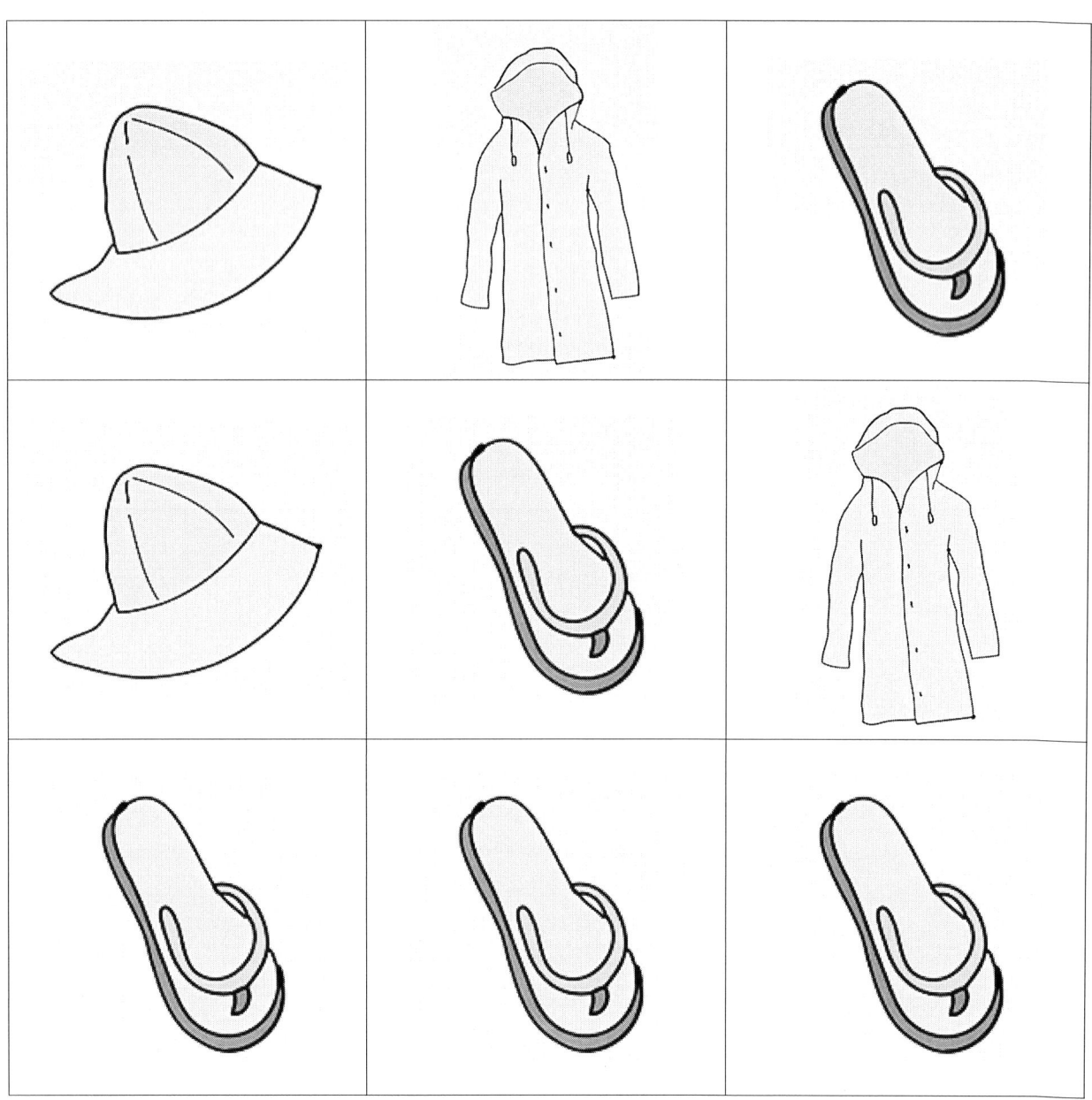

6. 다음 숫자를 잘 보고, 아래 빈칸에 뒤에서부터 거꾸로 순서로 써 보세요.

1 2 7 9
(   )

7. 다음 글자를 잘 보고, 아래 빈칸에 뒤에서부터 거꾸로 써 보세요.

추 석
(   )

8. 아래에서 "△" 와 같은 그림을 찾아 동그라미(O) 하세요.

"△"은 모두 몇 개 인가요? (_____)개

9. 아래 그림을 잘 보고, 그림을 나타내는 단어를 뒤에서부터 거꾸로 써 보세요. (세 글자)

(____ ____ ____)

10. 아래 도형 순서를 잘 보고, 그 다음 순서에 와야 하는 도형을 빈 칸에 그려 넣으세요.

[4회차]

주의집중력
난이도 하 (★☆☆)

제 이름은 _____입니다.
오늘은 _____년 ____월____일입니다.

1. 다음 글자판에서 "공"을 찾아 동그라미(O) 하세요.

궁	공	긍	광
공	긍	궁	공
궁	공	궁	긍
광	긍	광	공
공	궁	긍	궁

"공"은 모두 몇 개 인가요? (_____)개

2. 아래 글자 중에서 "ㅜ"이 들어간 단어를 찾아 동그라미(O) 하세요.

피자	고구마	상자
설날	발자국	눈사람
오리	토끼	묵사발

3. 아래 그림 중에서 음식을 모두 찾아 동그라미(O) 하세요.

4. 아래 그림과 이름이 일치하면 O, 일치하지 않으면 X 표시하세요.

5. 다음 그림을 잘 보고, 같은 그림 3개가 나란히 연결된 것을 찾아 선을 그어 보세요.

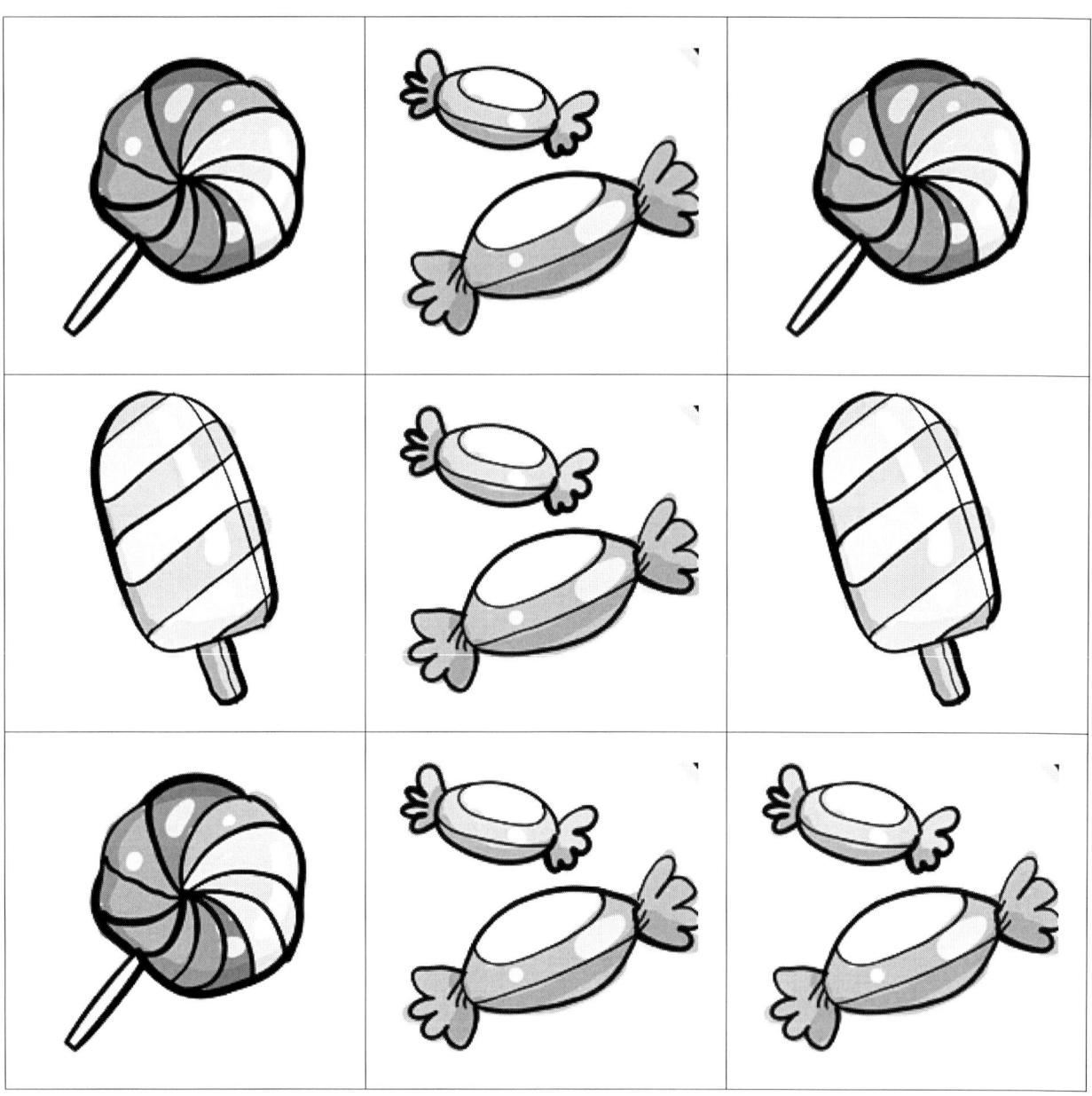

6. 다음 숫자를 잘 보고, 아래 빈칸에 뒤에서부터 거꾸로 순서로 써 보세요.

6 4 8 8
(   )

7. 다음 글자를 잘 보고, 아래 빈칸에 뒤에서부터 거꾸로 써 보세요.

양 파
(   )

8. 아래에서 "◔" 와 같은 그림을 찾아 동그라미(O) 하세요.

"◔" 은 모두 몇 개 인가요? (_____)개

9. 아래 그림을 잘 보고, 그림을 나타내는 단어를 뒤에서부터 거꾸로 써 보세요. (두 글자)

(____ ____)

10. 아래 도형 순서를 잘 보고, 그 다음 순서에 와야 하는 도형을 빈 칸에 그려 넣으세요.

[5회차]

주의집중력
난이도 하 (★☆☆)

제 이름은 _____ 입니다.
오늘은 _____ 년 _____ 월 _____ 일입니다.

1. 다음 숫자판에서 "3"을 찾아 동그라미(O) 하세요.

3	8	6	9
2	3	7	6
6	3	4	0
3	9	6	9
6	2	8	3

"3"은 모두 몇 개 인가요? (_____)개

2. 아래 글자 중에서 "ㅏ"가 들어간 단어를 찾아 동그라미(O) 하세요.

나비	피자	고사리
우유	자동차	떡볶이
공룡	거북이	아저씨

3. 아래 단어 중에서 교통수단(타고 이동할 수 있는 것)을 3개 찾아 동그라미(O) 하세요.

기차	달팽이	파리
감자	버스	나무
볼펜	택시	전화기

4. 색깔과 색깔 이름이 일치하면 O, 일치하지 않으면 X 표시하세요.

노란색	빨간색	초록색
(O)	(X)	( )

노란색	파란색	빨간색
( )	( )	( )

검정색	노란색	파란색
( )	( )	( )

5. 다음 그림을 잘 보고, 같은 그림 3개가 나란히 연결된 것을 찾아 선을 그어 보세요.

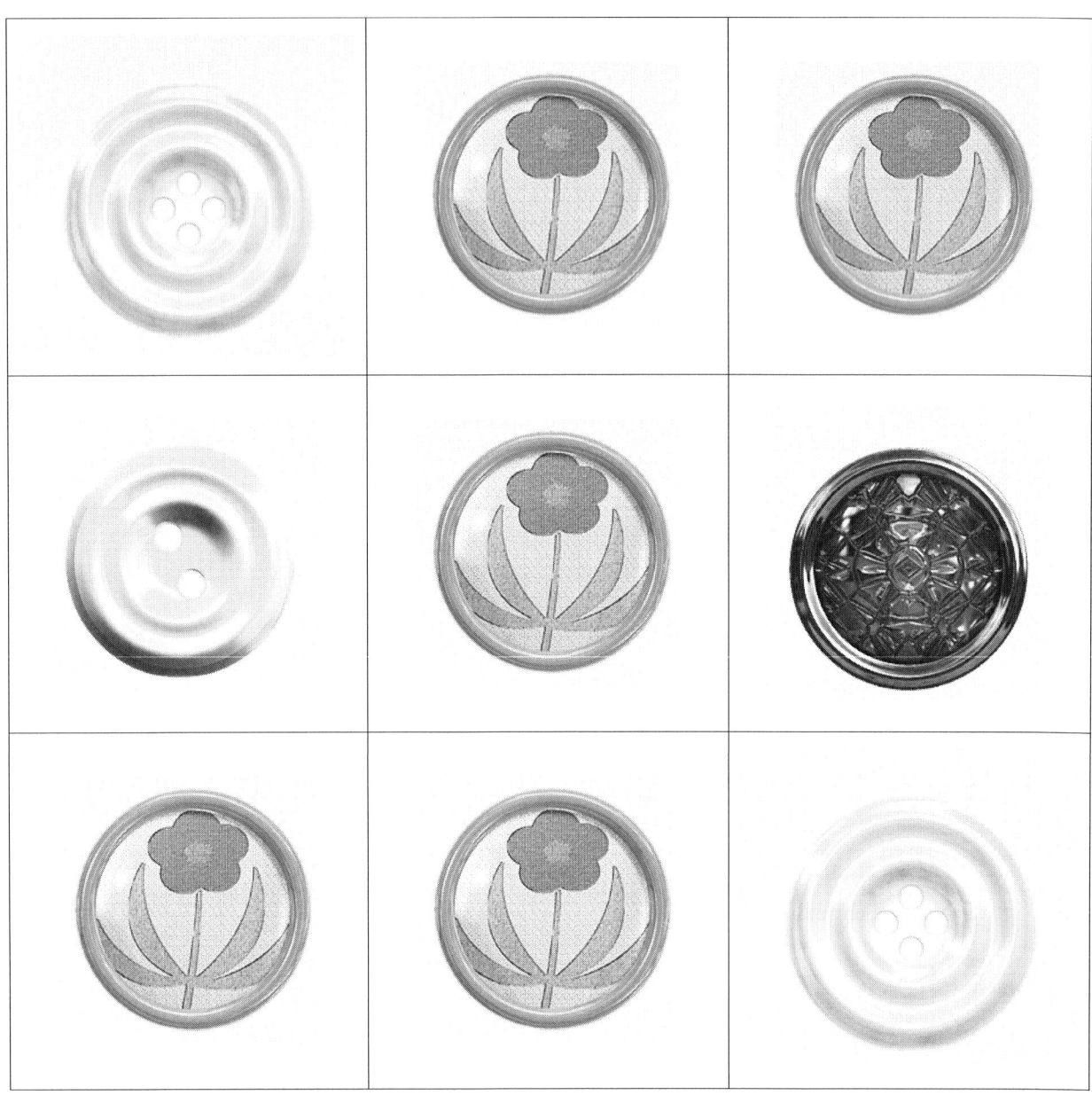

6. 다음 숫자를 잘 보고, 아래 빈칸에 뒤에서부터 거꾸로 순서로 써 보세요.

0 3 2 7
(   )

7. 다음 글자를 잘 보고, 아래 빈칸에 뒤에서부터 거꾸로 써 보세요.

지 구
(   )

8. 아래에서 "✂" 와 방향이 같은 그림을 찾아 동그라미(O) 하세요. 모두 몇 개 인가요? (_____)개

9. 아래 그림을 잘 보고, 그림을 나타내는 단어를 뒤에서부터 거꾸로 써 보세요. (두 글자)

(_____ _____)

10. 아래 도형 순서를 잘 보고, 그 다음 순서에 와야 하는 도형을 빈 칸에 그려 넣으세요.

에듀컨텐츠·휴피아
CH Educontents·Huepia

난이도 하
(난이도 ★☆☆)

3. 『시지각능력』

[1회차]

시지각능력
난이도 하 (★☆☆)

제 이름은 _____ 입니다.
오늘은 _____ 년 ____ 월 ____ 일입니다.

1. 다음 도형을 잘 보고 오른쪽 빈 칸에 똑같이 그리세요.

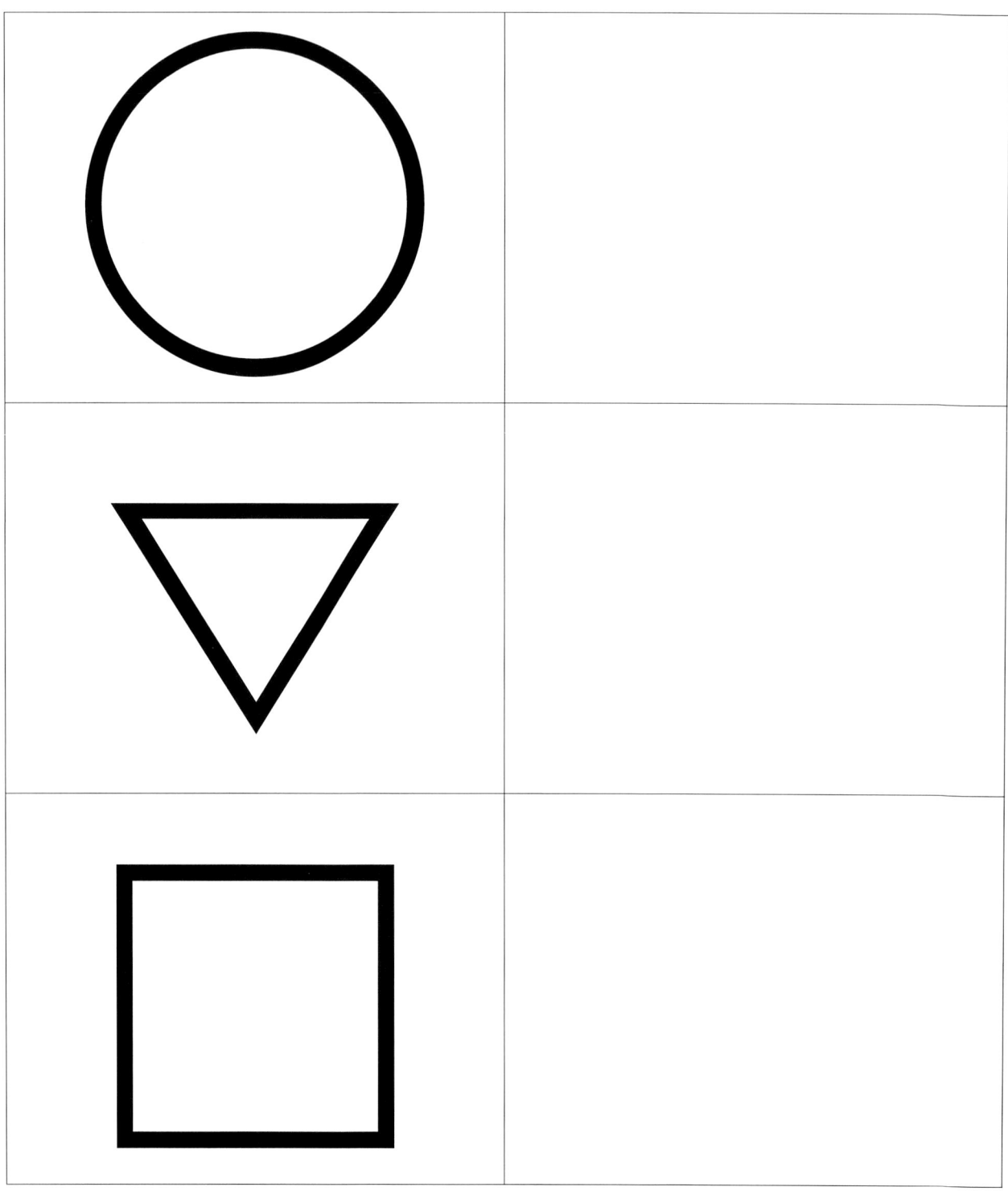

2. 다음 그림을 잘 보고 아래쪽 빈 칸에 똑같은 위치와 모양으로 그려보세요.

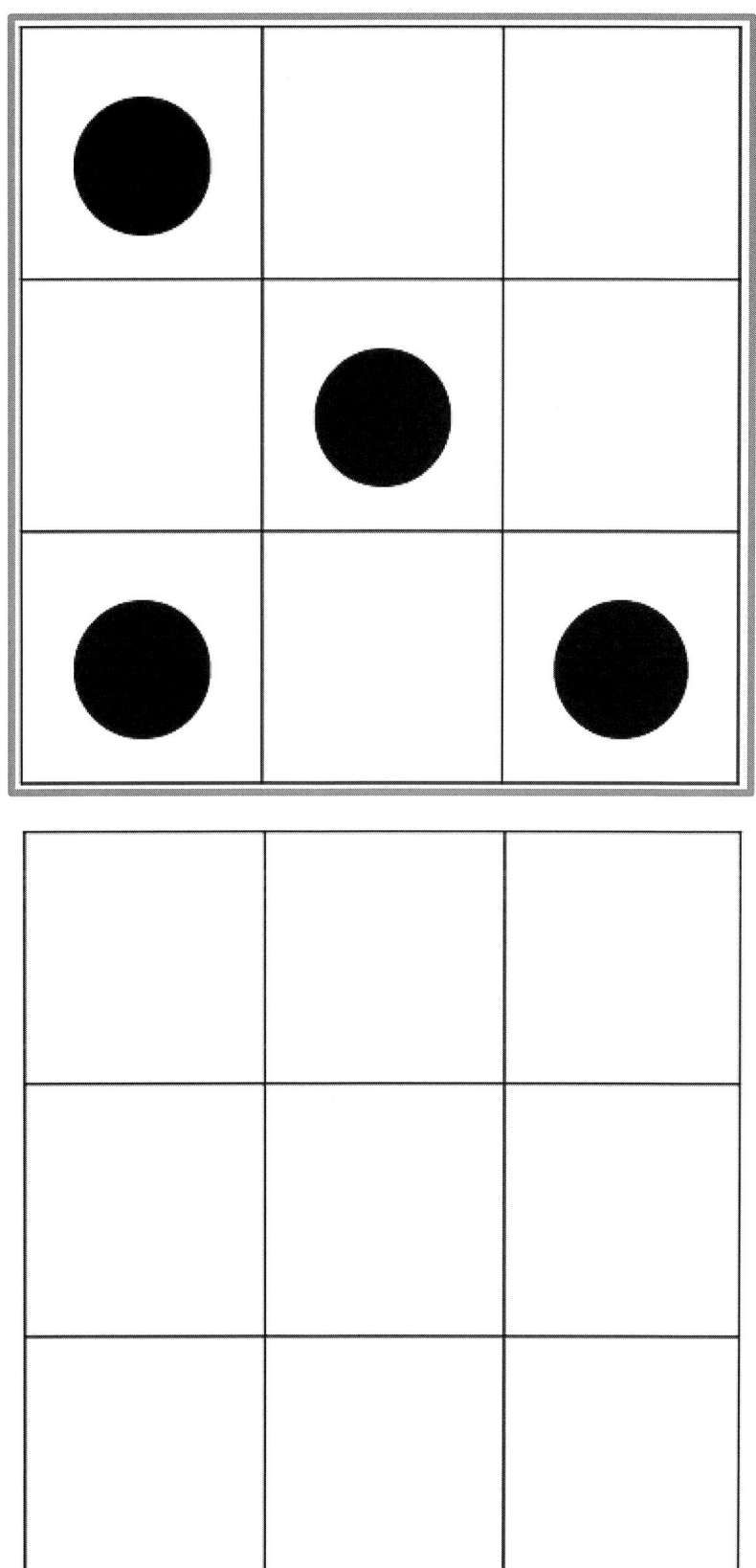

3. 다음 그림 중 하나만 다른 방향을 바라보고 있습니다. 다른 방향을 바라보고 있는 것은 무엇인가요?

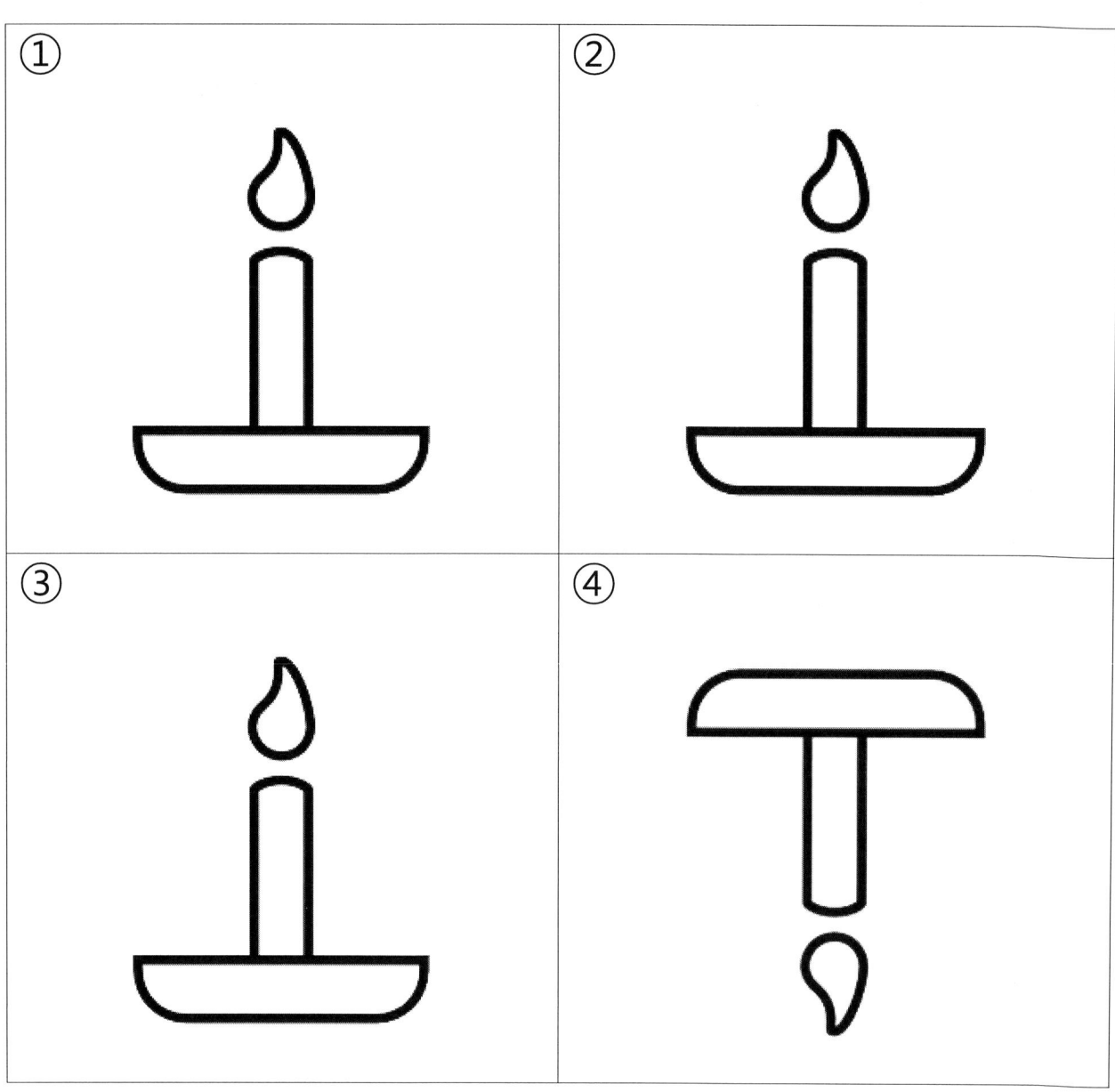

4. 다음 사진은 어느 사물의 일부분일까요?

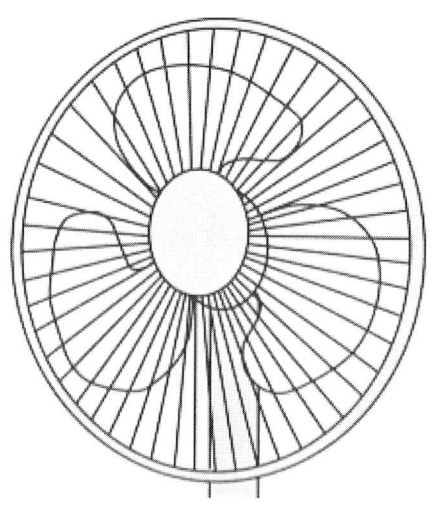

| ① 선풍기 | ② 저울 |

5. 다음 보기 그림을 잘 보고 아래 그림 중에 선을 그어 완성시켰을 때 보기와 같은 것을 고르세요.

[보기]

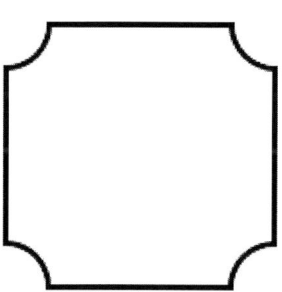

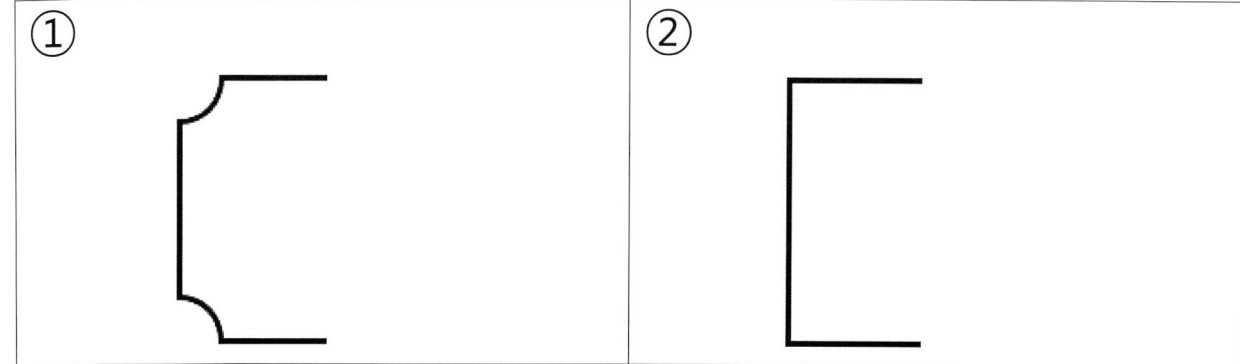

6. 다음 보기 그림을 잘 보고 물체 사이 거리, 위치가 보기와 같은 것을 고르세요.

[보기]

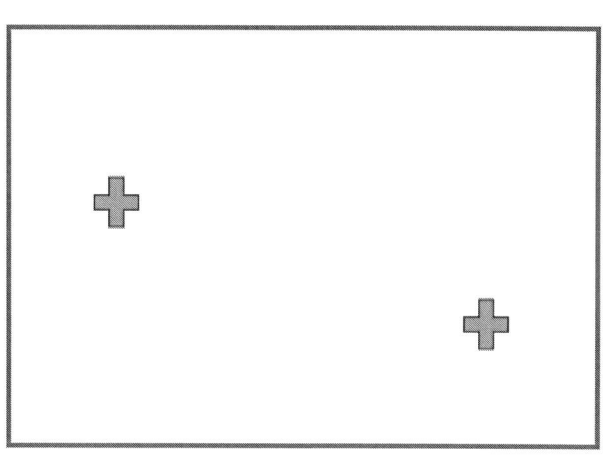

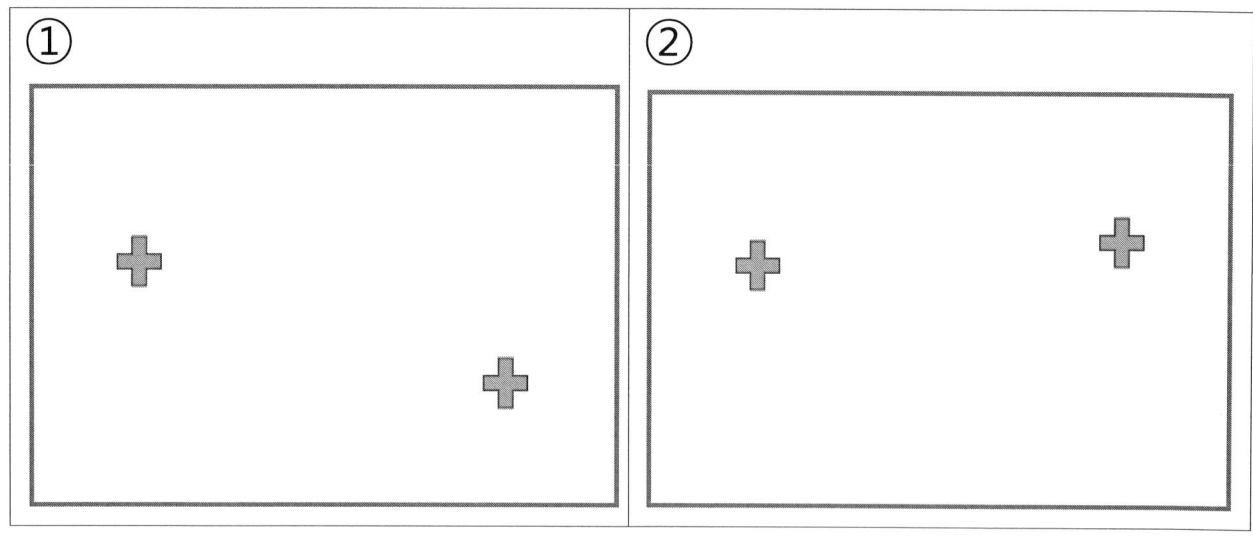

7. 다음 그림에 나무토막은 모두 몇 개인가요?

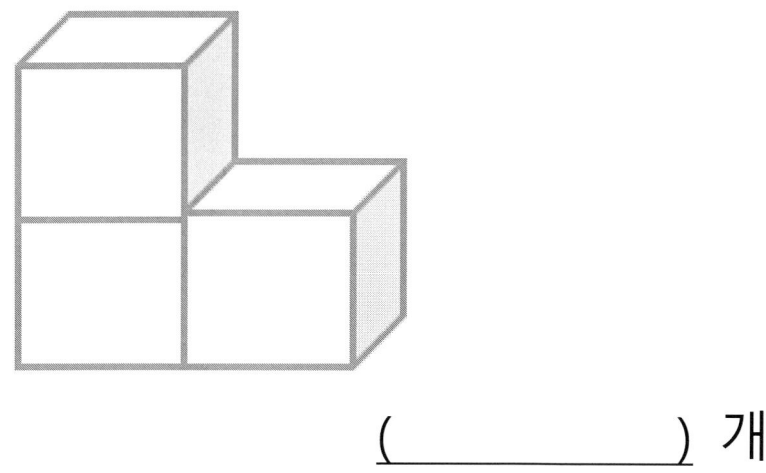

( ) 개

8. 다음 그림에 빨간색 나무토막은 모두 몇 개인가요? 찾아서 모두 동그라미 하세요.

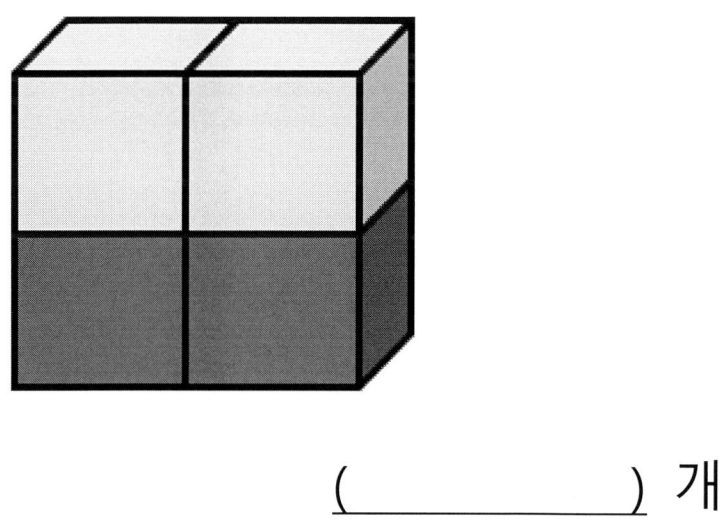

( ) 개

9. 다음 보기의 그림을 회전시켰을 때 나올 수 있는 그림은 무엇인가요?

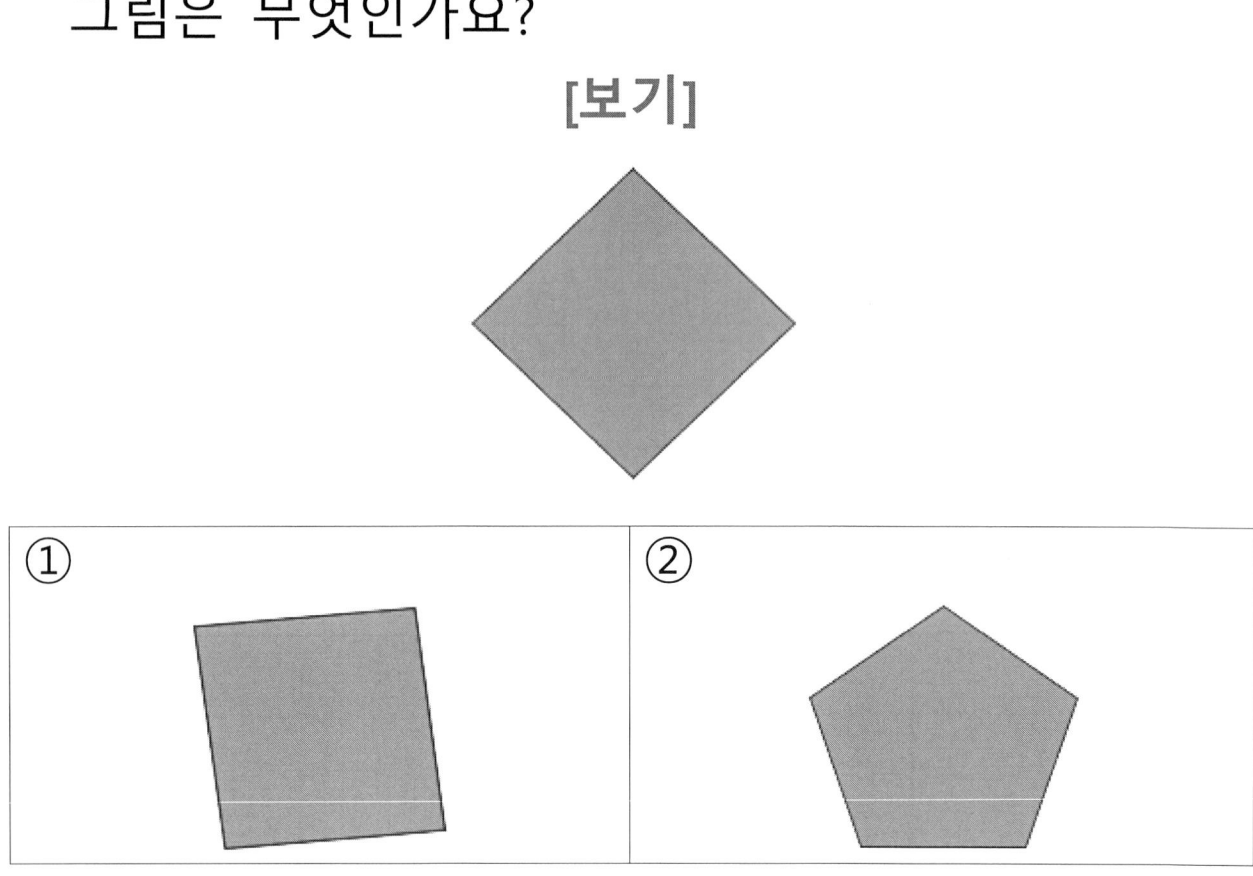

10. 다음 그림은 몇 개의 도형이 겹쳐 있나요? 찾은 도형을 각각 다른 색으로 칠해 보세요.

(_____) 개

[2회차]

| 시지각능력 난이도 하 (★☆☆) | 제 이름은 _____ 입니다.
 오늘은 _____년 ____월____일입니다. |

1. 다음 도형을 잘 보고 오른쪽 빈 칸에 똑같이 그리세요.

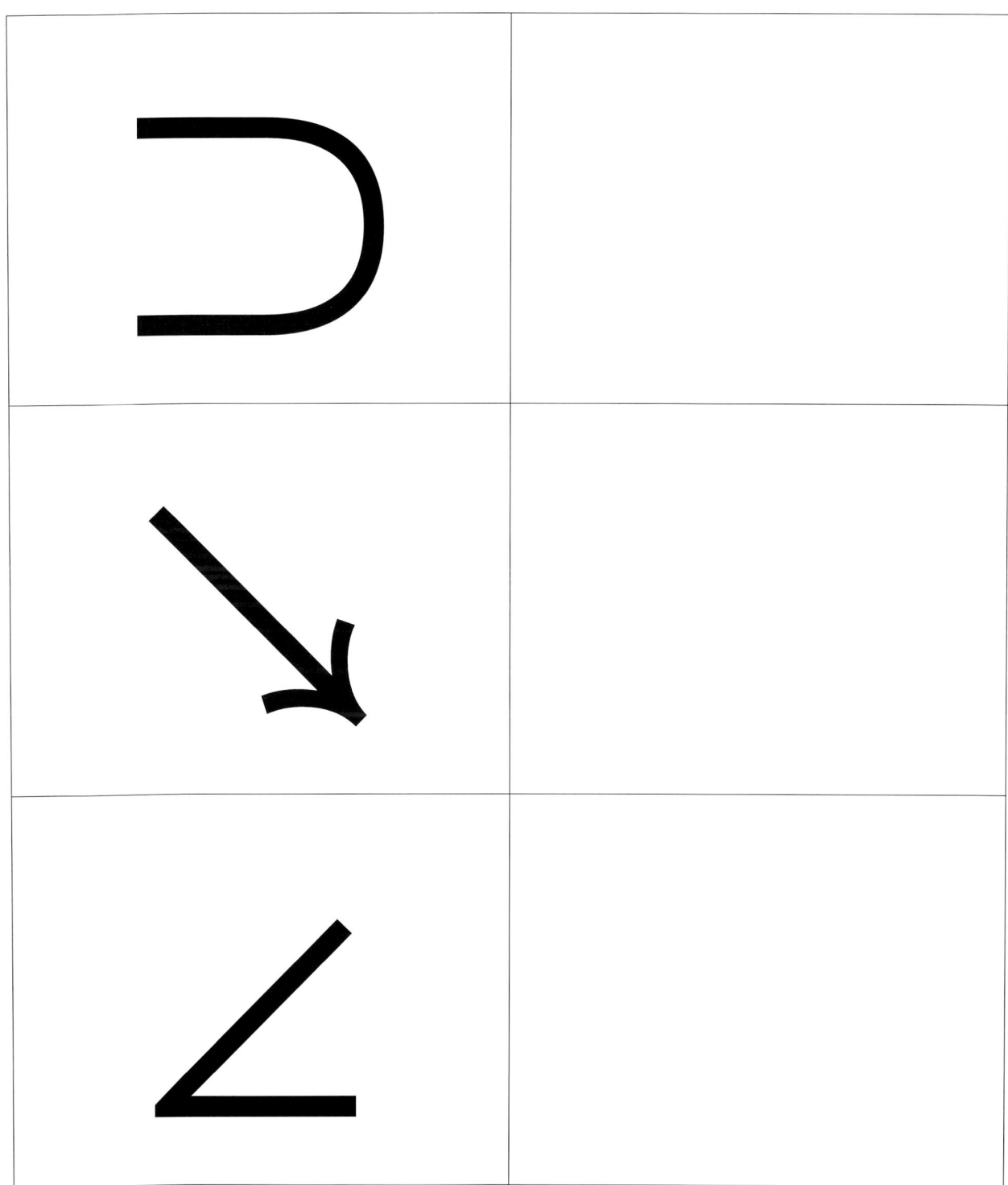

2. 다음 그림을 잘 보고 아래쪽 빈 칸에 똑같은 위치와 모양으로 그려보세요.

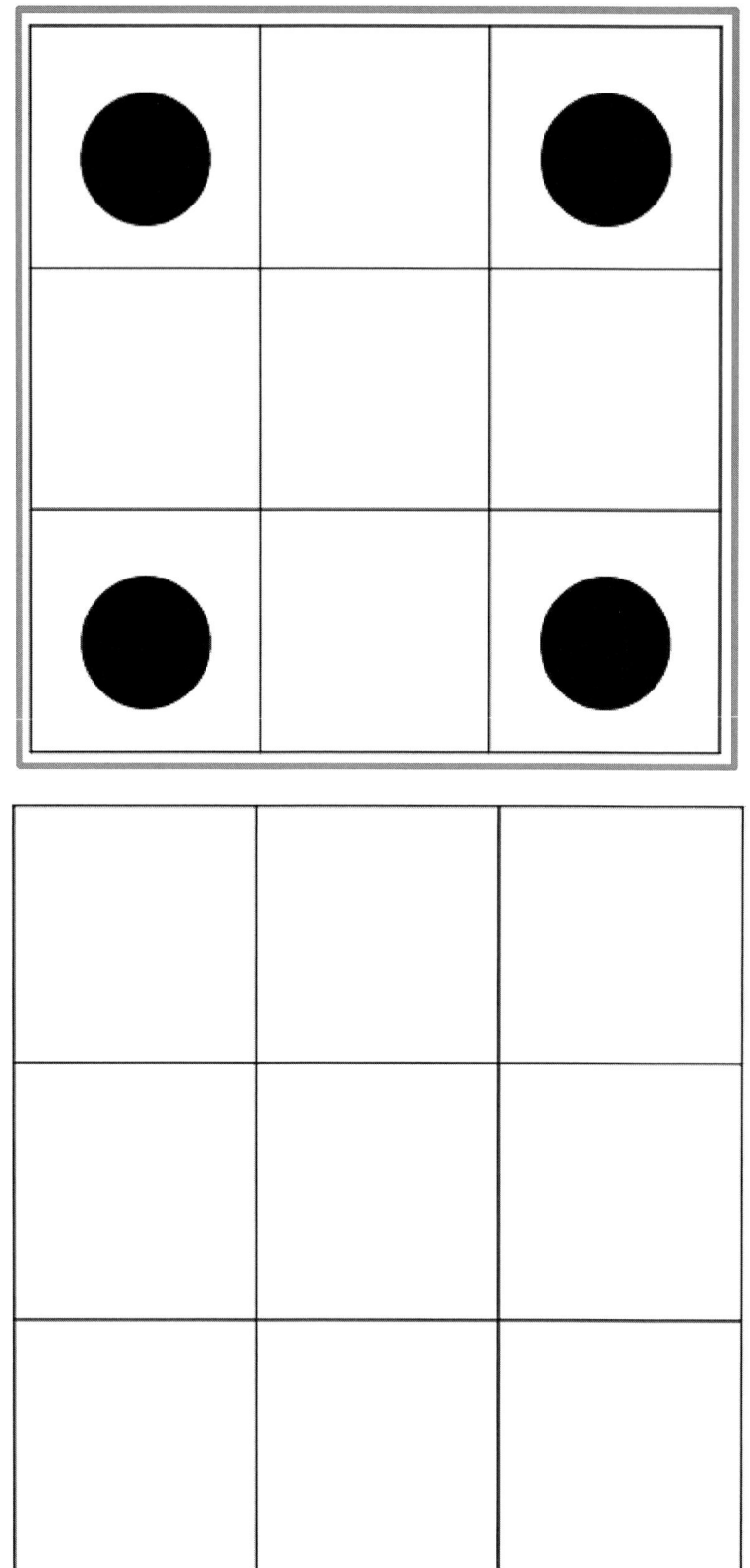

3. 다음 그림 중 하나만 다른 방향을 바라보고 있습니다. 다른 방향을 바라보고 있는 것은 무엇인가요?

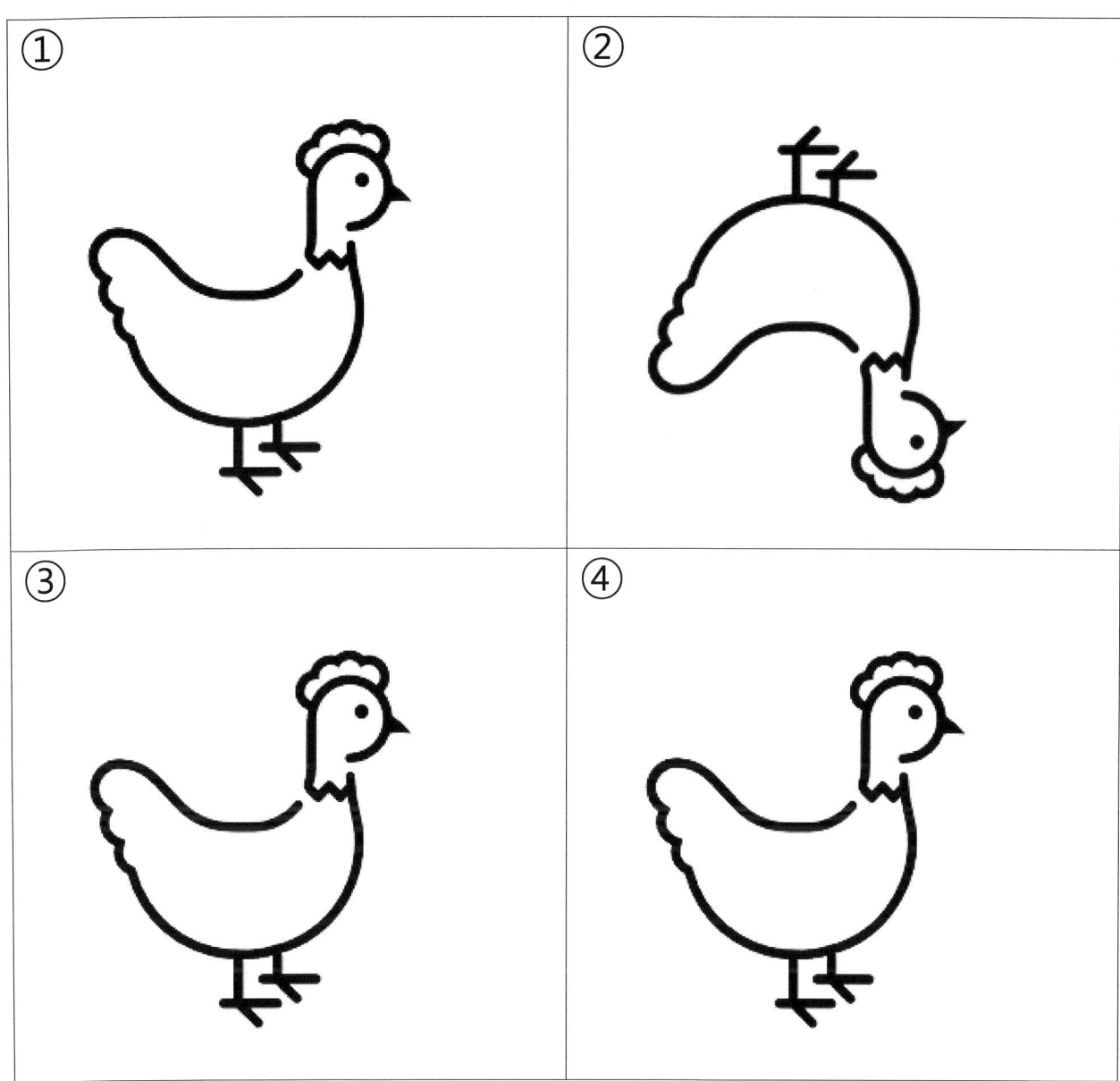

4. 다음 사진은 어느 사물의 일부분일까요?

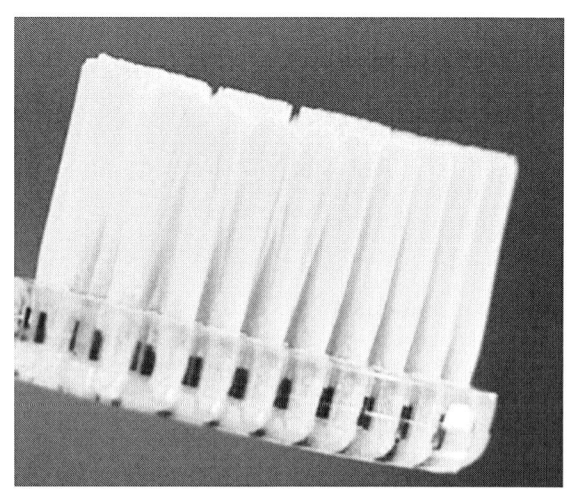

| ① 지갑 | ② 칫솔 |

5. 다음 보기 그림을 잘 보고 아래 그림 중에 선을 그어 완성시켰을 때 보기와 같은 것을 고르세요.

[보기]

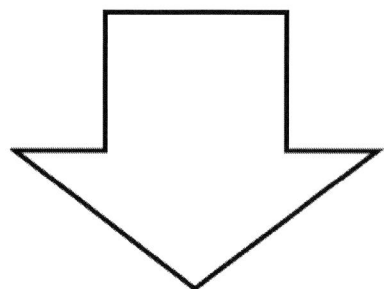

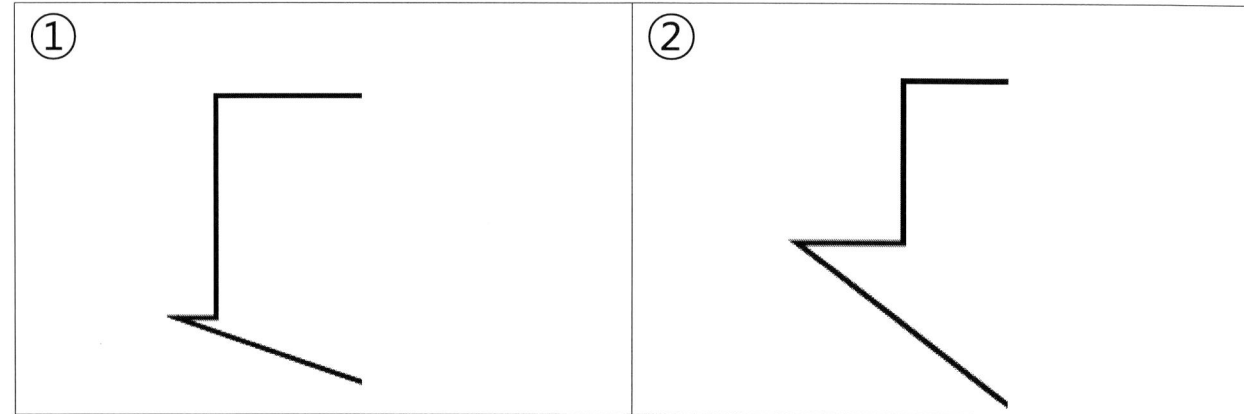

6. 다음 보기 그림을 잘 보고 물체 사이 거리, 위치가 보기와 같은 것을 고르세요.

[보기]

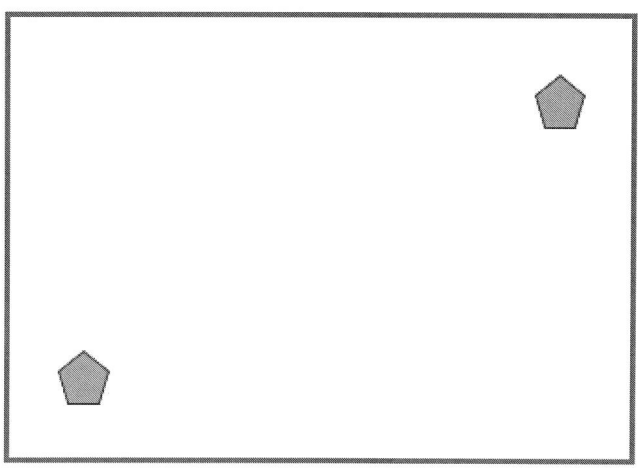

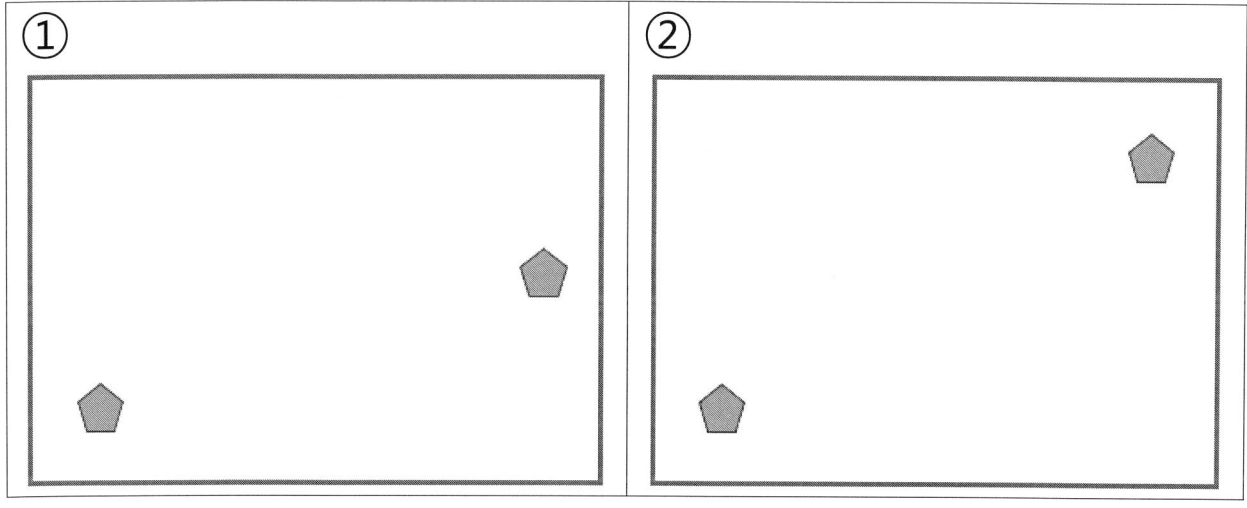

7. 다음 그림에 나무토막은 모두 몇 개인가요?

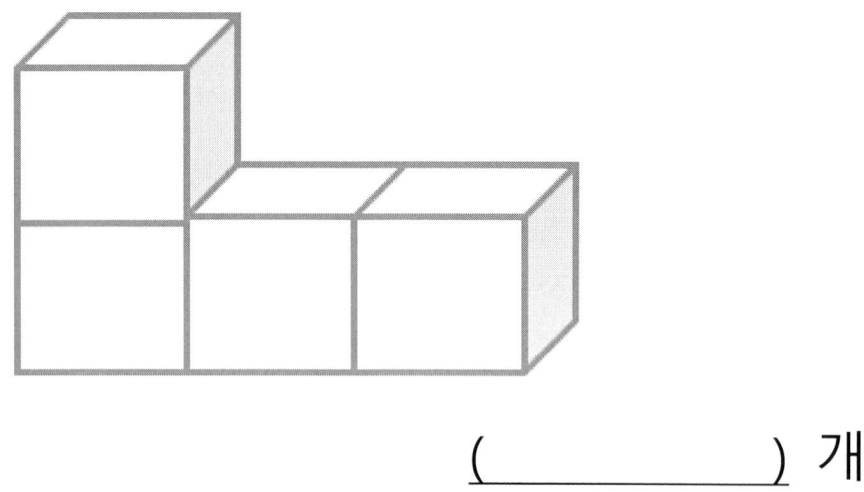

(_____) 개

8. 다음 그림에 <u>빨간색</u> 나무토막은 모두 몇 개인가요? 찾아서 모두 동그라미 하세요.

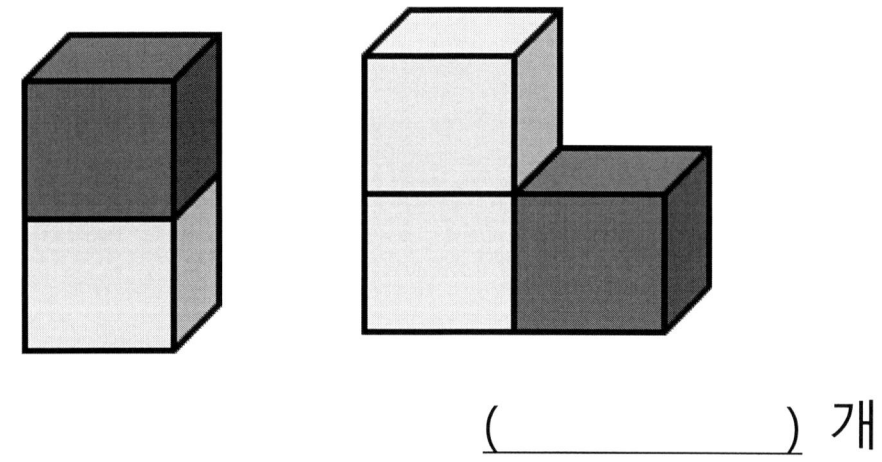

(_____) 개

9. 다음 보기의 그림을 회전시켰을 때 나올 수 있는 그림은 무엇인가요?

[보기]

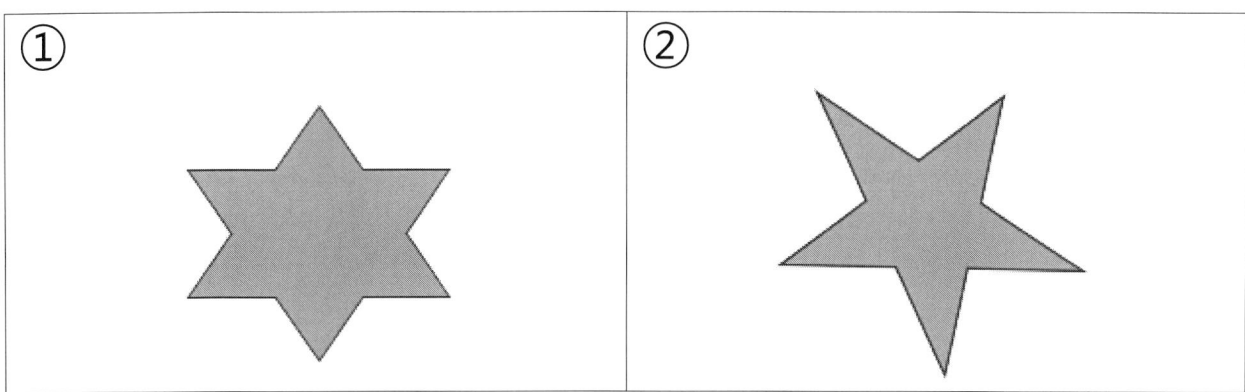

10. 다음 그림은 몇 개의 도형이 겹쳐 있나요? 찾은 도형을 각각 다른 색으로 칠해 보세요.

(_____) 개

[3회차] 시지각능력 난이도 하 (★☆☆)

제 이름은 _____ 입니다.
오늘은 _____년 ____월____일입니다.

1. 다음 도형을 잘 보고 오른쪽 빈 칸에 똑같이 그리세요.

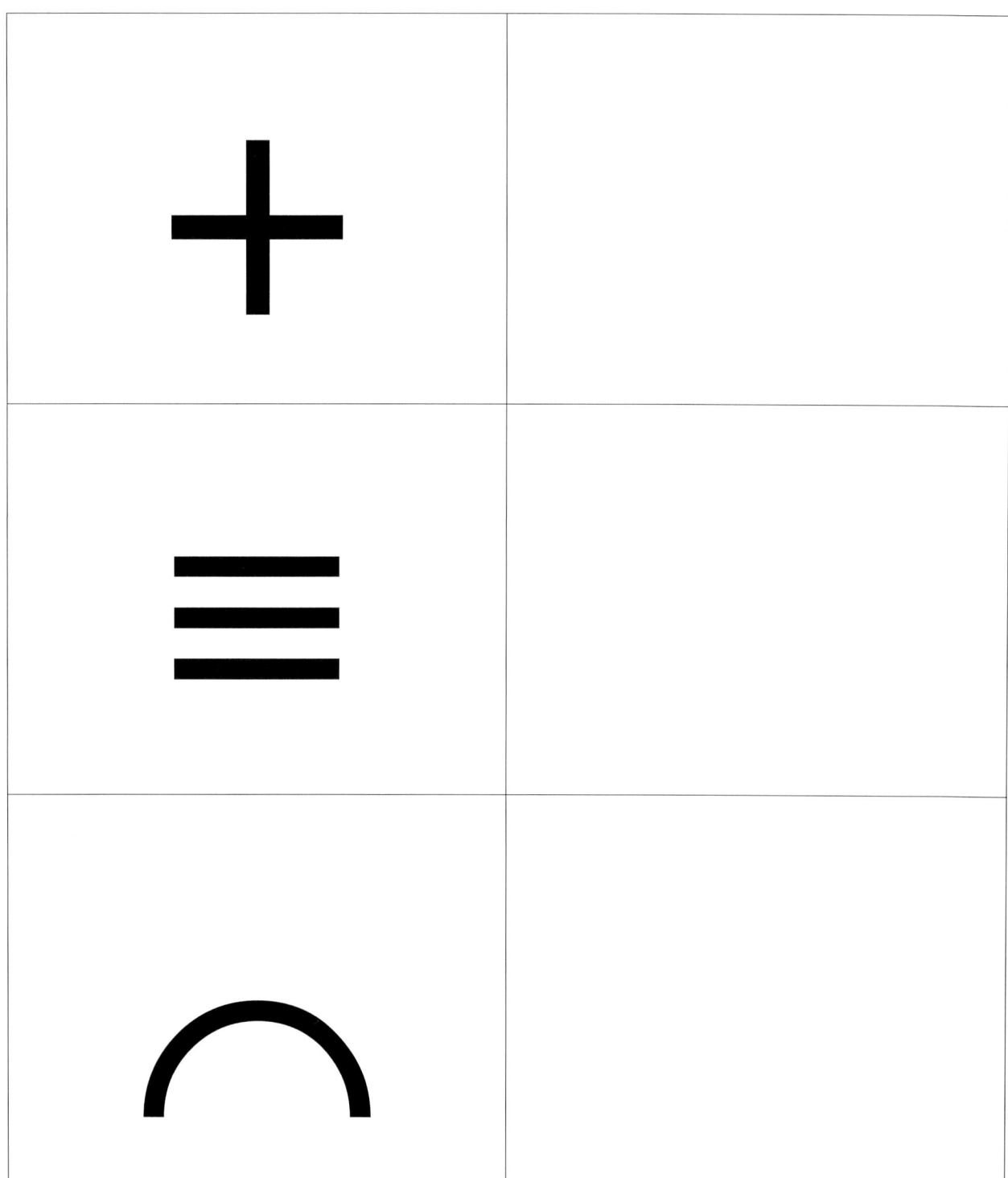

2. 다음 그림을 잘 보고 아래쪽 빈 칸에 똑같은 위치와 모양으로 그려보세요.

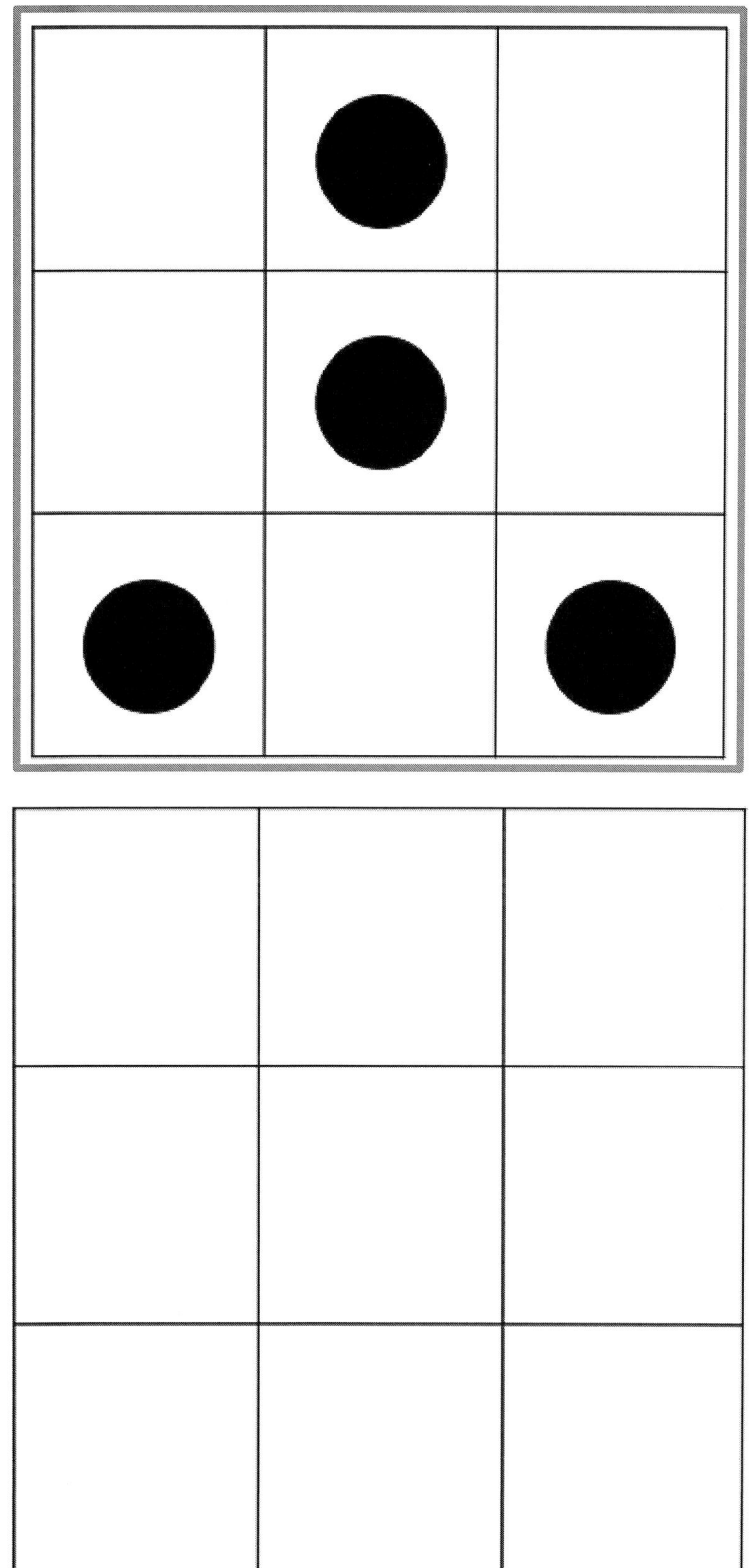

3. 다음 그림 중 하나만 다른 방향을 바라보고 있습니다. 다른 방향을 바라보고 있는 것은 무엇인가요?

4. 다음 사진은 어느 사물의 일부분일까요?

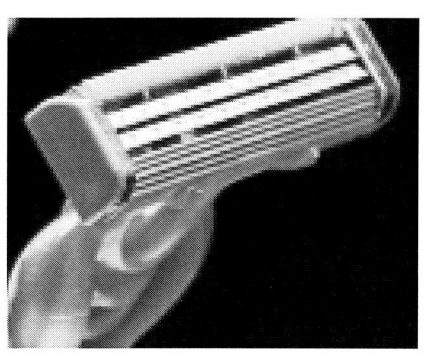

| ① 면도기 | ② 칫솔 |

5. 다음 보기 그림을 잘 보고 아래 그림 중에 선을 그어 완성시켰을 때 보기와 같은 것을 고르세요.

[보기]

6. 다음 보기 그림을 잘 보고 물체 사이 거리, 위치가 보기와 같은 것을 고르세요.

[보기]

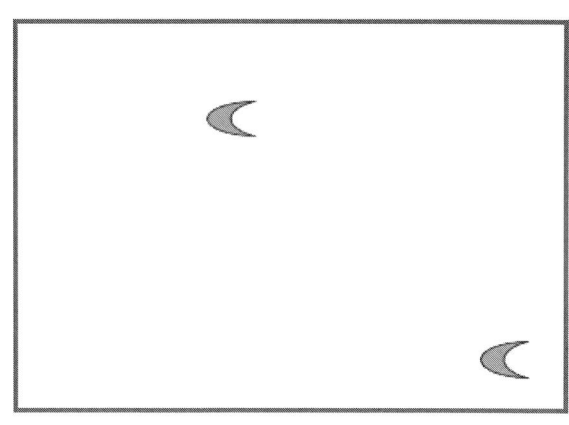

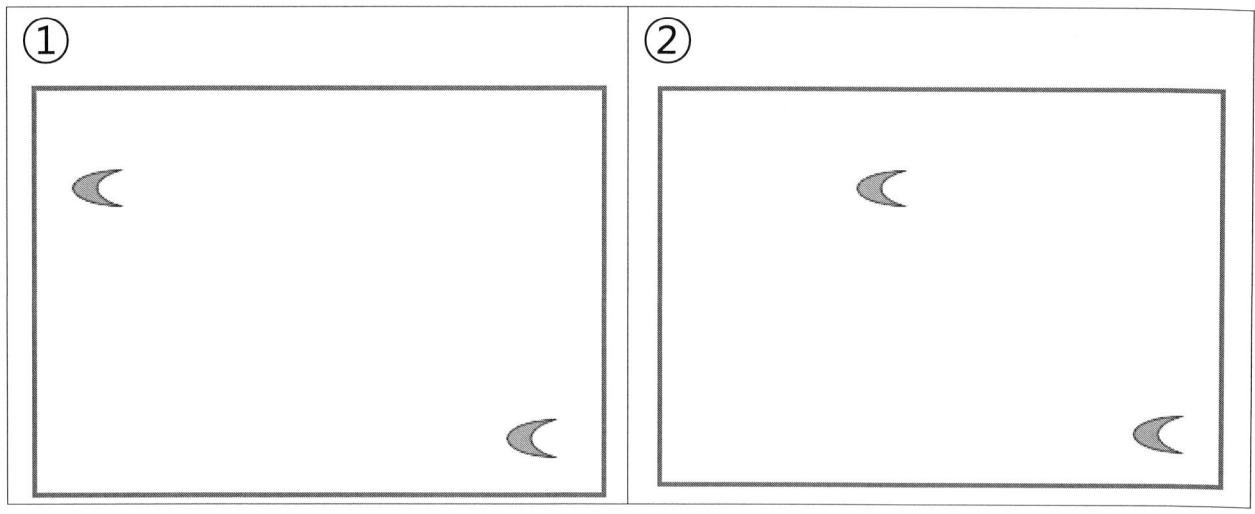

7. 다음 그림에 나무토막은 모두 몇 개인가요?

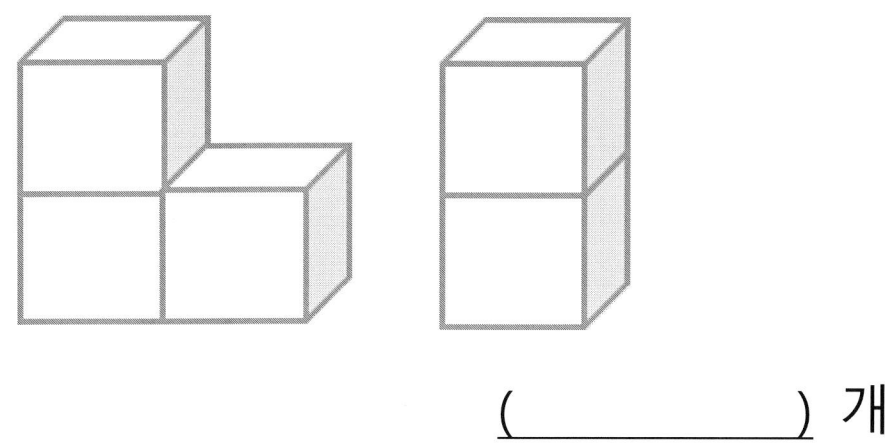

(_____) 개

8. 다음 그림에 <u>빨간색</u> 나무토막은 모두 몇 개인가요? 찾아서 모두 동그라미 하세요.

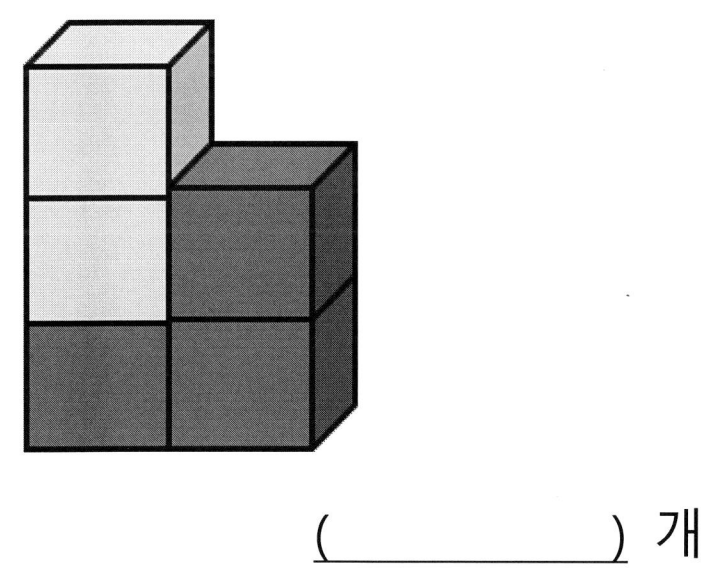

(_____) 개

9. 다음 보기의 그림을 회전시켰을 때 나올 수 있는 그림은 무엇인가요?

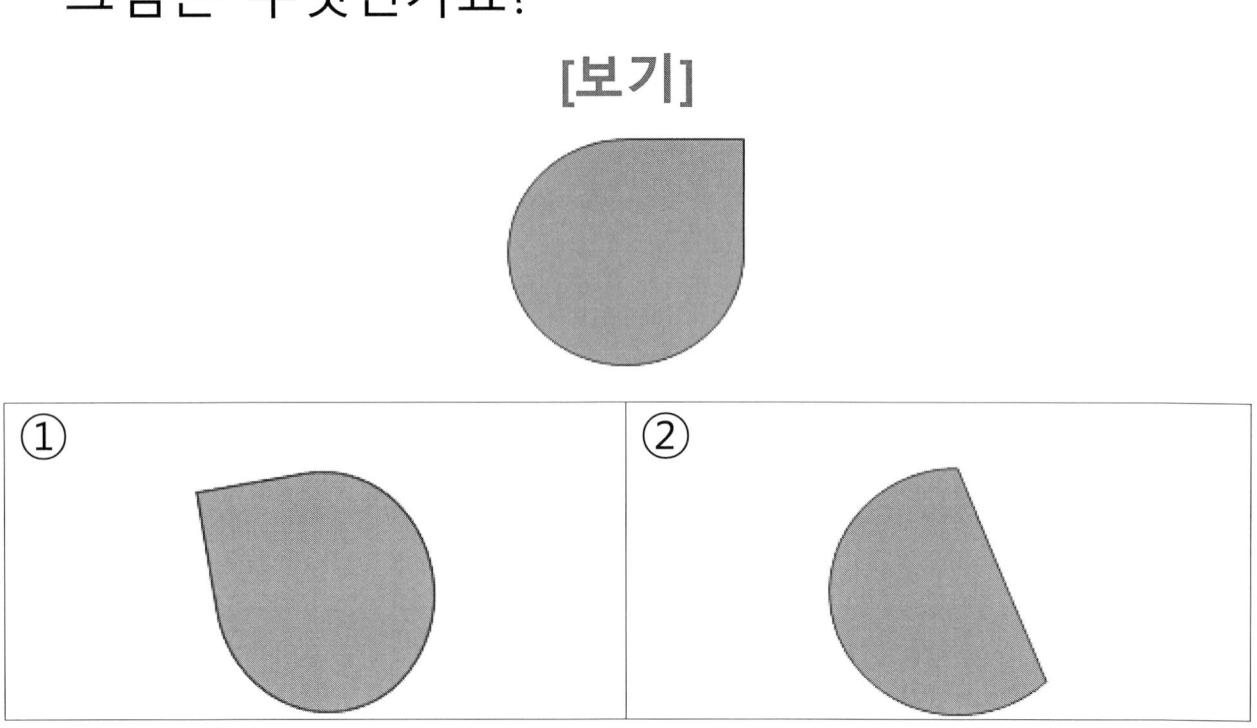

10. 다음 그림은 몇 개의 도형이 겹쳐 있나요? 찾은 도형을 각각 다른 색으로 칠해 보세요.

(　　　　　) 개

[4회차]

시지각능력
난이도 하 (★☆☆)

제 이름은 _____입니다.

오늘은 _____년 ____월____일입니다.

1. 다음 도형을 잘 보고 오른쪽 빈 칸에 똑같이 그리세요.

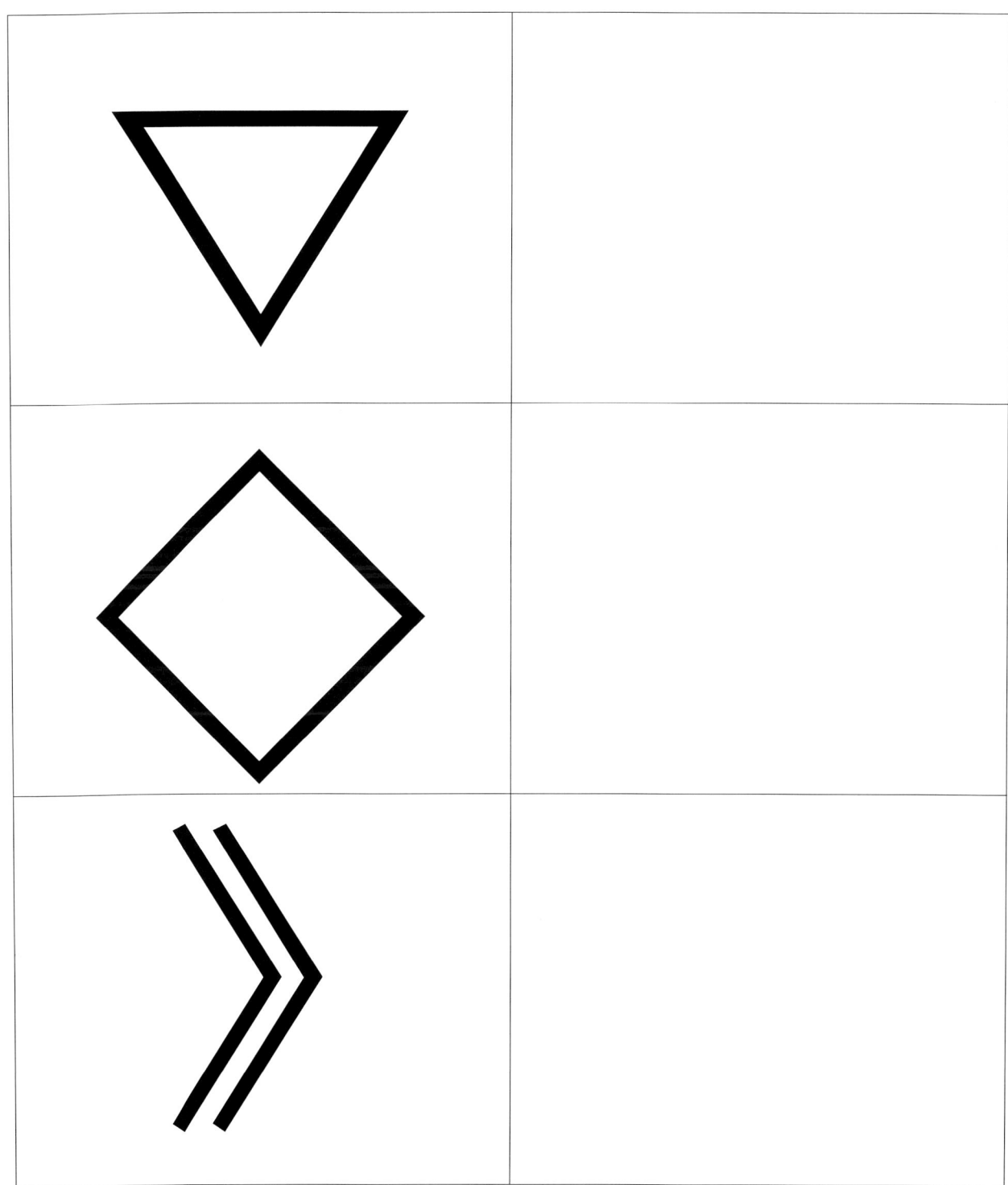

2. 다음 그림을 잘 보고 아래쪽 빈 칸에 똑같은 위치와 모양으로 그려보세요.

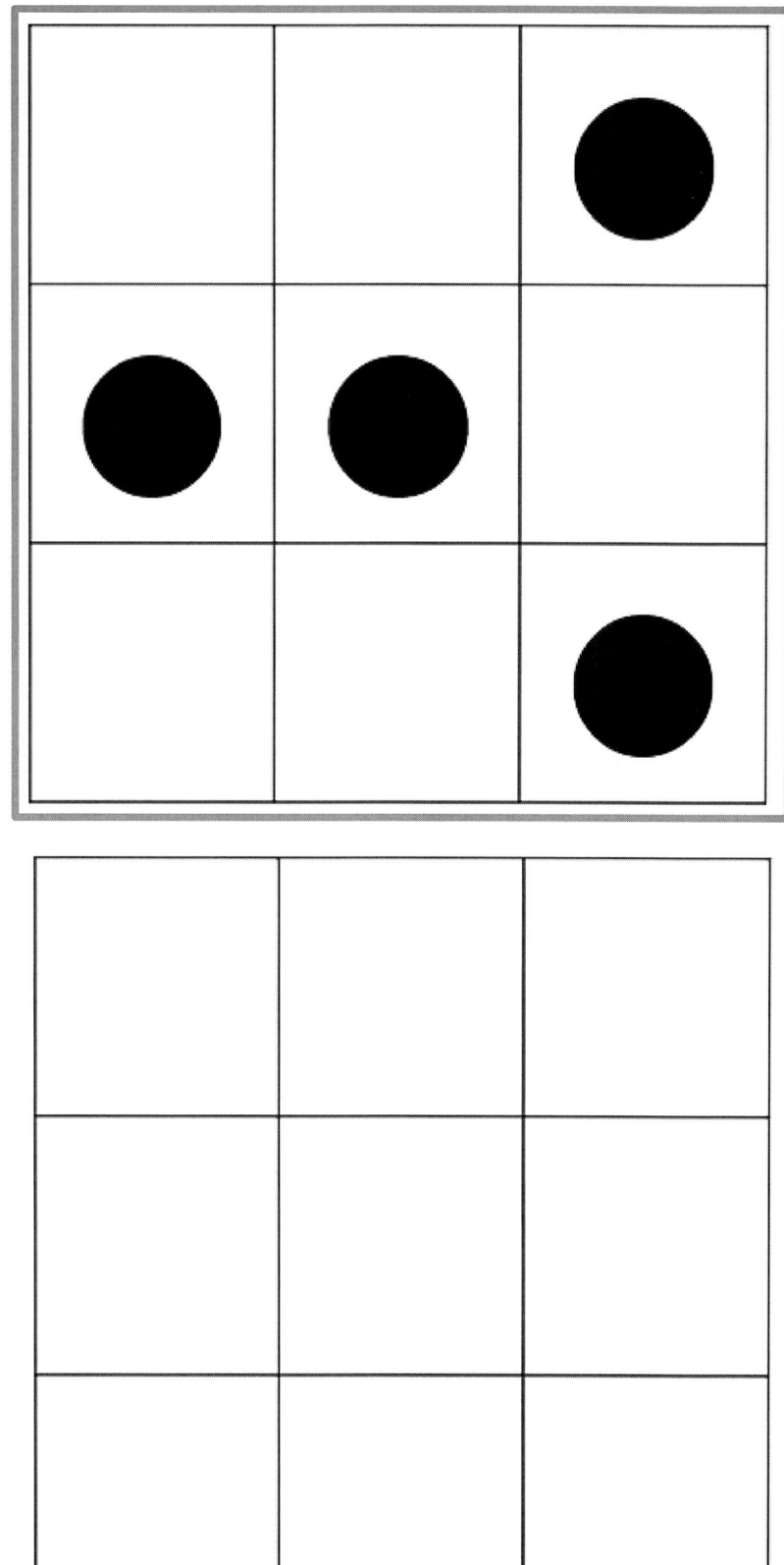

3. 다음 그림 중 하나만 다른 방향을 바라보고 있습니다. 다른 방향을 바라보고 있는 것은 무엇인가요?

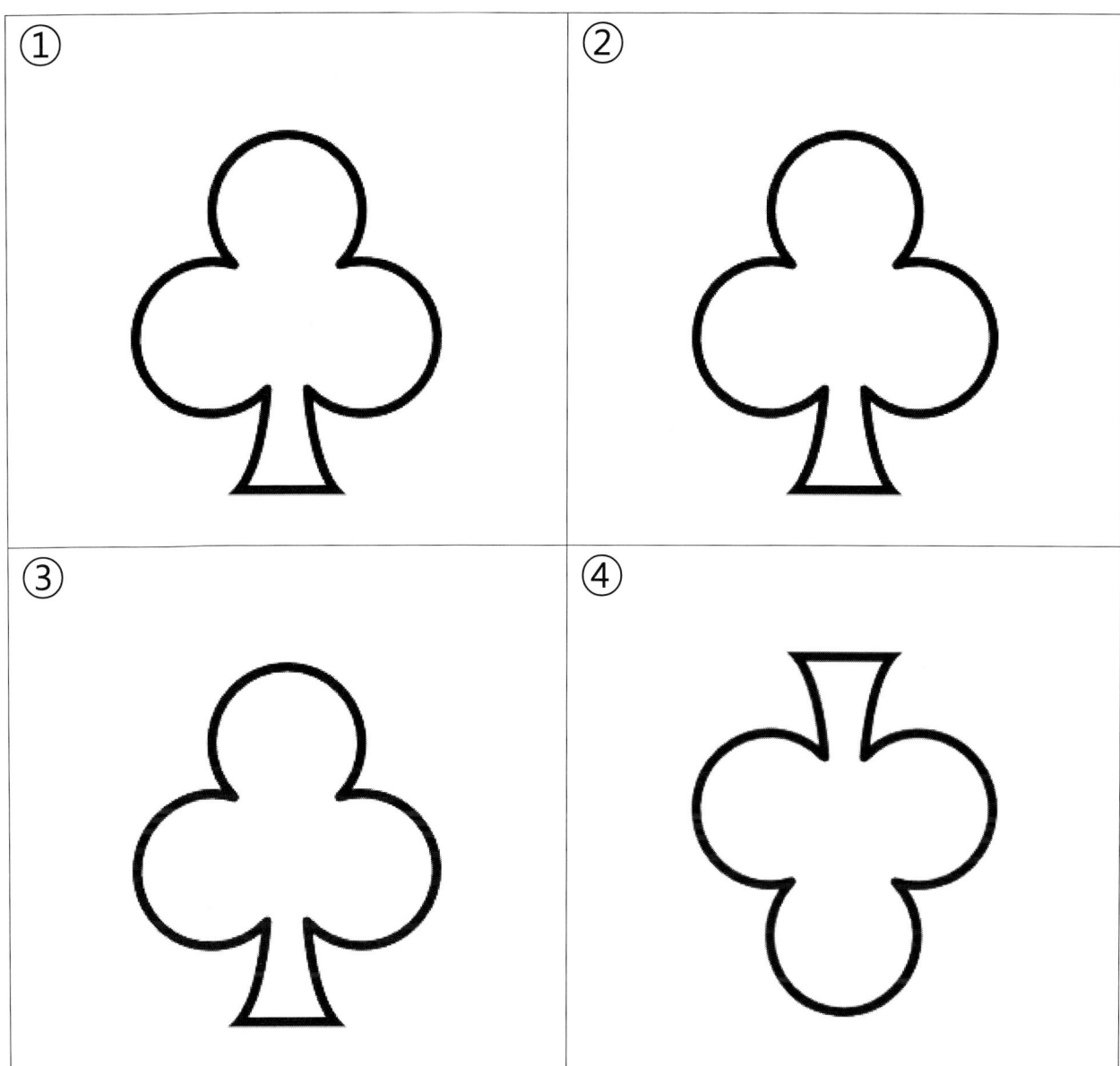

4. 다음 사진은 어느 사물의 일부분일까요?

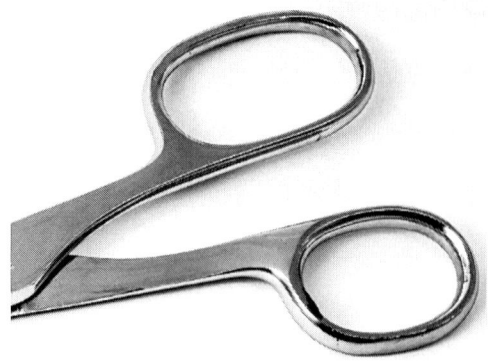

| ① 안경 | ② 가위 |

5. 다음 보기 그림을 잘 보고 아래 그림 중에 선을 그어 완성시켰을 때 보기와 같은 것을 고르세요.

[보기]

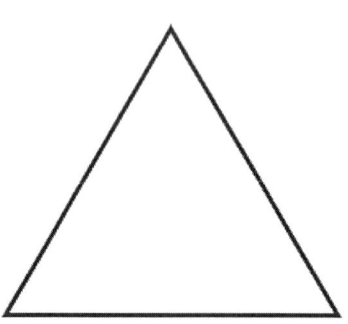

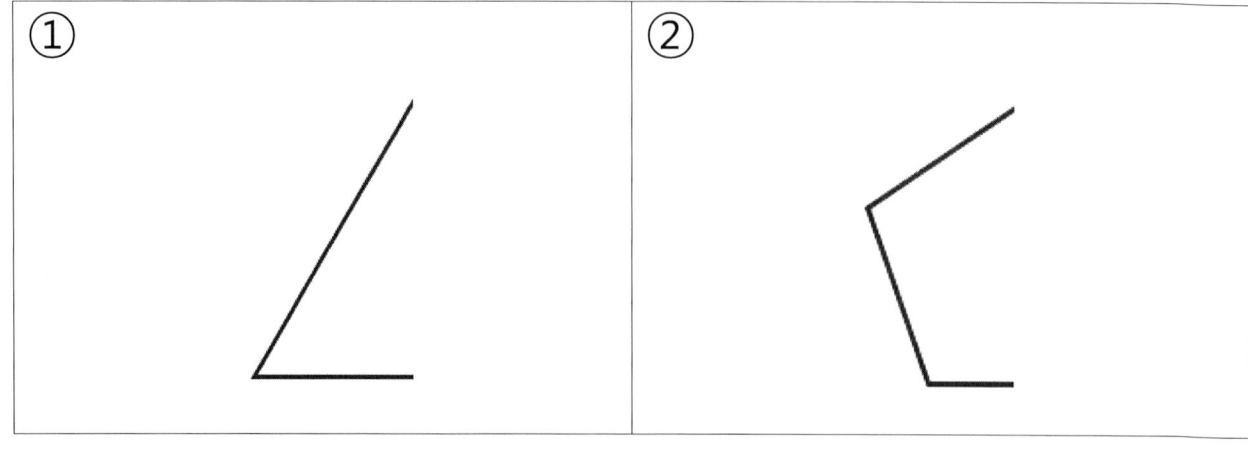

6. 다음 보기 그림을 잘 보고 물체 사이 거리, 위치가 보기와 같은 것을 고르세요.

[보기]

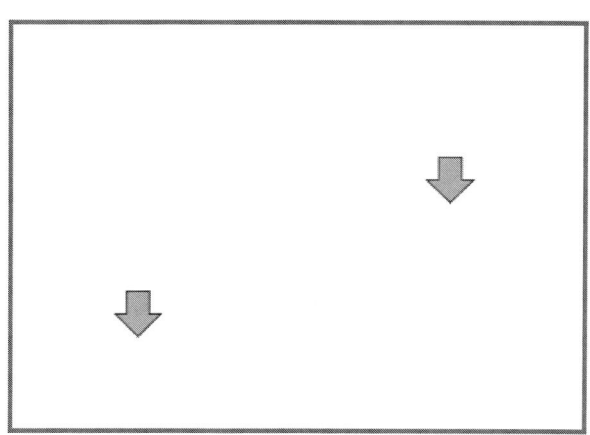

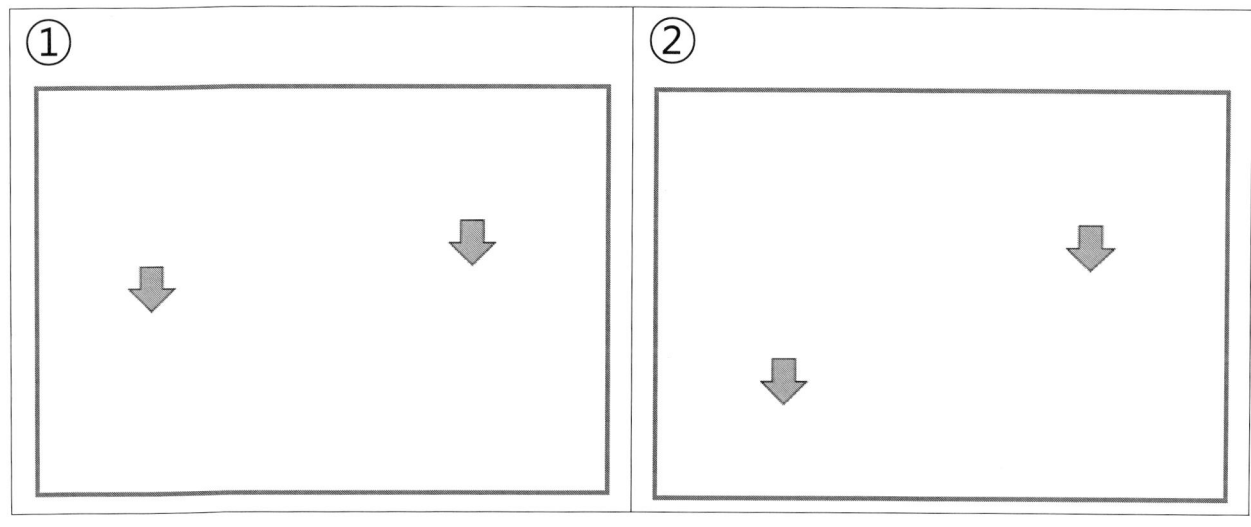

7. 다음 그림에 나무토막은 모두 몇 개인가요?

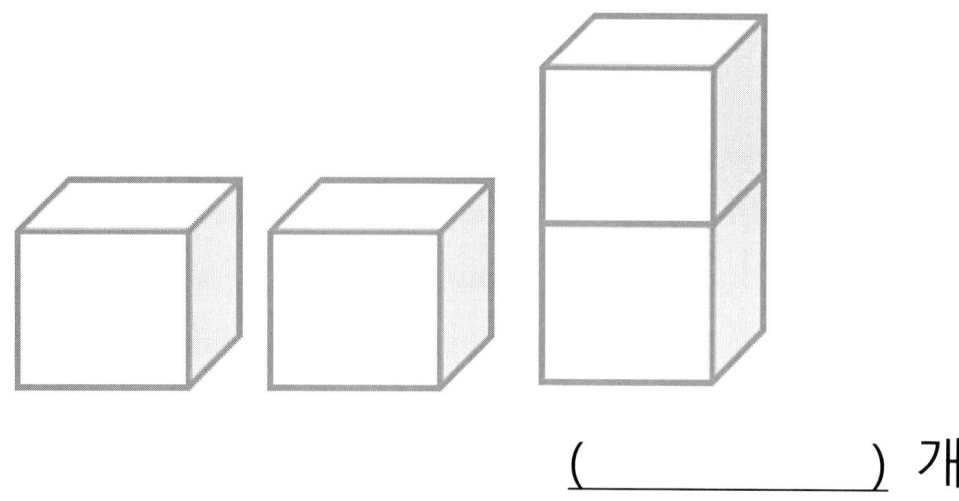

(_____) 개

8. 다음 그림에 빨간색 나무토막은 모두 몇 개인가요? 찾아서 모두 동그라미 하세요.

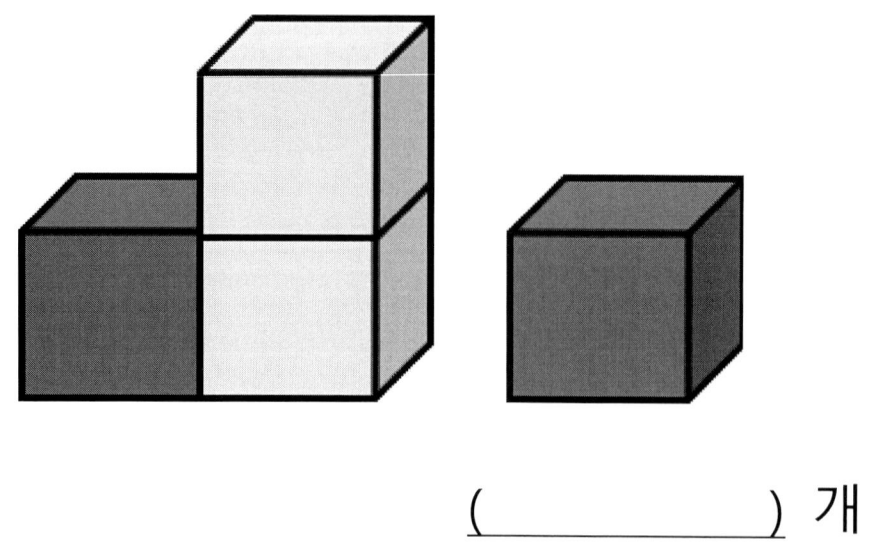

(_____) 개

9. 다음 보기의 그림을 회전시켰을 때 나올 수 있는 그림은 무엇인가요?

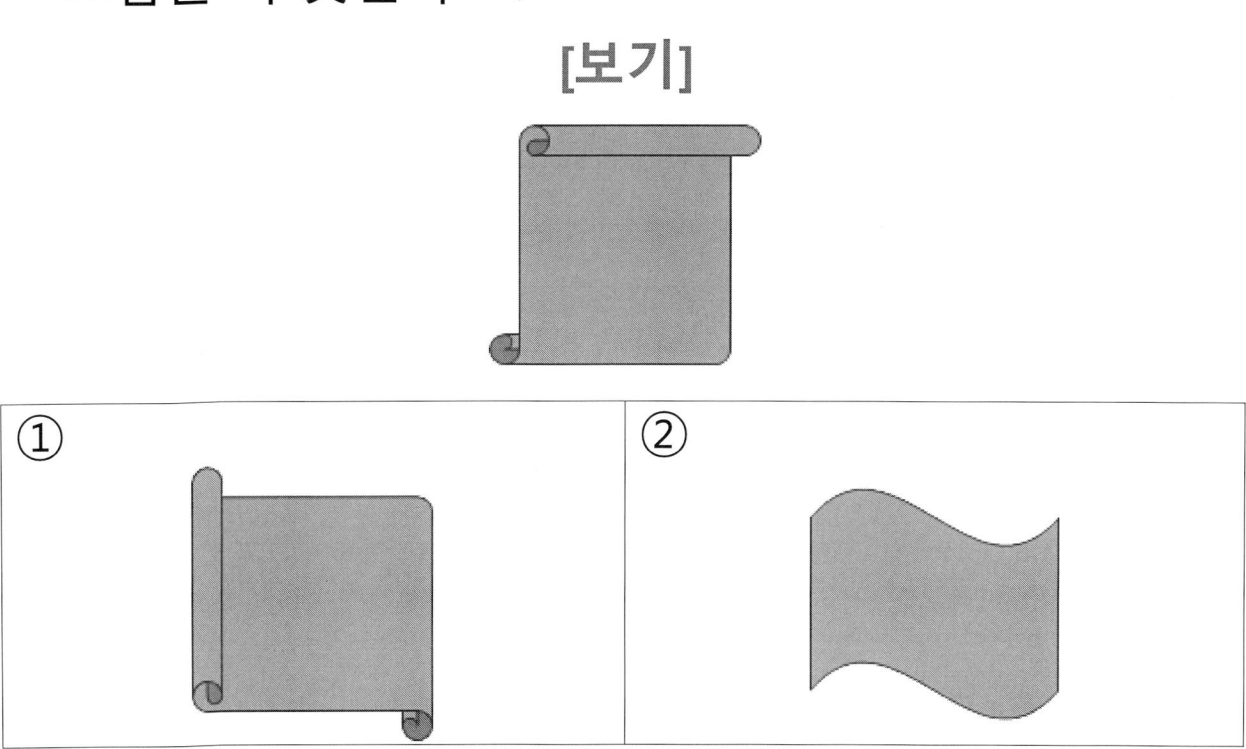

10. 다음 그림은 몇 개의 도형이 겹쳐 있나요? 찾은 도형을 각각 다른 색으로 칠해 보세요.

(_____) 개

[5회차]

| 시지각능력 난이도 하 (★☆☆) | 제 이름은 _____ 입니다. 오늘은 ____년 ____월 ____일입니다. |

1. 다음 도형을 잘 보고 오른쪽 빈 칸에 똑같이 그리세요.

2. 다음 그림을 잘 보고 아래쪽 빈 칸에 똑같은 위치와 모양으로 그려보세요.

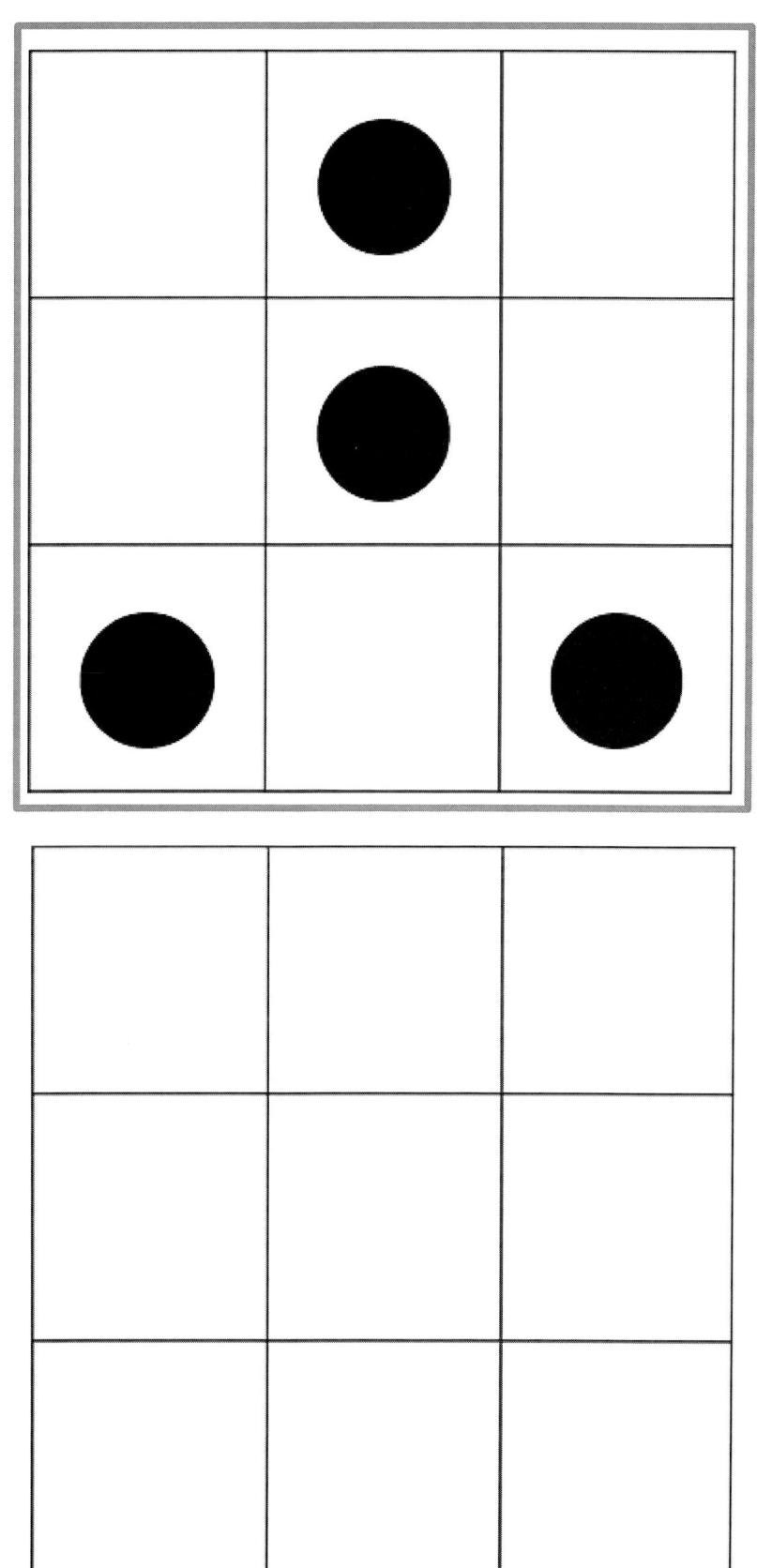

3. 다음 그림 중 하나만 다른 방향을 바라보고 있습니다. 다른 방향을 바라보고 있는 것은 무엇인가요?

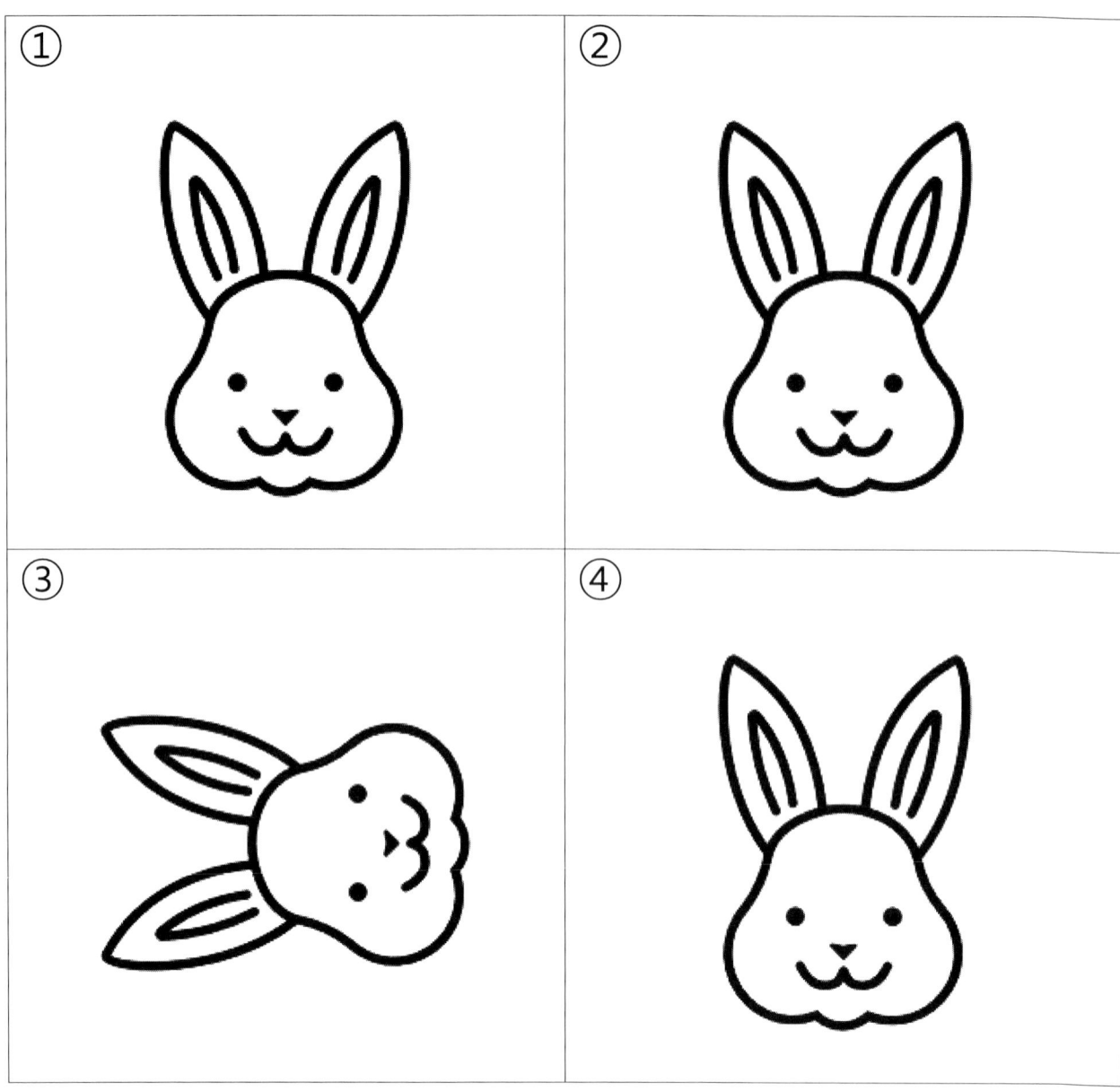

4. 다음 사진은 어느 사물의 일부분일까요?

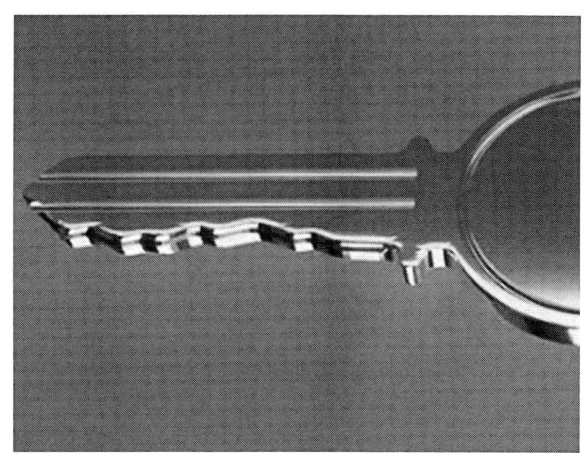

| ① 칼 | ② 열쇠 |

5. 다음 보기 그림을 잘 보고 아래 그림 중에 선을 그어 완성시켰을 때 보기와 같은 것을 고르세요.

[보기]

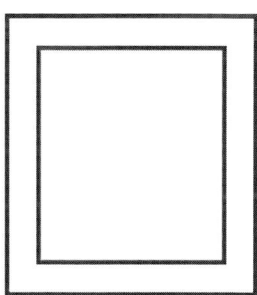

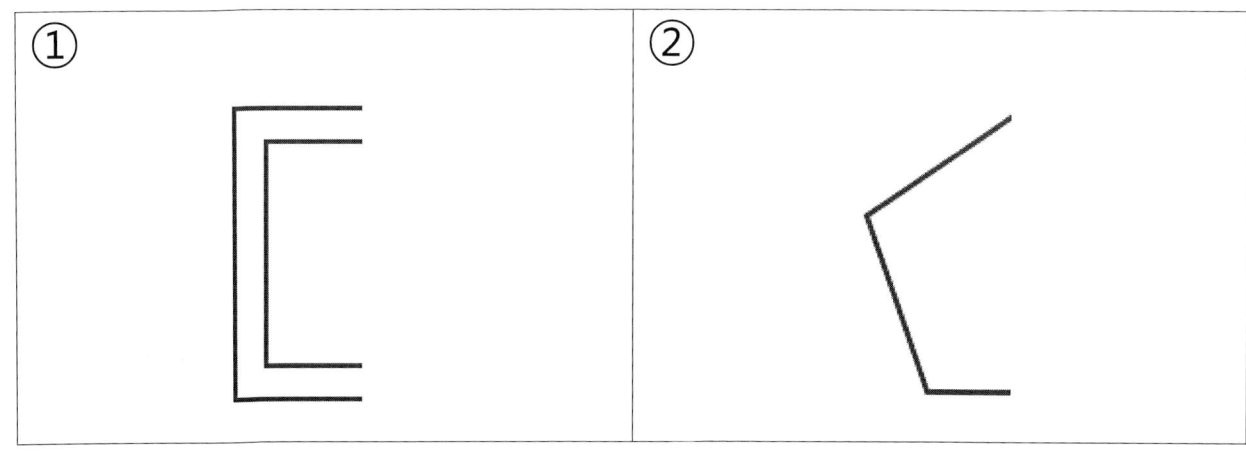

6. 다음 보기 그림을 잘 보고 물체 사이 거리, 위치가 보기와 같은 것을 고르세요.

[보기]

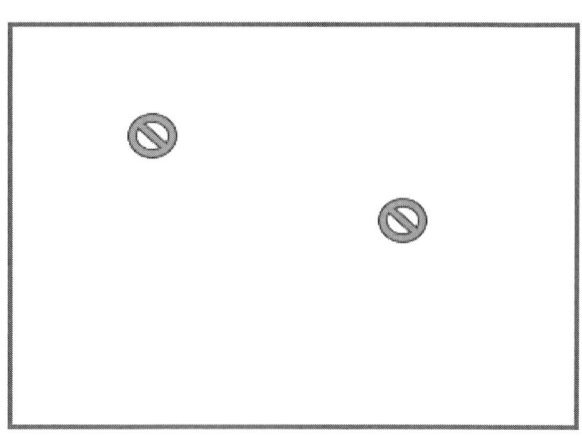

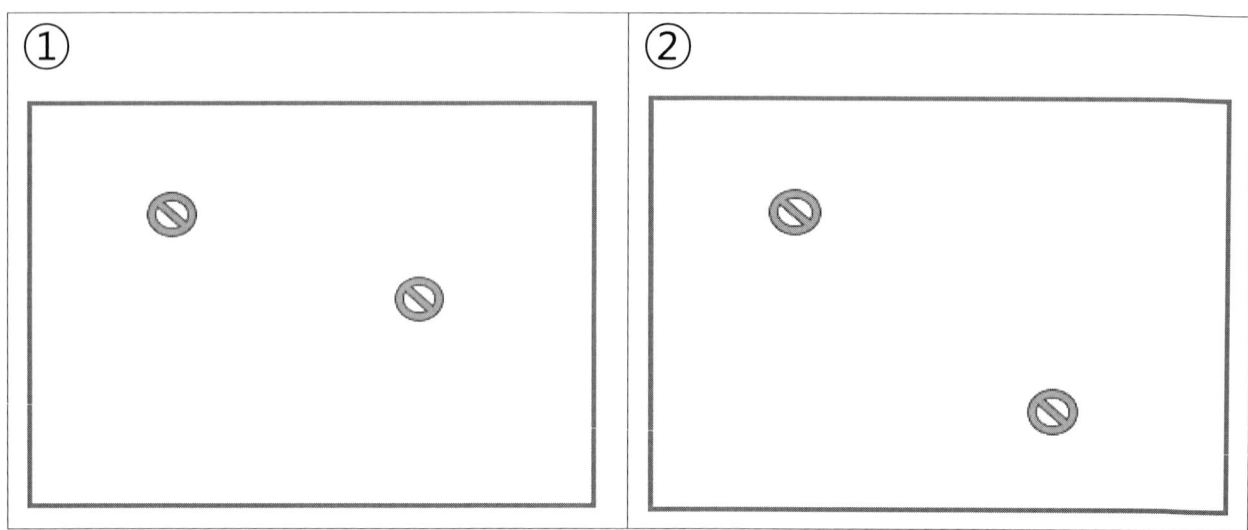

7. 다음 그림에 나무토막은 모두 몇 개인가요?

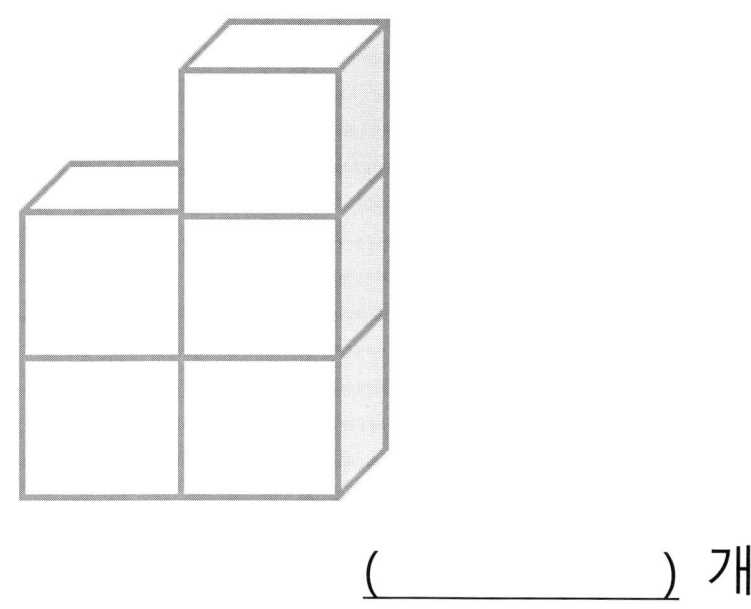

( ) 개

8. 다음 그림에 노란색 나무토막은 모두 몇 개인가요? 찾아서 모두 동그라미 하세요.

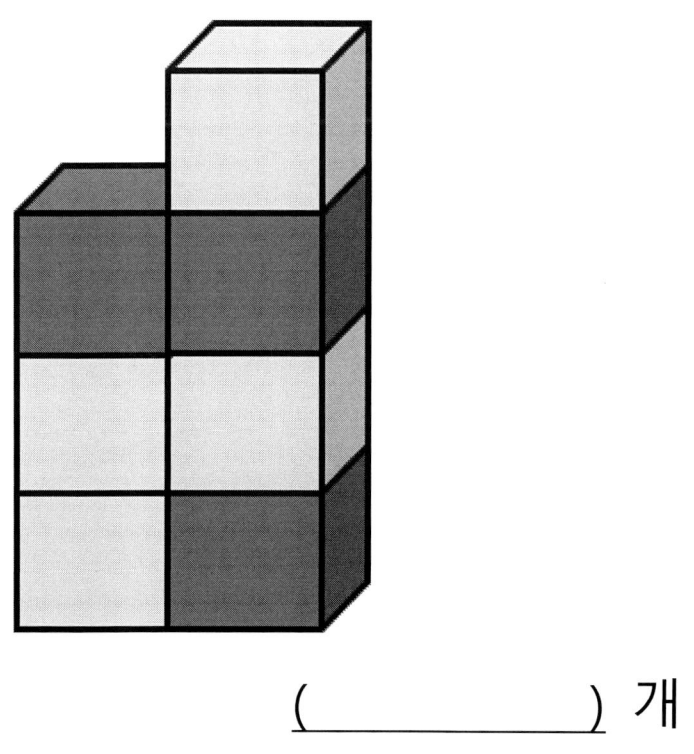

( ) 개

9. 다음 보기의 그림을 회전시켰을 때 나올 수 있는 그림은 무엇인가요?

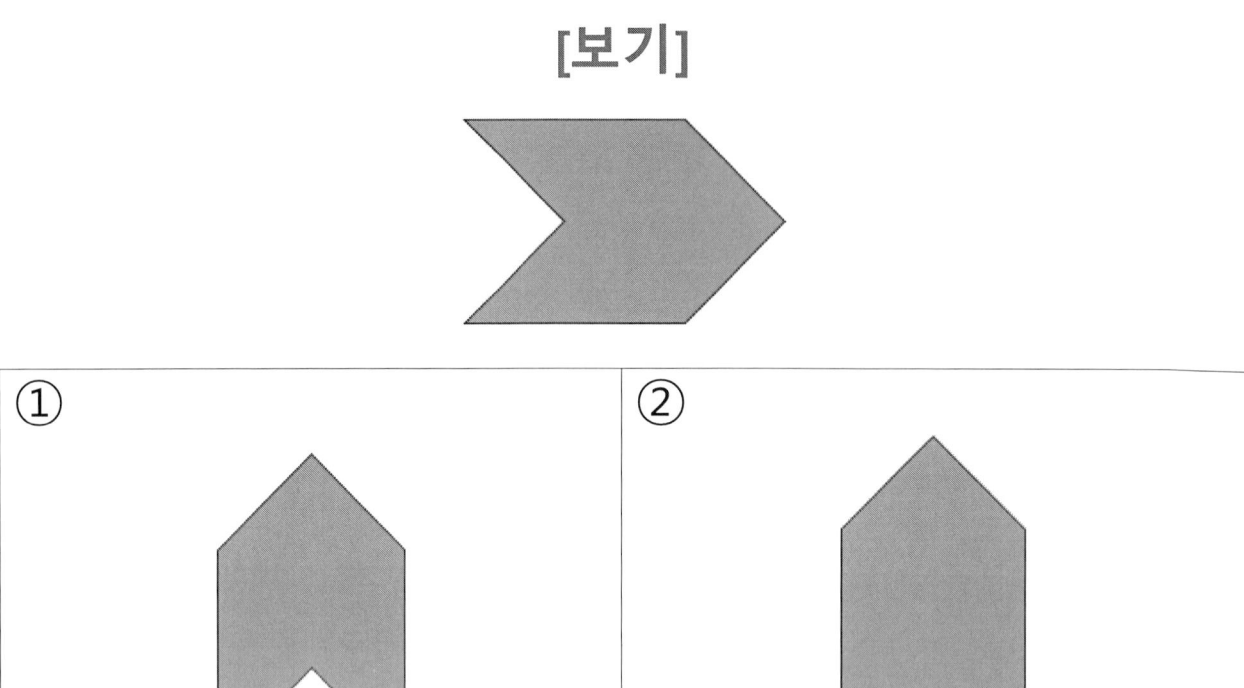

10. 다음 그림은 몇 개의 도형이 겹쳐 있나요? 찾은 도형을 각각 다른 색으로 칠해 보세요.

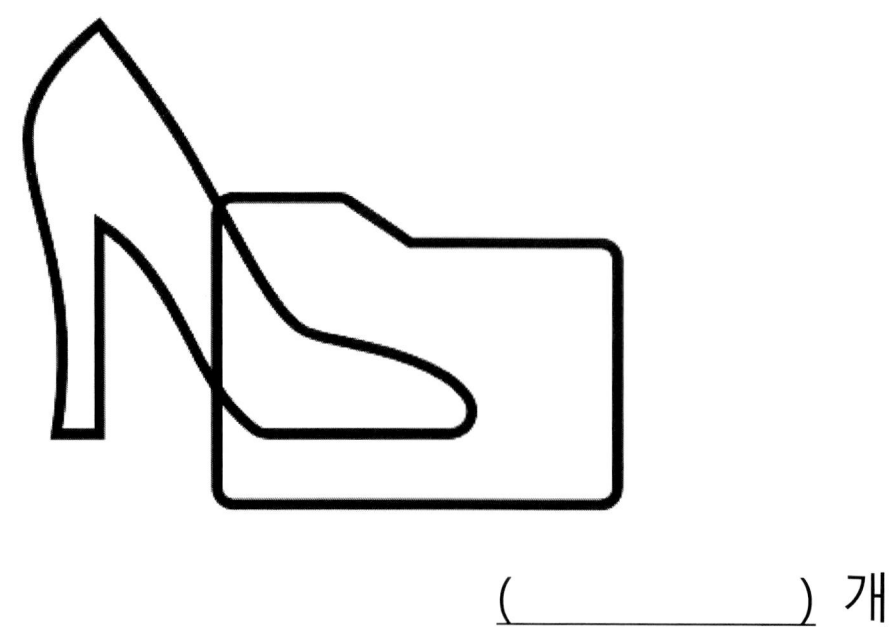

(　　　　　) 개

난이도 하
(난이도 ★☆☆)

4. 『언어능력 및 사고력』

[1회차]

언어능력 및 사고력
난이도 하 (★☆☆)

제 이름은 _____입니다.
오늘은 _____년 ____월____일입니다.

1. 다음 그림을 보고 알맞은 이름을 쓰세요.

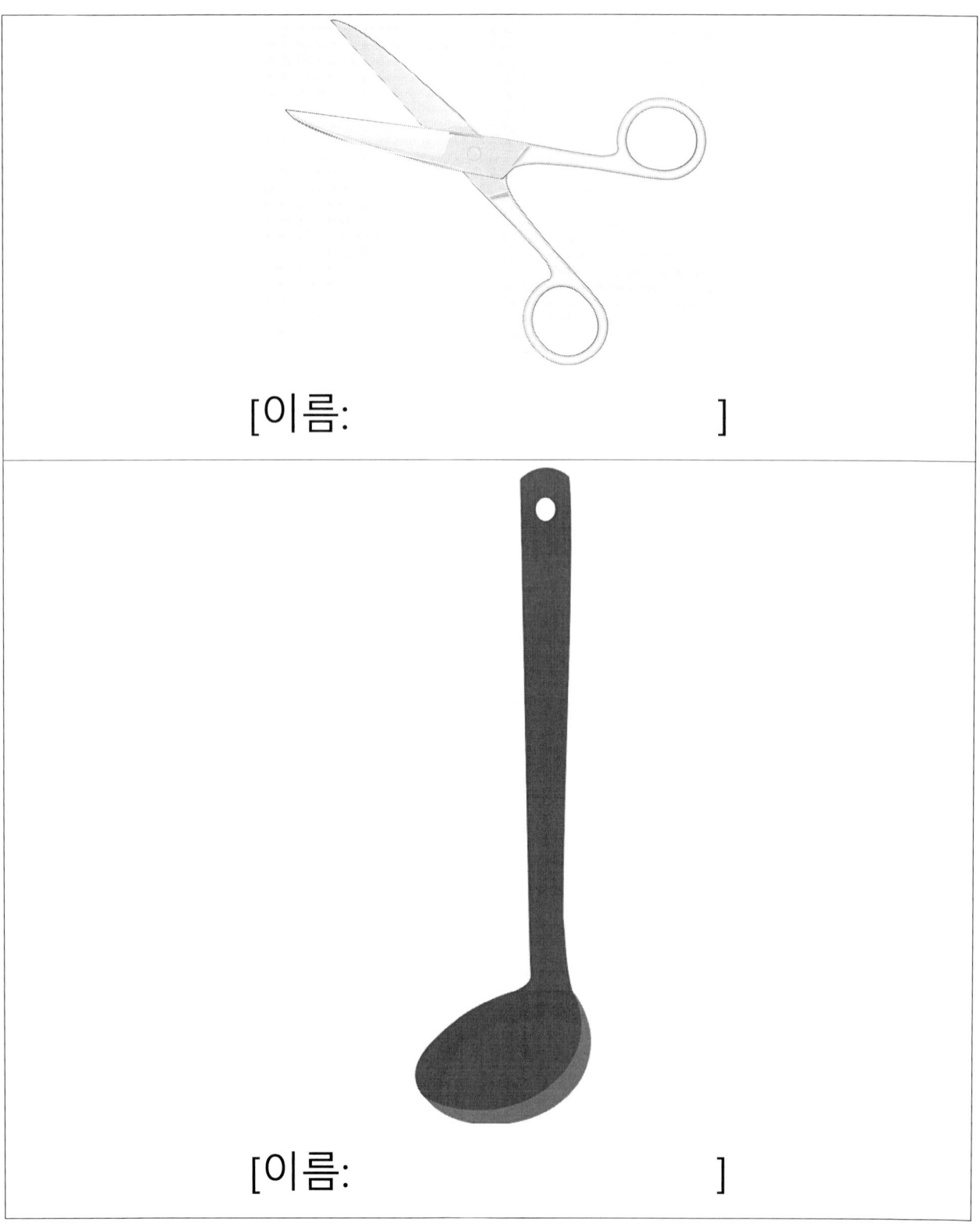

[이름:]

[이름:]

2. 다음 초성 힌트를 보고 "동물" 이름을 적어보세요.

ㅅ 자	코 ㅇ 라
[답:]	[답:]
ㄱ ㄹ	사 ㅅ
[답:]	[답:]

3. 다음 중 관련 있는 것끼리 연결하세요.

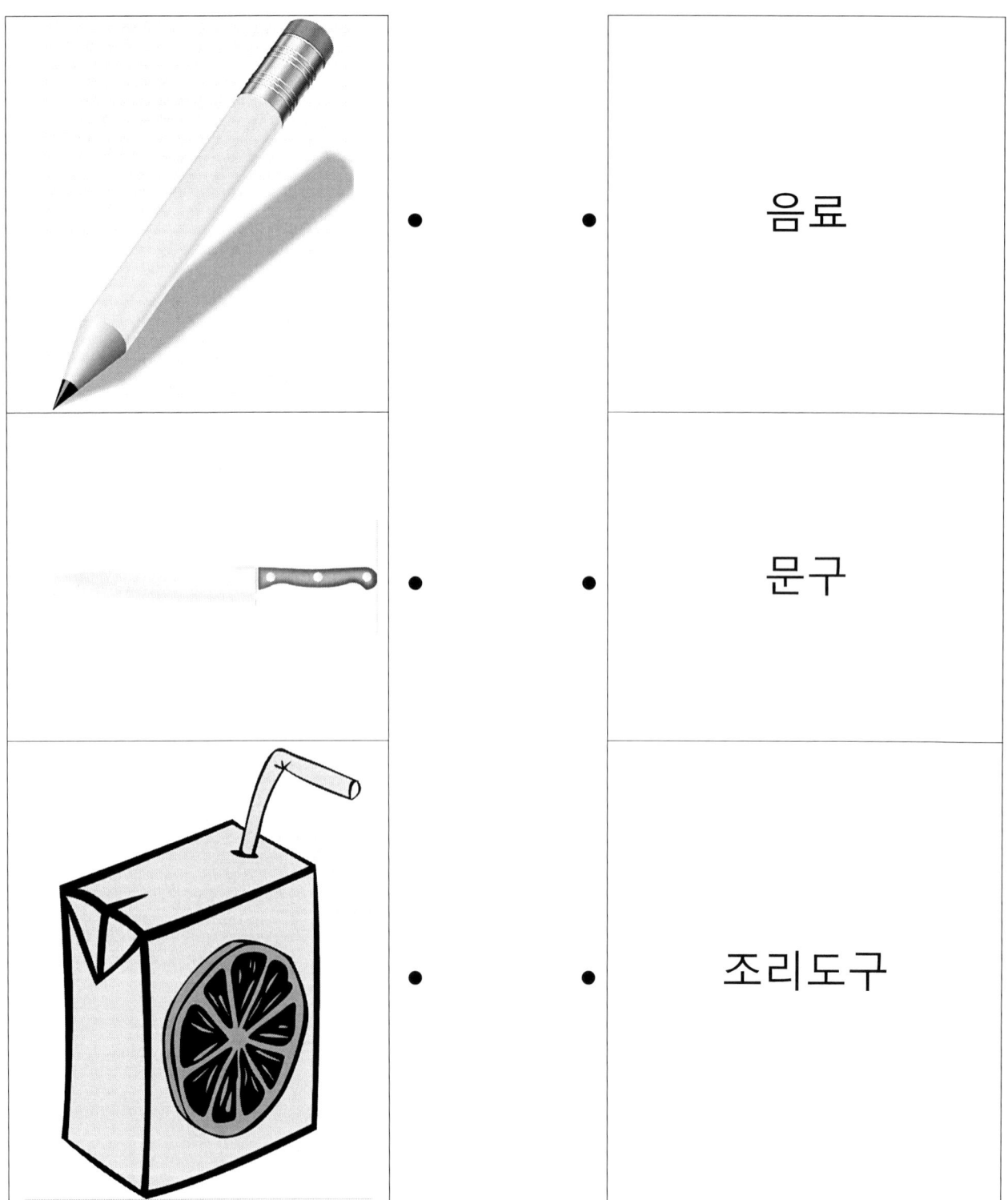

4. 다음 중 같은 것끼리 연결하세요.

5. 다음 중 "음식"에 속하는 것을 모두 찾아 동그라미(O) 하세요.

6. 다음은 "사물"의 일부를 가까이에서 찍은 사진입니다. 사물의 이름은 무엇일까요?

| ① 주전자 | ② 소화기 |

7. 다음은 "동물"의 일부를 가까이에서 찍은 사진입니다. 동물의 이름은 무엇일까요?

| ① 물개 | ② 병아리 |

8. 다음은 "과일"의 일부를 가까이에서 찍은 사진입니다. 과일의 이름은 무엇일까요?

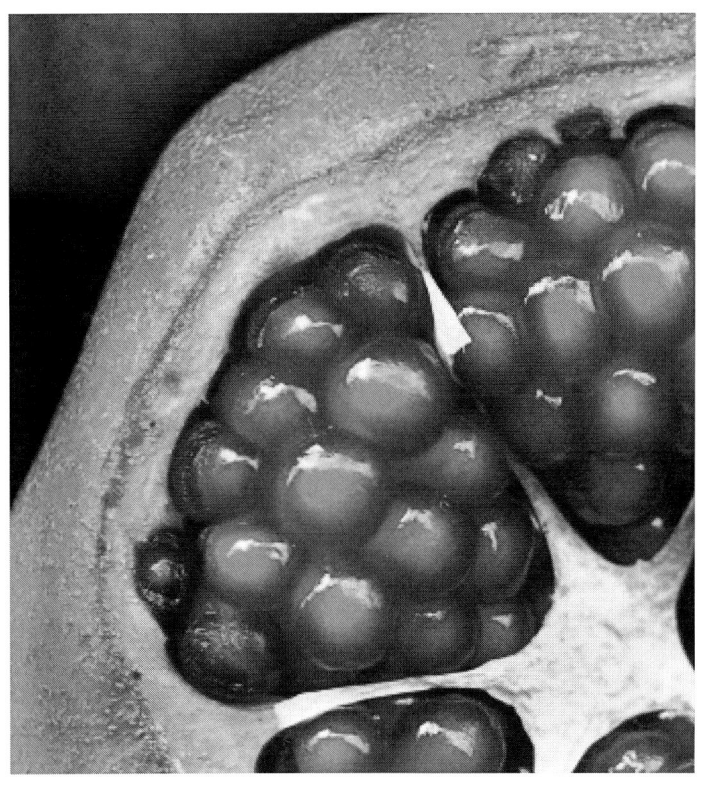

| ① 딸기 | ② 석류 |

9. 몸이 아플 때 찾아가야 하는 곳은 어디일까요?

① 공항	② 병원
③ 경찰서	④ 우체국

10. 다음 중 먹을 수 **없는** 것은 무엇인가요?

① 떡볶이	② 국자
③ 김밥	④ 국수

[2회차]

언어능력 및 사고력
난이도 하 (★☆☆)

제 이름은 _____입니다.
오늘은 _____년 _____월_____일입니다.

1. 다음 그림을 보고 알맞은 이름을 쓰세요.

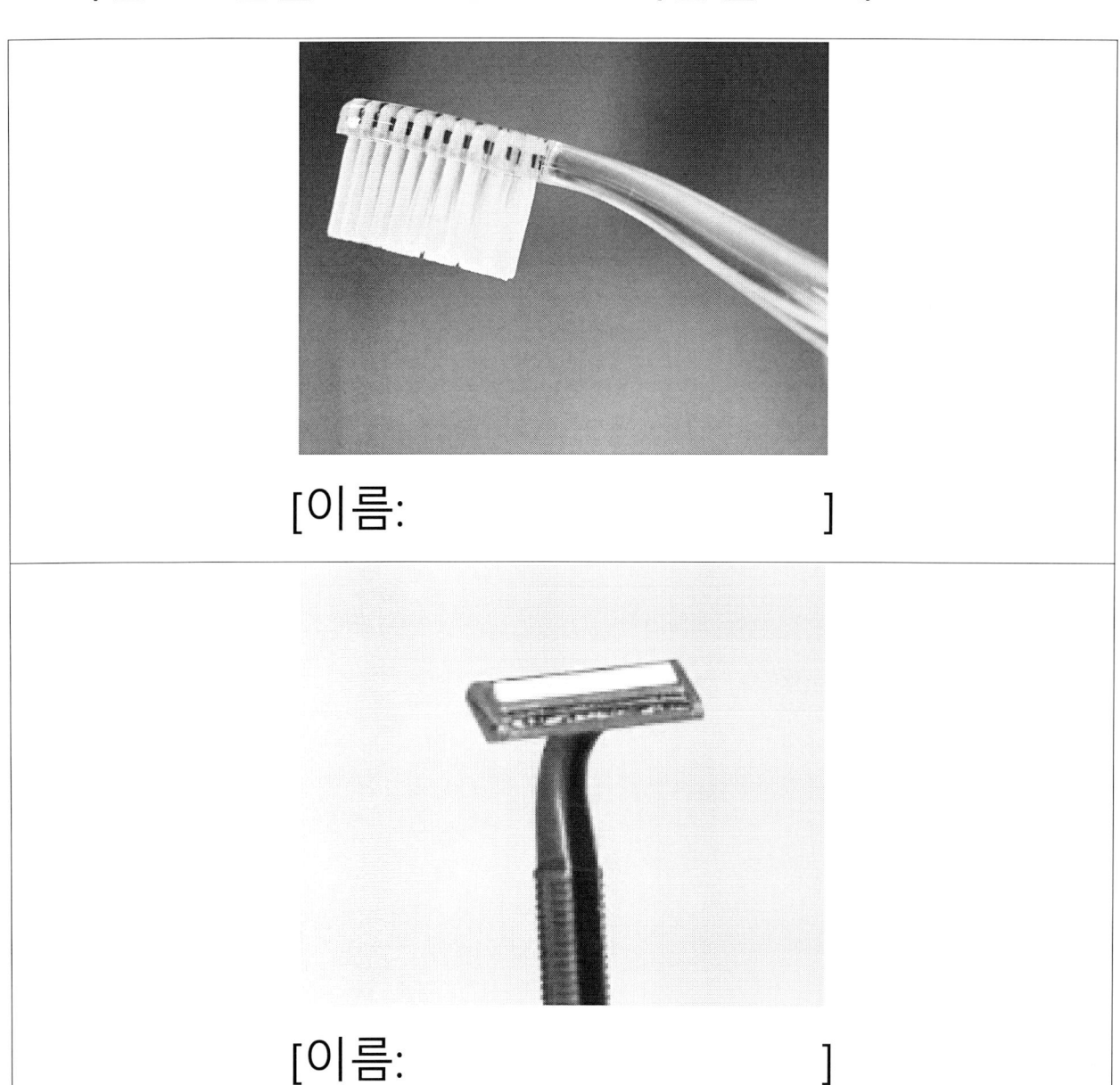

[이름:]

[이름:]

2. 다음 초성 힌트를 보고 "동물" 이름을 적어보세요.

호 ㄹ 이 [답:]	오 ㄹ [답:]
고 ㅇ 이 [답:]	원 ㅅ 이 [답:]

3. 다음 중 관련 있는 것끼리 연결하세요.

[베개 사진] •	• 음료
[커피 사진] •	• 과일
[석류 사진] •	• 침구

4. 다음 중 같은 것끼리 연결하세요.

5. 다음 중 "가전제품"에 속하는 것을 모두 찾아 동그라미(O) 하세요.

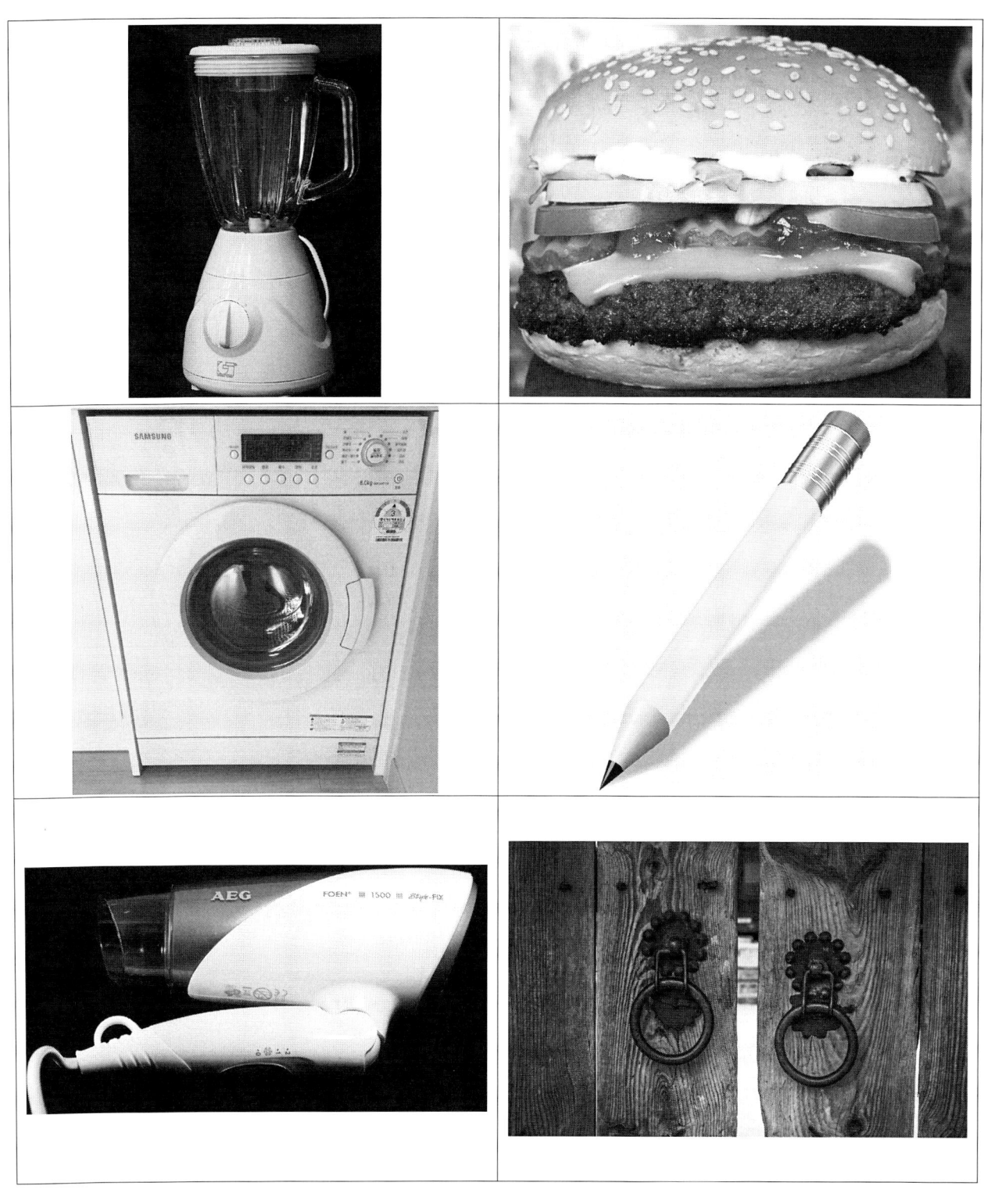

6. 다음은 "장소"의 일부를 가까이에서 찍은 사진입니다. 어느 장소일까요?

| ① 화장실 | ② 침실 |

7. 다음은 "동물"의 일부를 가까이에서 찍은 사진입니다. 동물의 이름은 무엇일까요?

| ① 소 | ② 얼룩말 |

8. 다음은 "과일"의 일부를 가까이에서 찍은 사진입니다. 과일의 이름은 무엇일까요?

| ① 레몬 | ② 파인애플 |

9. 택배를 보내기 위해 가야하는 곳은 어디일까요?

① 공항	② 병원
③ 경찰서	④ 우체국

10. 다음 글자 중에 "ㅇ(이응)"이 들어가는 단어는 무엇인가요?

① 떡볶이	② 국자
③ 김밥	④ 국수

[3회차]

언어능력 및 사고력
난이도 하 (★☆☆)

제 이름은 _____입니다.
오늘은 _____년 ____월____일입니다.

1. 다음 그림을 보고 알맞은 이름을 쓰세요.

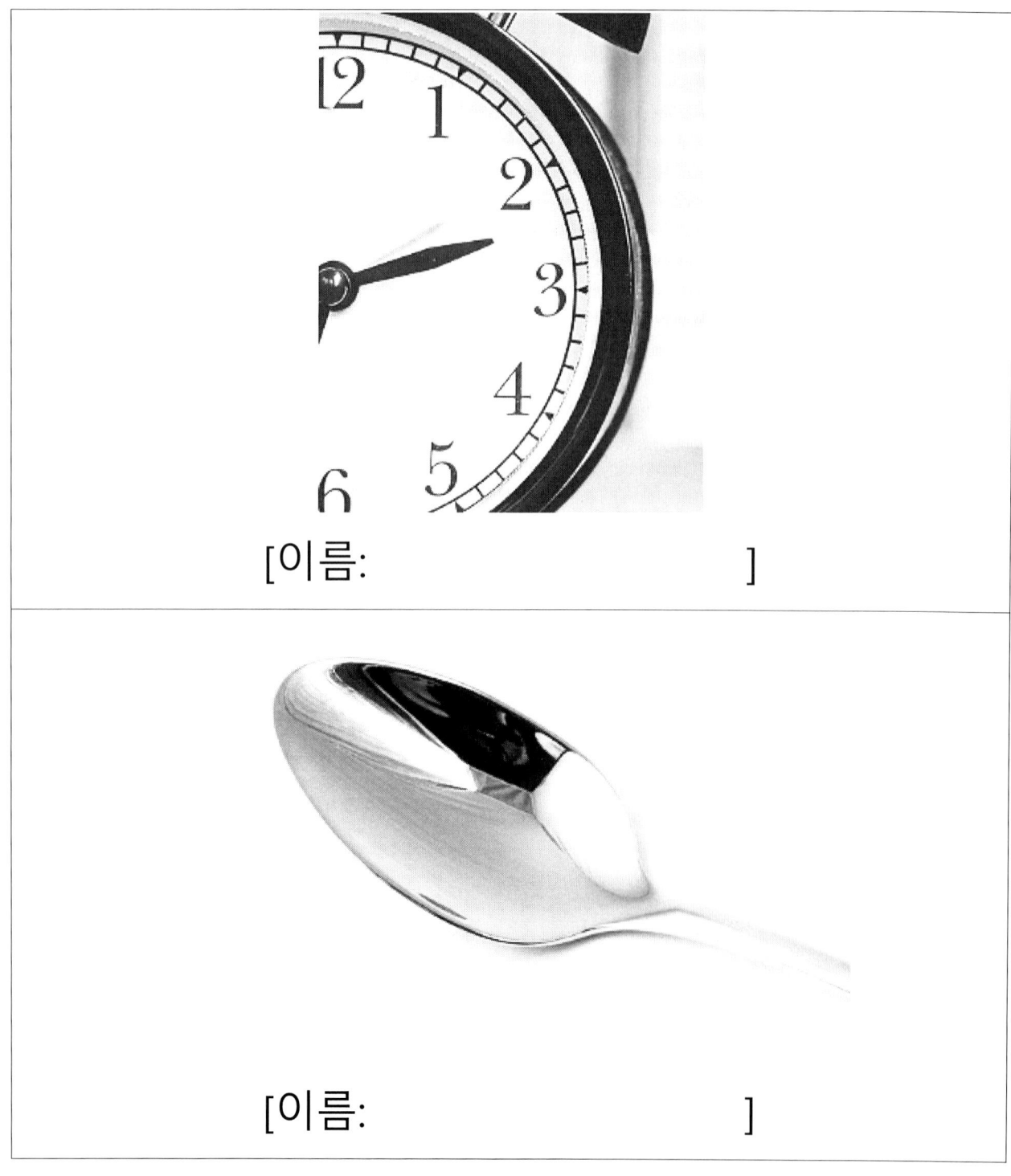

[이름:]

[이름:]

2. 다음 초성 힌트를 보고 "과일" 이름을 적어보세요.

수ㅂ	파ㅇ애ㅍ
[답:]	[답:]
ㅍㄷ	ㅂ나ㄴ
[답:]	[답:]

3. 다음 중 관련 있는 것끼리 연결하세요.

4. 다음 중 같은 종류끼리 연결하세요.

5. 다음 중 "탈 것(운송수단)"에 속하는 것을 모두 찾아 동그라미(O) 하세요.

6. 다음은 "사물"의 일부를 가까이에서 찍은 사진입니다. 어느 사물일까요?

| ① 정수기 | ② 냉장고 |

7. 다음은 "동물"의 일부를 가까이에서 찍은 사진입니다. 동물의 이름은 무엇일까요?

| ① 닭 | ② 개 |

8. 다음은 "과일"의 일부를 가까이에서 찍은 사진입니다. 과일의 이름은 무엇일까요?

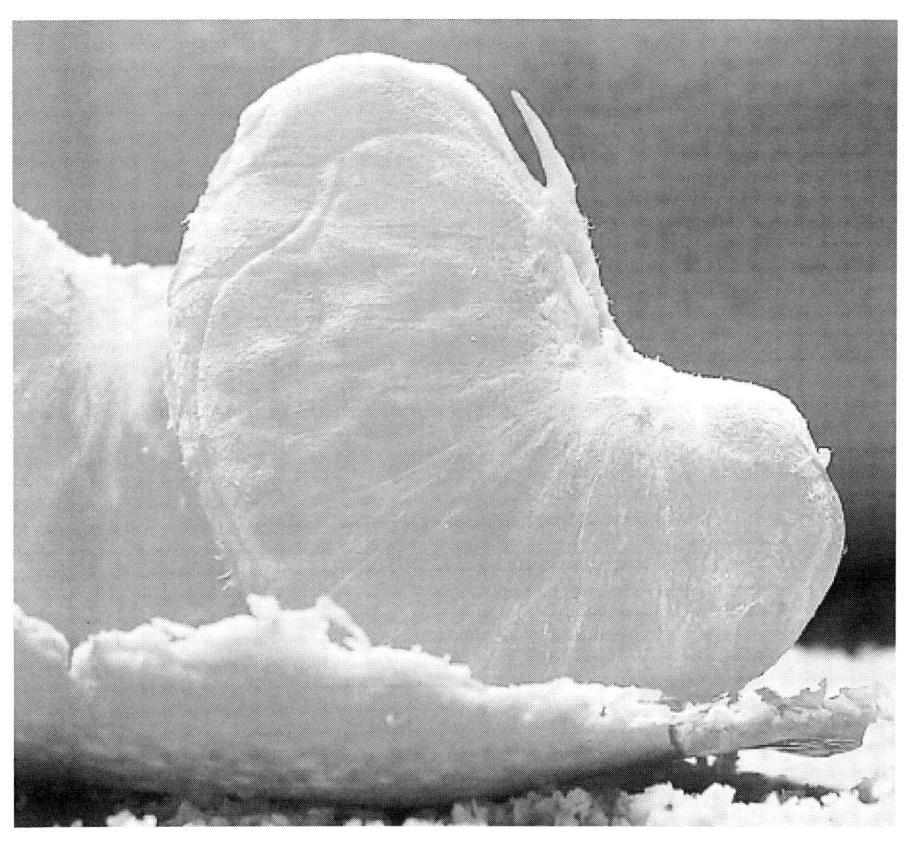

| ① 레몬 | ② 귤 |

9. 출생 및 사망신고를 할 수 있는 곳은 어디일까요?

① 공항	② 병원
③ 백화점	④ 동사무소

10. 다음 중 "여름"과 가장 관련 있는 단어는 무엇인가요?

① 난로	② 장갑
③ 부채	④ 털모자

[4회차]

| 언어능력 및 사고력 |
| 난이도 하 (★☆☆) |

제 이름은 _____입니다.
오늘은 _____년 ____월 ____일입니다.

1. 다음 그림을 보고 알맞은 이름을 쓰세요.

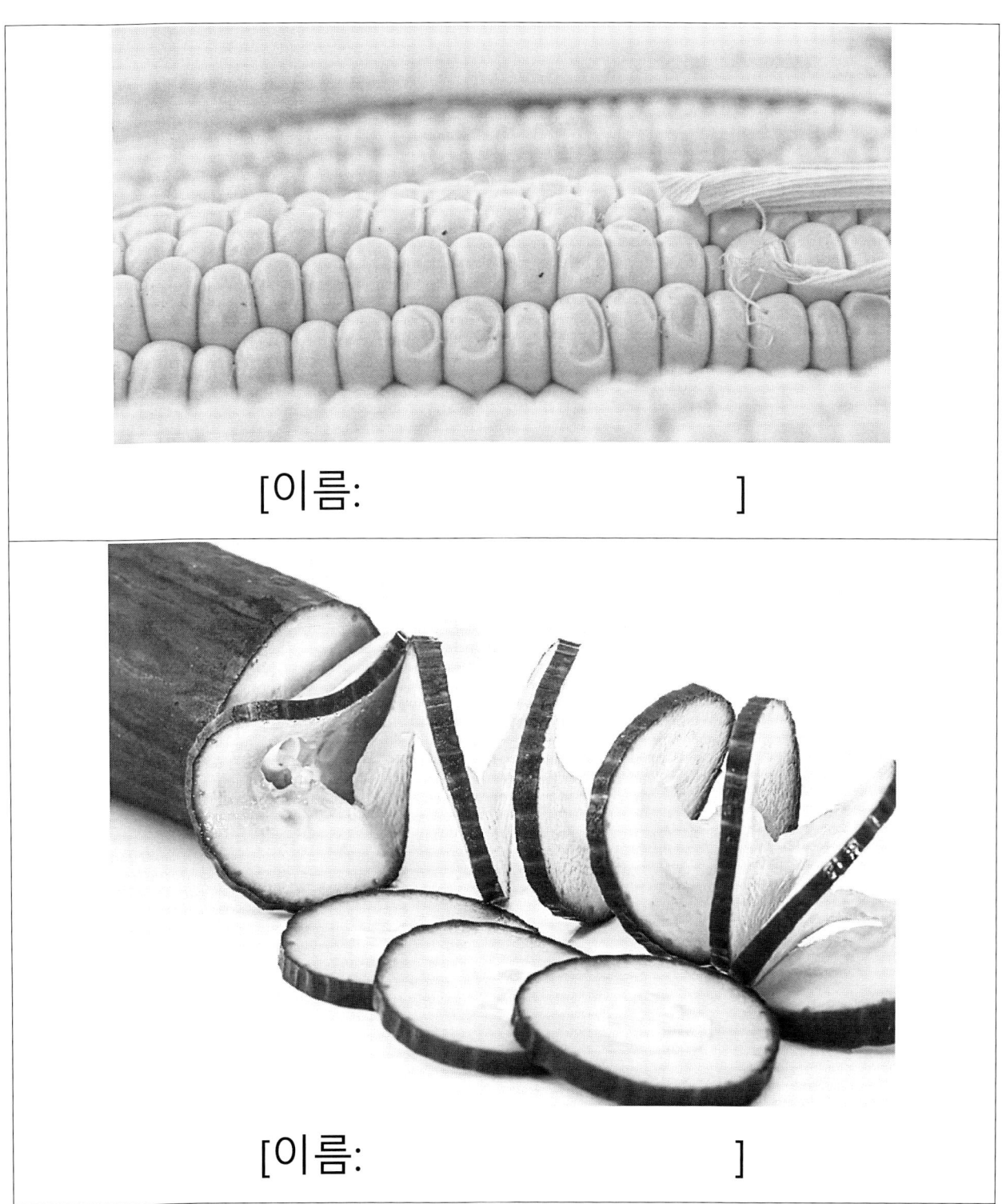

[이름:]

[이름:]

2. 다음 초성 힌트를 보고 "운동 종류" 이름을 적어 보세요.

배 ㄱ	ㅊ 구
[답:]	[답:]
배 ㄷ 민 ㅌ	ㅅ 케 ㅇ 트
[답:]	[답:]

3. 다음 중 관련 있는 것끼리 연결하세요.

4. 다음 중 같은 종류끼리 연결하세요.

5. 다음 중 "음료"에 속하는 것을 모두 찾아 동그라미(O) 하세요.

6. 다음은 "사물"의 일부를 가까이에서 찍은 사진입니다. 어느 사물일까요?

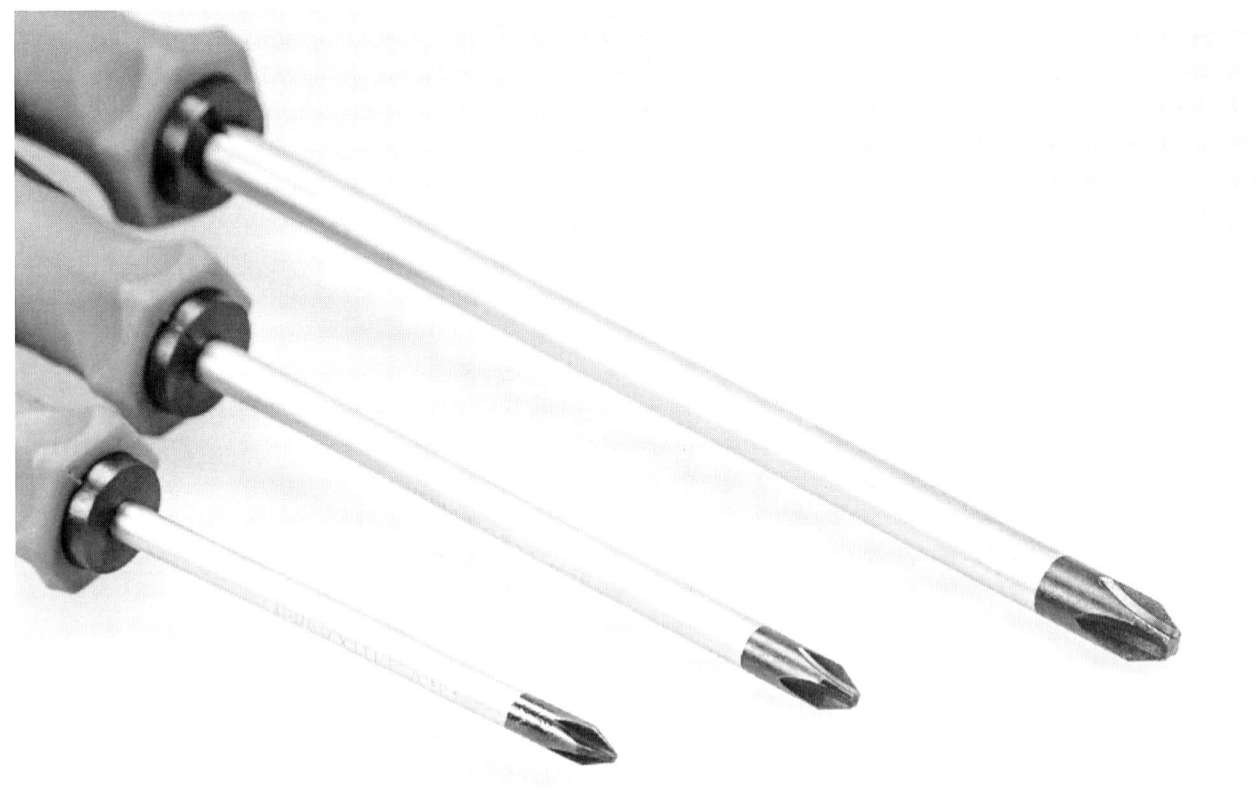

| ① 드라이버 | ② 젓가락 |

7. 다음은 "곤충"의 일부를 가까이에서 찍은 사진입니다. 곤충의 이름은 무엇일까요?

| ① 잠자리 | ② 나비 |

8. 다음은 "과일"의 일부를 가까이에서 찍은 사진입니다. 과일의 이름은 무엇일까요?

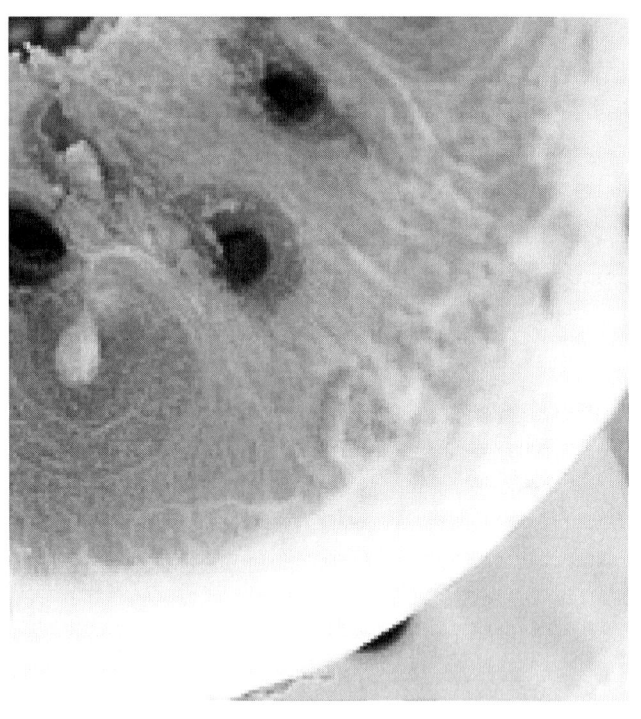

| ① 수박 | ② 사과 |

9. 충치 치료를 위해 가야 하는 곳은 어디일까요?

① 외과	② 치과
③ 내과	④ 항문외과

10. 다음 중 "학생"과 가장 관련 있는 단어는 무엇인가요?

① 드라이버	② 도마
③ 책	④ 샴푸

[5회차] 언어능력 및 사고력 난이도 하 (★☆☆)

제 이름은 _____입니다.
오늘은 _____년 ____월____일입니다.

1. 다음 그림을 보고 알맞은 이름을 쓰세요.

[이름:]

[이름:]

2. 다음 초성 힌트를 보고 "꽃" 이름을 적어보세요.

장 ㅁ [답:]	ㄱ 화 [답:]
ㅈ ㄷ 래 [답:]	ㅁ 궁 ㅎ [답:]

3. 다음 중 관련 있는 것끼리 연결하세요.

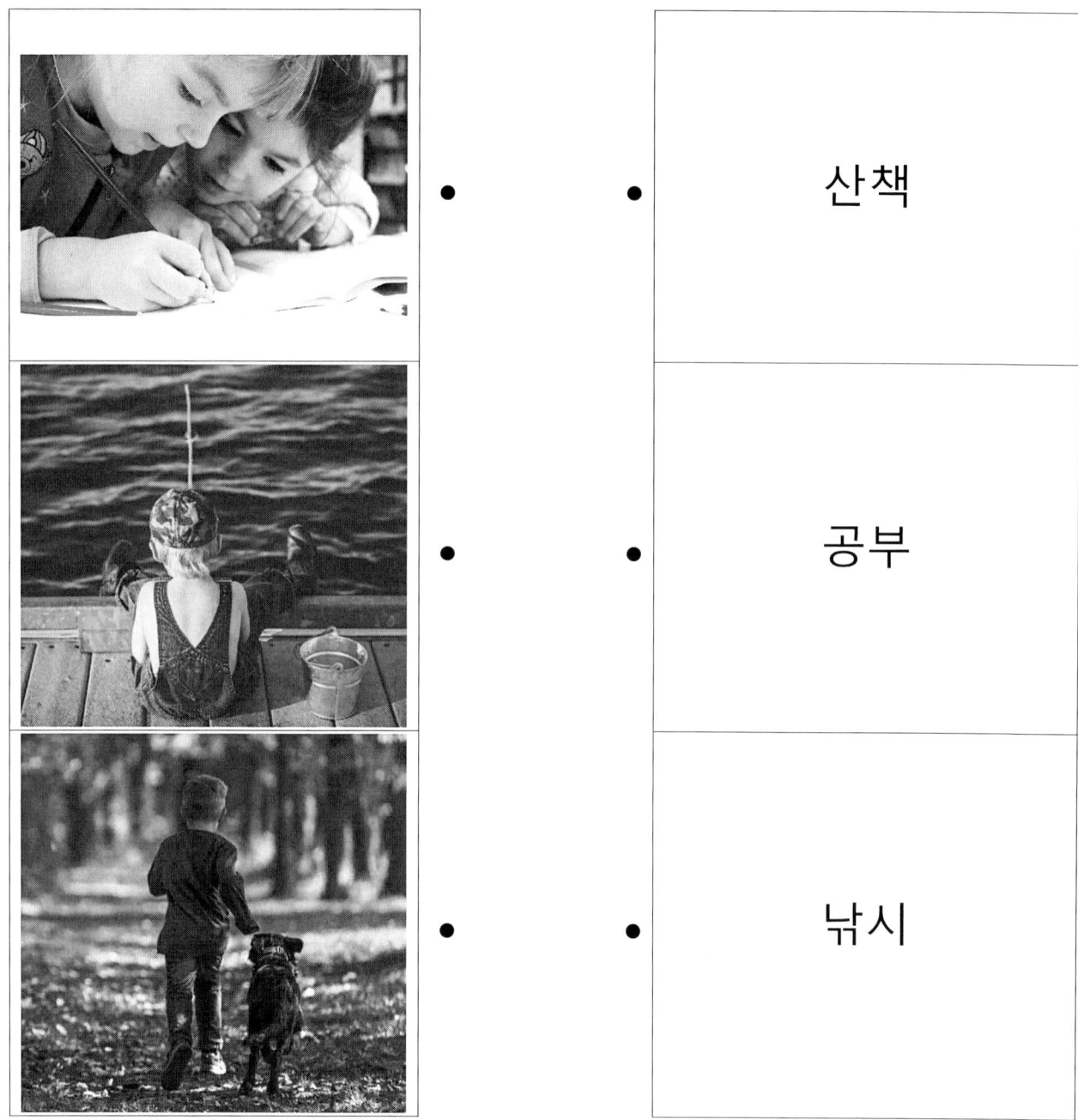

4. 다음 중 사용 목적이 같은 종류끼리 연결하세요.

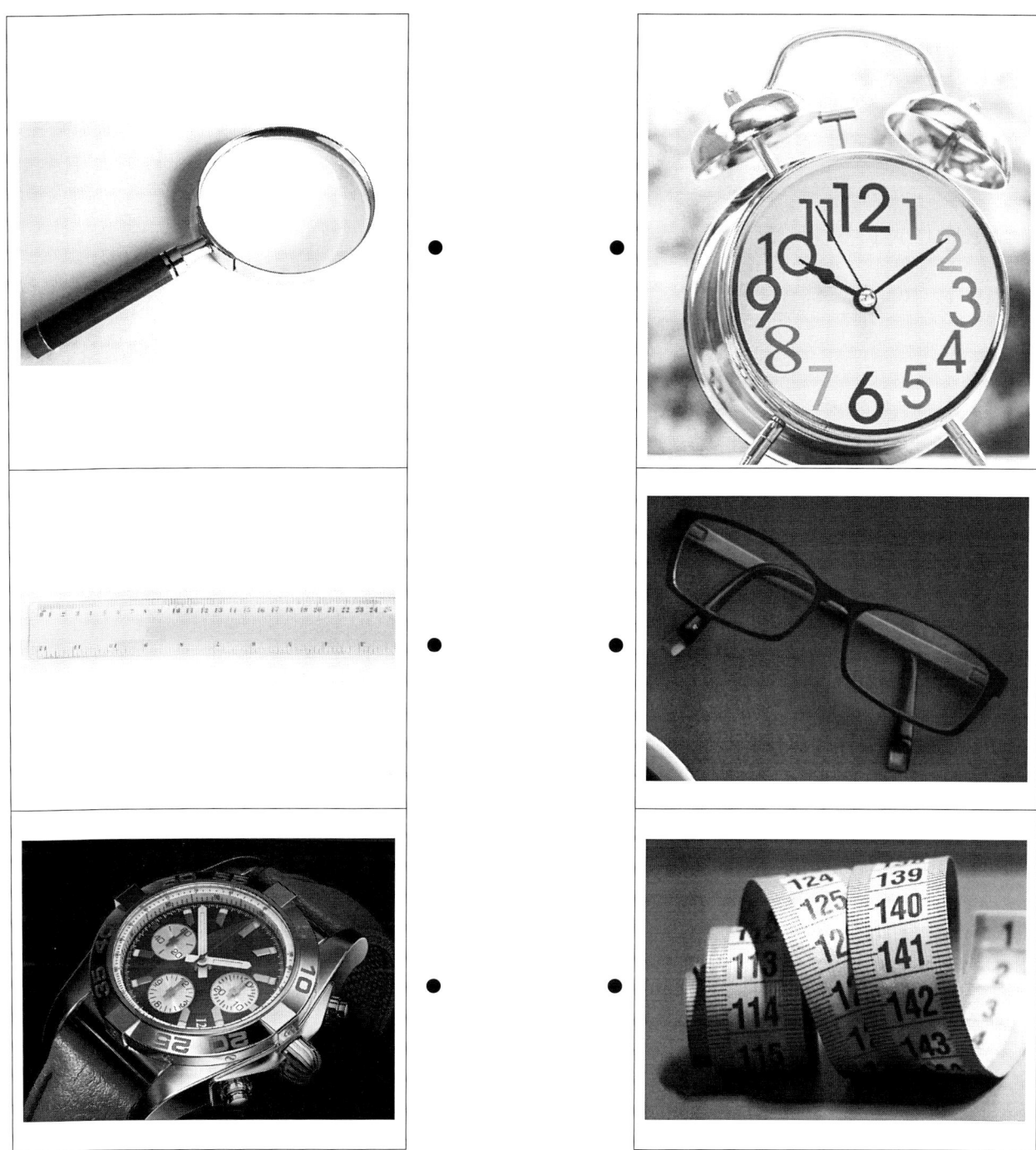

5. 다음 중 "문구류"에 속하는 것을 모두 찾아 동그라미(O) 하세요.

6. 다음은 "장소"의 일부를 가까이에서 찍은 사진입니다. 어느 장소일까요?

| ① 침실 | ② 화장실 |

7. 다음은 "동물"의 일부를 가까이에서 찍은 사진입니다. 동물의 이름은 무엇일까요?

| ① 얼룩말 | ② 기린 |

8. 다음은 "채소"의 일부를 가까이에서 찍은 사진입니다. 채소의 이름은 무엇일까요?

| ① 배추 | ② 브로콜리 |

9. 내가 모은 돈을 저축(입금)하기 위해 가야 하는 곳은 어디일까요?

① 병원	② 치과
③ 동사무소	④ 은행

10. 다음 중 "시간 측정 단위"와 관련 없는 단어는 무엇인가요?

① 시	② 초
③ 미터	④ 분

제3장.
난이도 중

(난이도 ★★☆)

1. 지남력 및 기억력
2. 주의집중력
3. 시지각능력
4. 언어능력 및 사고력

에듀컨텐츠·휴피아
CH Educontents Huepia

난이도 중
(난이도 ★★☆)

1. 『지남력 및 기억력』

[1회차]

| 지남력 및 기억력 |
| 난이도 중 (★★☆) |

제 이름은 _____ 입니다.
오늘은 _____ 년 _____ 월 ____ 일입니다.

1. 다음 사물은 어느 장소에서 볼 수 있나요?

① 욕실   ② 침실

③ 부엌   ④ 현관

2. 다음 사물은 어느 장소에서 볼 수 있나요?

① 욕실 ② 침실
③ 부엌 ④ 현관

3. 사진 속 시계는 몇 시 몇 분인가요?

① 2시 10분   ② 10시 10분

③ 10시 50분   ④ 11시 10분

4. 사진 속 시계는 몇 시 몇 분인가요?

① 2시 7분 ② 2시 34분
③ 6시 10분 ④ 7시 2분

5. 다음 사진을 잘 보세요.

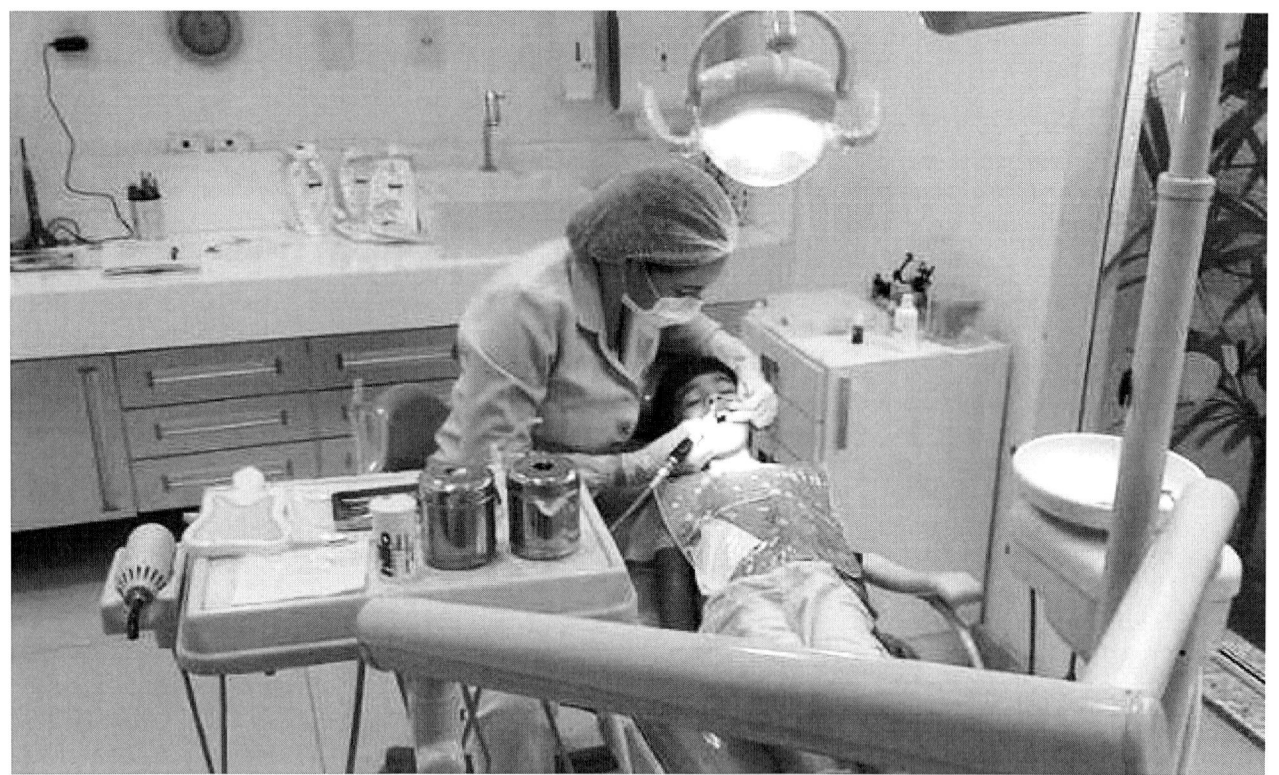

사진은 어느 장소인가요?

① 식당　　　　　② 미용실

③ 치과　　　　　④ 유치원

사진 속 장소는 무엇을 하는 곳인가요?

① 충치 치료　　　② 식사

③ 머리 자르기　　④ 공부

6. 다음 사진을 잘 보세요.

사진은 어느 장소인가요?

① 욕실　　　　　　② 부엌

③ 침실　　　　　　④ 옷방

사진 속 장소는 무엇을 하는 곳인가요?

① 목욕　　　　　　② 옷 갈아입기

③ 요리와 설거지　　④ 수면(잠)

7. 다음 달력을 잘 보세요. 오늘은 **둘째 주 월요일**입니다. 오늘 날짜가 어떻게 되나요?

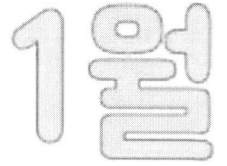

일요일	월요일	화요일	수요일	목요일	금요일	토요일
1 신정	2	3	4	5	6	7
8	9	10	11	12	13	14
15	16	17	18	19	20	21
22 설날	23	24 대체공휴일	25	26	27	28
29	30	31				

① 2022년 1월 2일　　② 2023년 1월 3일

③ 2023년 1월 9일　　④ 2024년 1월 9일

⑤ 2023년 1월 16일　　⑥ 2024년 1월 23일

8. 다음 달력을 잘 보세요. 오늘은 민족 대명절인 **설날(구정)** 당일입니다. 오늘 날짜가 어떻게 되나요?

① 2022년 1월 1일 ② 2023년 1월 9일
③ 2023년 1월 21일 ④ 2023년 1월 22일
⑤ 2023년 1월 23일 ⑥ 2024년 1월 24일

9. 다음 건물을 잘 보세요. 창문의 색깔이 다른 건물의 층수가 어떻게 되나요?

① 노란색 건물 1층　　② 노란색 건물 2층

③ 초록색 건물 2층　　④ 초록색 건물 3층

10. 다음 노란색과 초록색 건물을 잘 보세요. 창문의 색깔이 다른 건물의 층수가 어떻게 되나요?

① 1층　　　　　　　② 2층

③ 3층　　　　　　　④ 4층

[2회차] 지남력 및 기억력 난이도 중 (★★☆)

제 이름은 _____ 입니다.
오늘은 _____년 ____월____일입니다.

1. 다음 물건은 어느 장소에서 볼 수 있나요?

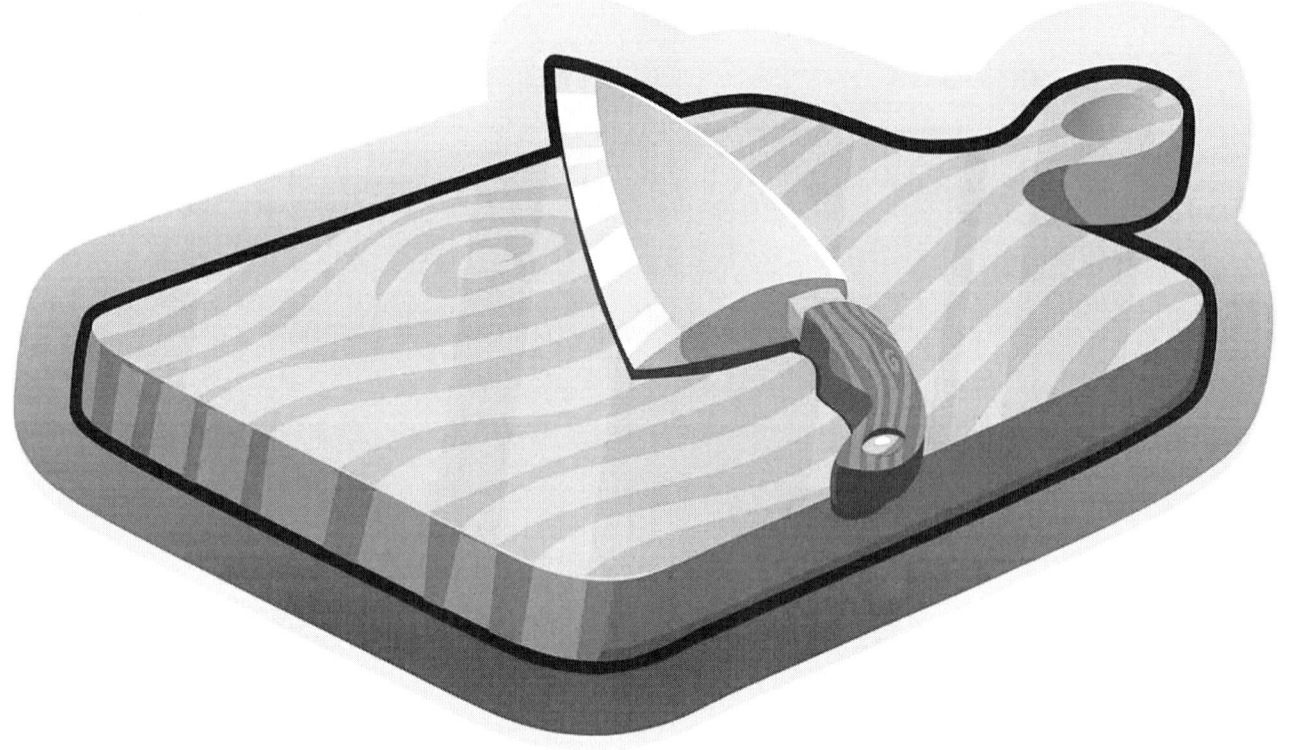

① 화장실　　② 안방
③ 옷방　　　④ 부엌

사진 속 물건은 어떻게 사용할까요?
① 글씨를 쓴다.
② 색종이를 자른다.
③ 못을 올려두고 박는다.
④ 음식 재료를 올려두고 자른다.

2. 아침에 일어나 세수와 양치를 하기 위해 가야 하는 장소는 어디인가요?

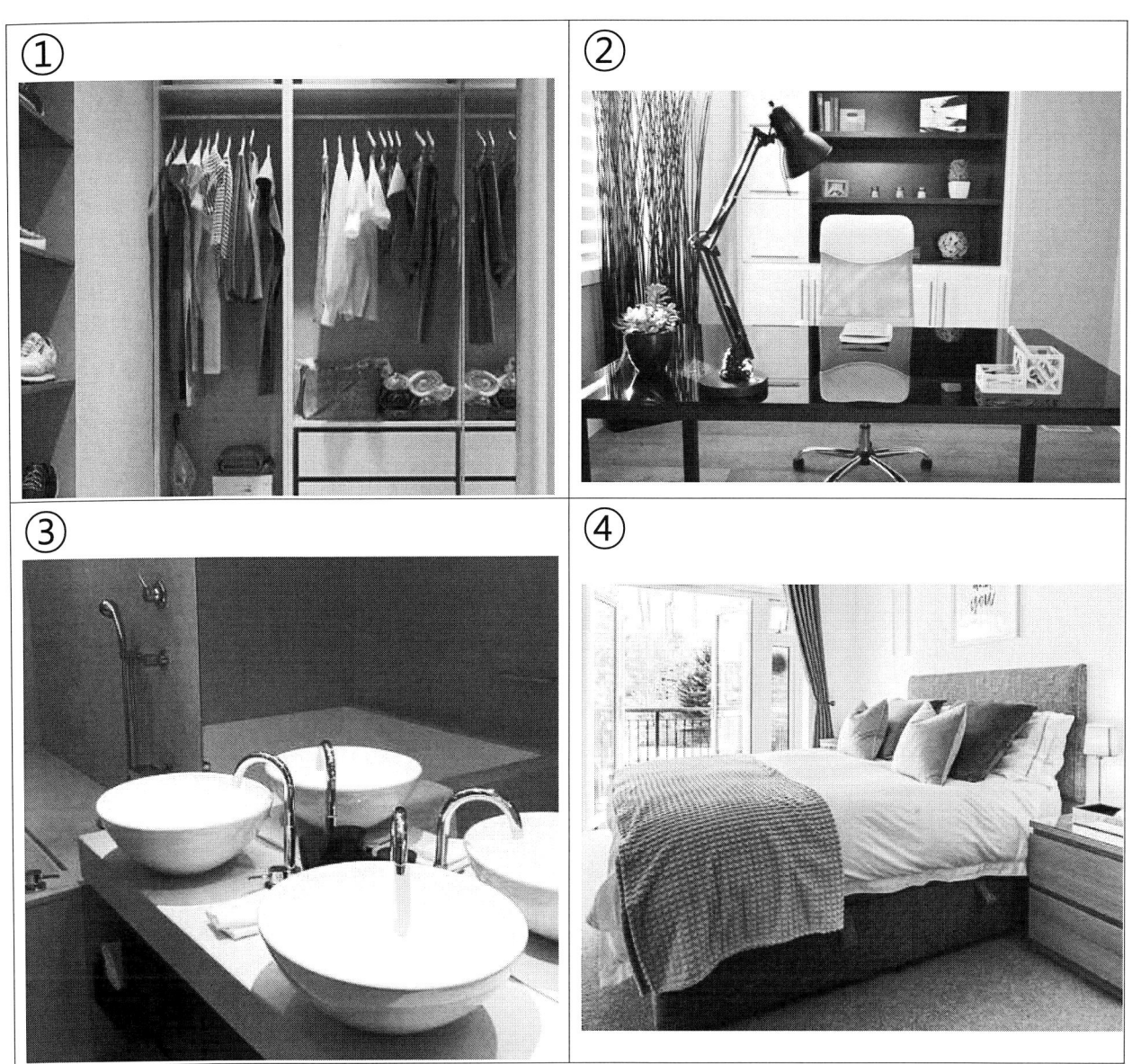

3. 외출 후, 집에 돌아오자 마자 목이 너무 마른 상태입니다. 물을 마시려면 어느 장소로 가야 할까요?

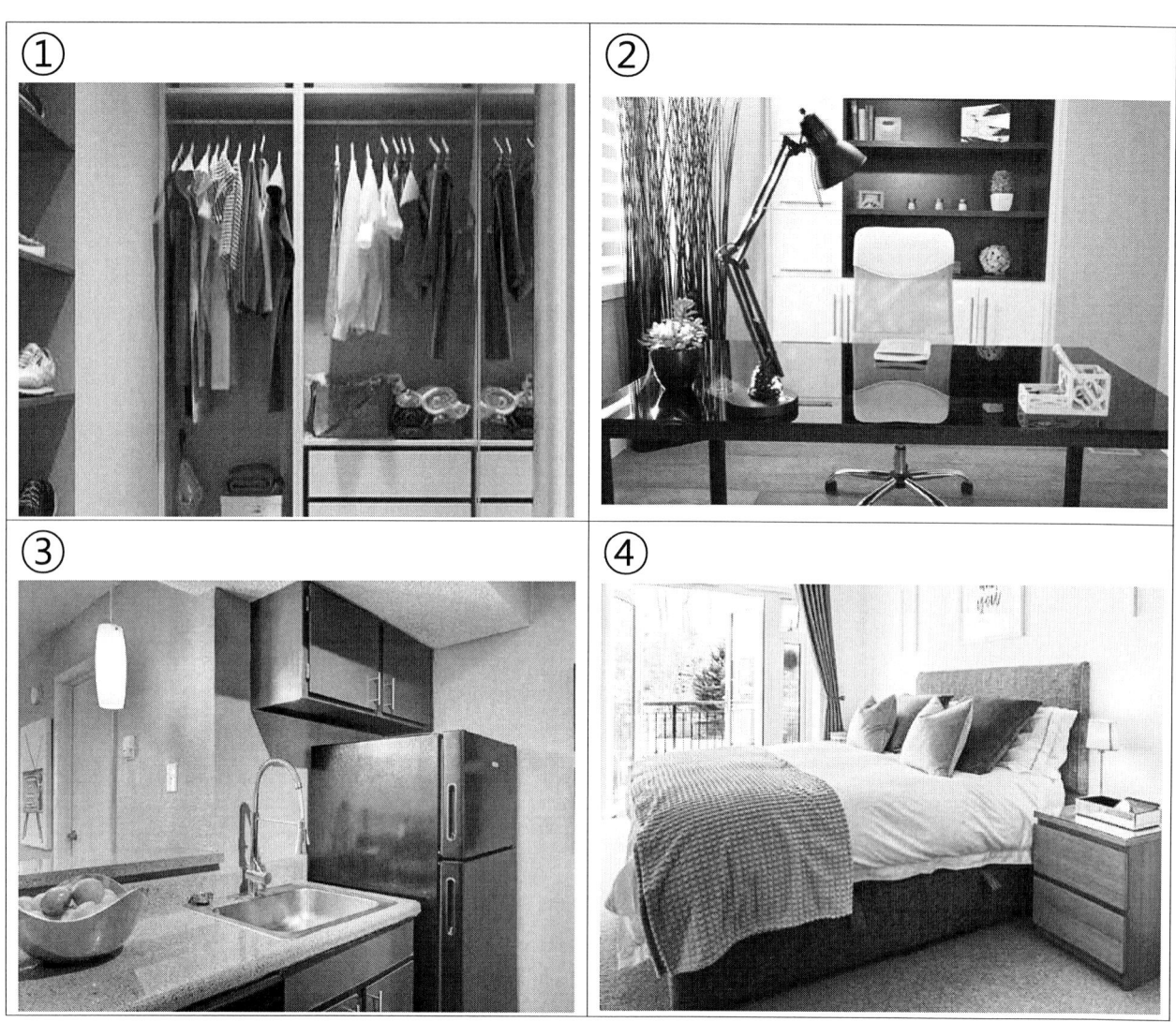

4. 다음 사진을 잘 보세요. 사진 속 아이들의 생김새와 옷차림, 이름을 잘 기억하세요.

앞의 사진에서 파란색 옷을 입은 아이의 이름은 무엇이었나요?

① 철민	② 성민
③ 철수	④ 성규

5. 다음 사진을 잘 보세요. 사진 속 아이들의 생김새와 옷차림, 나이와 장래희망을 잘 살펴보세요.

위 사진에서 여자아이의 장래희망은 무엇인가요?

① 가수 ② 화가
③ 의사 ④ 선생님

위 사진에서 남자아이의 나이는 몇 살인가요?

① 6세 ② 7세
③ 8세 ④ 9세

6. 나에게 딸이 2명 있습니다. 현재 딸들의 나이는 첫째가 35세이고, 둘째는 32세입니다. 5년 후에 자녀들의 나이는 몇 살일까요?

① 첫째 40세, 둘째 37세

② 첫째 40세, 둘째 48세

③ 첫째 47세, 둘째 40세

④ 첫째 48세, 둘째 46세

7. 아침식사 시간은 다음과 같습니다. 아침 식사 후 30분 이후에 약을 복용해야 합니다. 올바른 아침 약 복용시간은 언제인가요?

아침식사 시간	오전 8:00

① 오전 7:00 ② 오전 7:30
③ 오전 8:00 ④ 오전 8:30

8. 다음 사진은 어느 장소에서 볼 수 있나요?

① 욕실   ② 공부방
③ 주방   ④ 안방

위 사진에 보이는 가전제품은 무엇인가요?

① 전자렌지   ② 냉장고
③ 옷장   ④ 컴퓨터

9. 다음 사진은 어느 장소일까요?

① 도서관
② 기차
③ 슈퍼마켓
④ 식당

10. 다음 사진은 어느 계절을 나타낼까요?

① 봄　　　　　　　　② 여름
③ 가을　　　　　　　④ 겨울

위 계절이라고 생각한 이유는 무엇인가요?

[3회차] 지남력 및 기억력
난이도 중 (★★☆)

제 이름은 _____입니다.
오늘은 _____년 _____월 _____일입니다.

1. 심부름으로 갈치 2마리를 사러 가야 합니다. 가야 할 곳은 어디인가요?
   ① 정육점   ② 수산물 시장

2. 감기가 걸려 열이 심하게 나서 진료를 받으러 가야 합니다. 어느 장소로 가야 할까요?
   ① 공항   ② 병원

3. 우리 집은 3층입니다. 내 친구는 나보다 2층 높은 곳에 살고 있습니다. 친구 집은 몇층일까요?
   ① 2층   ② 4층   ③ 5층

4. 지금은 아침 9시입니다. 지금으로부터 3시간 후에 점심 약속이 있습니다. 점심 약속시간은 언제인가요?
   ① 6시   ② 9시 3분   ③ 12시

5. 다음 사진을 잘 살펴보세요.

위 사진에서 볼 수 없는 돈의 종류는 무엇인가요?
① 만원　② 오천원　③ 천원　④ 오백원

6. 오늘은 삼일절입니다. 내일 날짜는 어떻게 될까요?

① 2월 28일　　　　② 3월 1일
③ 3월 2일　　　　④ 3월 3일

7. 오늘의 점심 메뉴입니다. 잘 살펴보고 기억하세요. (20초 동안)

오늘의 점심 메뉴는 무엇이었나요?

① 김치찌개　　　② 된장찌개

③ 비빔밥　　　　④ 피자

8. 점심 식사를 해야 하는 시간입니다. 몇 시일까요?

① 오전 9시　　　② 오후 12시 30분

③ 오후 5시 30분　④ 밤 8시

9. 머리를 자르기 위해 가야 하는 곳은?

① 병원　　　　　② 미용실

③ 경찰서　　　　④ 목욕탕

10. 다음 글을 잘 읽고, 김OO씨의 직업을 고르세요.

김OO씨는 54세이고, 초등학교에서 공부를 가르칩니다.

① 미용사　　　　② 의사

③ 요리사　　　　④ 교사

[4회차]

| 지남력 및 기억력 |
| 난이도 중 (★★☆) |

제 이름은 _____입니다.
오늘은 _____년 ____월____일입니다.

1. 다음 사진의 시계는 몇 시 몇 분인가요?

① 7시 35분　　② 7시 45분

③ 6시 35분　　④ 6시 45분

2. 현재 시각은 아래와 같습니다. 앞으로 3시간 이후에 친구를 만나기로 했습니다. 친구와 만나는 시각은 언제인가요?

① 7시 30분 ② 9시
③ 10시 ④ 10시 30분

3. 오늘의 일기예보는 다음과 같습니다. 외출복으로 가장 적절한 것은?

> 오늘은 영하 18℃로 매우 춥겠습니다. 오후 한때 눈이 내리겠습니다.

4. 오늘 내가 해야 할 일은 다음과 같습니다. 오늘 들러야 할 장소가 **아닌** 것은?

> 엄마 심부름으로 계란을 사고, 머리를 자르고, 충치 치료를 하러 가야 합니다.

① 슈퍼마켓 ② 치과
③ 은행   ④ 미용실

5. 냉장고 문을 열었더니 아래와 같은 과일들이 있습니다. 잘 살펴보고 기억하세요. (20초 동안)

앞의 사진에서 본 과일을 모두 고르세요.

① 사과 ② 딸기
③ 망고 ④ 바나나

6. 다음 사진에 보이는 사람은 모두 몇 명인가요?

① 5명 ② 6명
③ 7명 ④ 8명

7. 오늘 날짜는 다음과 같습니다. 하루 뒤 날짜는 어떻게 될까요?

2023년 9월 25일

① 2023년 9월 26일   ② 2023년 10월 25일
③ 2023년 10월 2일   ④ 2024년 9월 25일

8. 한 겨울의 외출 복장으로 적절하지 않은 것은?

① 털장갑   ② 목도리
③ 코트   ④ 반팔 티셔츠

9. 오늘 오후 간식은 다음 사진과 같습니다. 잘 기억하세요. (20초 동안)

오늘 오후 간식 메뉴로 짝지어진 것은?

① 떡볶이, 사과
② 복숭아, 새우튀김
③ 새우튀김, 배
④ 사과, 치킨

10. 다음 중 과일가게에 가서 살 수 **없는** 것은?

① 수박
② 복숭아
③ 오징어
④ 오렌지

[5회차]

| 지남력 및 기억력 |
| 난이도 중 (★★☆) |

제 이름은 _____ 입니다.
오늘은 _____ 년 ____ 월 ____ 일입니다.

1. 다음 사진과 같은 복장을 입는 날로 가장 알맞은 것은?

① 추석　　　　　　② 체육대회

③ 결혼식　　　　　④ 소풍

2. 오늘 하루 동안 먹은 음식 메뉴들은 다음과 같습니다. 잘 살펴보고 기억하세요. (20초 동안)

오늘 내가 먹었던 음식 2가지를 고르시오.

① 김치   ② 설렁탕

③ 삼계탕   ④ 떡볶이

3. 다음 사진을 설명하는 것이 **아닌** 것은?

① 사람이 2명 있다.
② 음식을 손질하고 있다.
③ 사람들이 모자를 쓰고 있다.
④ 사람들이 앉은 자세로 있다.

4. 다음 사진에 보이는 사람들의 옷차림으로 보아 몇 월달 정도 되었을까요?

① 12월　　② 5월

③ 7월　　④ 8월

5. 오늘은 수요일입니다. 3일 후는 무슨 요일인가요?

① 월요일　　　　② 목요일

③ 토요일　　　　④ 일요일

6. 다음 중 다른 사진들과 성격이 다른 장소는?

7. 다음 중 다른 사진들과 성격이 다른 장소는?

8. 친구 생일선물을 사기 위해 갈 장소로 **적절하지 않은 곳**은?

   ① 옷가게　　　　② 신발가게
   ③ 경찰서　　　　④ 백화점

9. 언니는 나보다 4살이 더 많습니다. 나는 지금 38세입니다. 언니 나이는?

   ① 34세　　　　② 40세
   ③ 42세　　　　④ 44세

10. 우리집에 살고 있는 가족 구성원으로는 나를 포함하여 할머니, 할아버지, 여동생 2명, 딸 1명입니다. 우리가족은 모두 몇 명인가요?

    ① 4명　　　　② 5명
    ③ 6명　　　　④ 7명

| 지남력 및 기억력 마무리 활동 | 제 이름은 _____ 입니다. |
| 난이도 중 (★★☆) | 오늘은 _____ 년 ____ 월 ____ 일입니다. |

[자유롭게 표현해 보세요.]

1. 여기 오시기 전에 어디에 계셨나요?

2. 형제 자매 관계가 어떻게 되시나요?

3. 일주일 중 무슨 요일을 가장 좋아하나요? 이유는 무엇인가요?

4. 가장 기억에 남는 선생님이 있나요? 몇 학년 때 선생님인가요? 이유가 무엇인가요?

5. 가장 최근에 병원을 방문한 것이 언제인가요? 누구와 함께 갔나요? 병원을 왜 방문했나요?

에듀컨텐츠·휴피아
CH Educontents Huepia

난이도 중
(난이도 ★★☆)

2. 『주의집중력』

[1회차]

주의집중력
난이도 중 (★★☆)

제 이름은 _____ 입니다.
오늘은 _____ 년 ____ 월 ____ 일입니다.

1. 다음 중에서 "오리"를 모두 찾아 동그라미(O) 하세요.

우리	오리	요리	아리
우리	유리	우리	오리
오리	아리	아리	오오
우리	오리	외리	와리
아리	유리	와리	우리

"오리"는 모두 몇 개 인가요? (_____)개

2. 다음 도형 아래 있는 글자를 잘 보고 빈 칸을 채우세요.

◆	▨	⊗	⦀
고	우	마	강
▨	⊗	⦀	◆
◆	⦀	▨	⊗

3. 다음 단어를 잘 보고, "O"이 몇 개인지 찾아서 쓰세요.

[예시] **고양이**	**3개**
강아지	__개
요구르트	__개
오이	__개

4. 출발지점에서 시작하여 도착 지점까지 줄을 그어 길을 찾아보세요. (가장 빠른 길을 찾아보세요.)

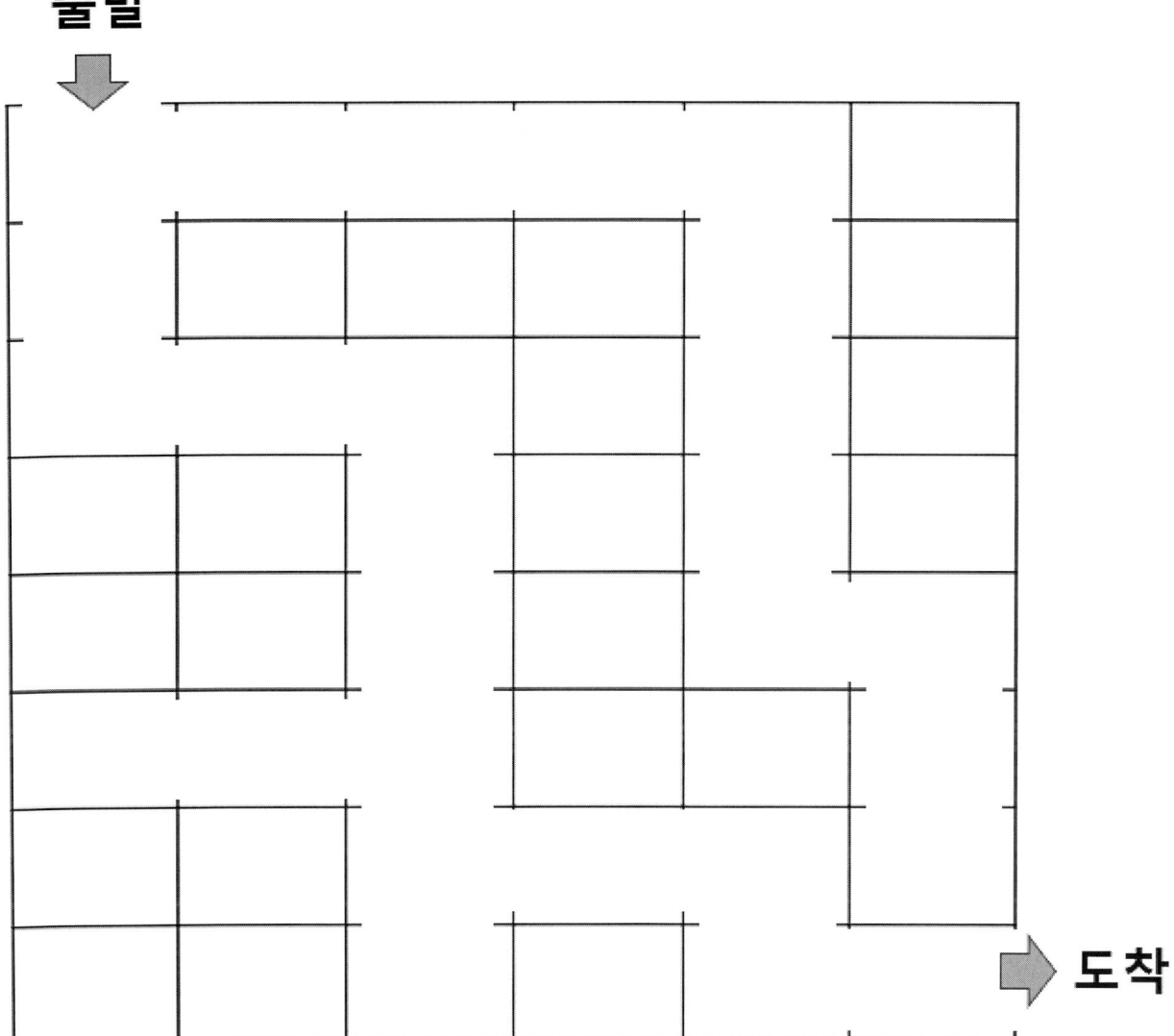

5. 다음 글자를 이용해 단어를 3개 이상 만들어보세요.

[예시: 가지]

: (　　　　　　), (　　　　　　), (　　　　　　　　)

가	만	방	랑
과	사	구	세
마	고	두	지

6. 아래 도형 순서를 잘 보고, 그 다음 순서에 와야 하는 도형을 빈 칸에 그려 넣으세요.

7. 아래 숫자 순서를 잘 보고, 그 다음 순서에 와야 하는 숫자를 빈 칸에 써 넣으세요.

1	3	5	7	9
11				

8. 아래 그림을 잘 보고, 그림을 나타내는 단어를 뒤에서부터 거꾸로 써 보세요. (다섯 글자)

(__ __ __ __ __)

9. 다음 글자 판에서 "과"와 "갑"을 모두 찾아 동그라미(O) 하세요.

가	과	곱	굽	갑
갑	곱	곰	곱	굽
가	굽	과	갑	가
곱	갑	곰	곰	갑
과	굽	가	곱	과
갑	굽	곰	곰	갑

"과"는 모두 몇 개 인가요? (_____)개

"갑"은 모두 몇 개 인가요? (_____)개

10. 다음 글에서 "사랑"에 동그라미(O) 하세요.

<사랑의 트위스트>

학창 시절에 함께 추었던

잊지 못할 사랑의 트위스트

나팔바지에 빵집을 누비던

추억 속에 사랑의 트위스트

"사랑"은 모두 몇 개 인가요? (_____)개

[2회차]

주의집중력
난이도 중 (★★☆)

제 이름은 _____ 입니다.
오늘은 _____년 ____월____일입니다.

1. 다음 중에서 "나비"를 모두 찾아 동그라미(O) 하세요.

나미	니비	냄비	나비
냄비	나비	내비	나미
니비	니비	냄비	나비
나비	나비	나미	냄비
나미	니비	나비	냄비

"나비"는 모두 몇 개 인가요? (_____)개

2. 다음 도형 아래 있는 글자를 잘 보고 빈 칸을 채우세요.

3. 다음 단어를 잘 보고, "ㅅ"이 몇 개인지 찾아서 쓰세요.

[예시] 시소타는 아이	2개
사랑하는 사람	__개
파란 모자를 쓴 사람	__개
새가 지저귀는 소리	__개

4. 출발지점에서 시작하여 도착 지점까지 줄을 그어 길을 찾아보세요. (가장 빠른 길을 찾아보세요.)

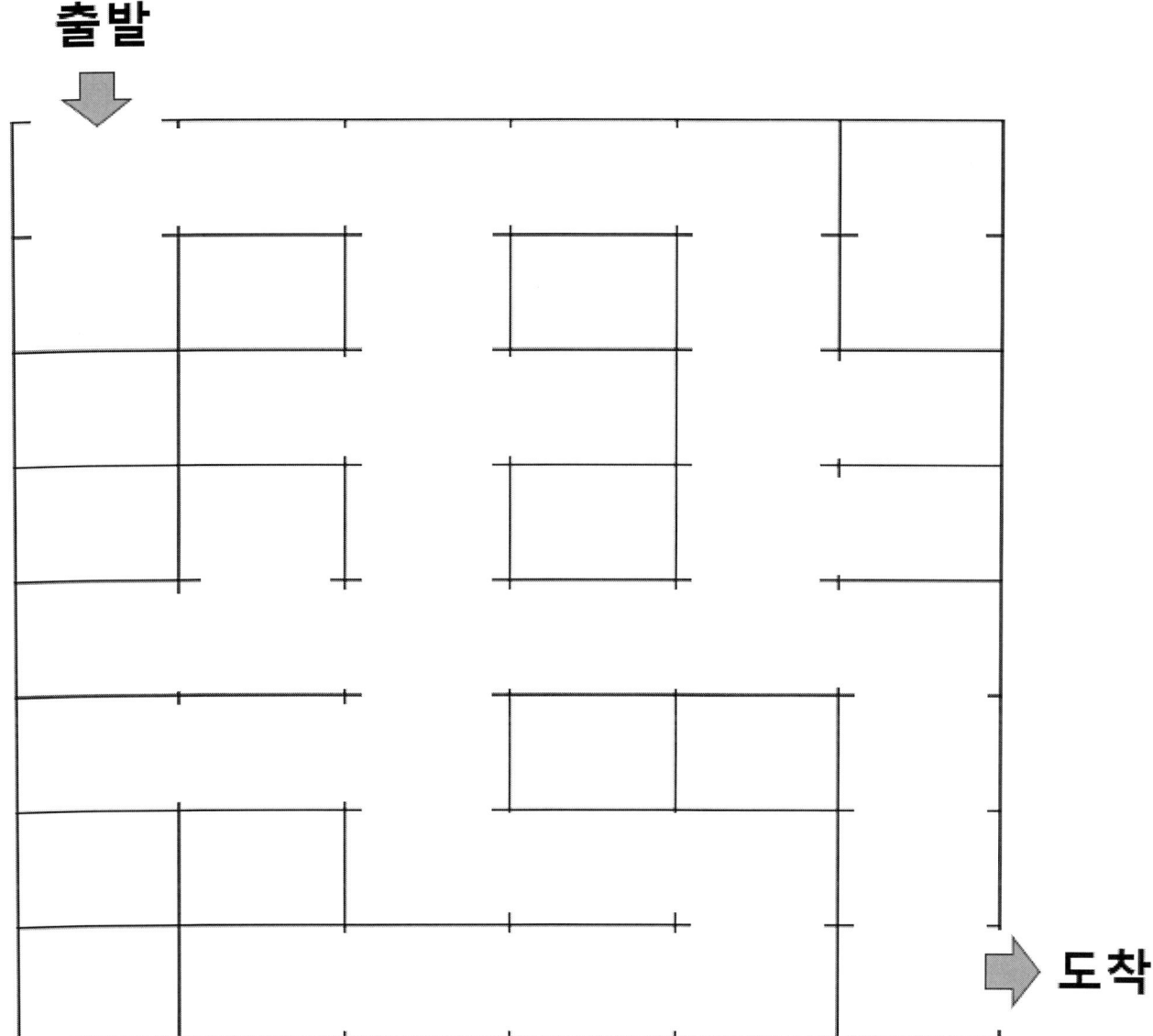

5. 다음 글자를 이용해 단어를 3개 이상 만들어보세요.

   [예시: 누나]

   : (   ), (   ), (   )

누	가	우	마
개	새	비	산
무	리	지	나

6. 아래 도형 순서를 잘 보고, 그 다음 순서에 와야 하는 도형을 빈 칸에 그려 넣으세요.

⊃	∩	∪	⊃	∩

7. 아래 숫자 순서를 잘 보고, 그 다음 순서에 와야 하는 숫자를 빈 칸에 써 넣으세요.

30	28	26	24	22
20				

8. 아래 그림을 잘 보고, 그림을 나타내는 단어를 뒤에서부터 거꾸로 써 보세요. (세 글자)

(___ ___ ___)

9. 다음 글자 판에서 "양"과 "왕"을 모두 찾아 동그라미(O) 하세요.

영	양	워	왕	왱
왕	왱	왕	양	웽
영	왱	워	영	왕
웽	양	영	영	왱
웽	워	웽	왕	영
양	워	왕	왱	양

"양"은 모두 몇 개 인가요? (_____)개
"왕"은 모두 몇 개 인가요? (_____)개

10. 다음 글에서 "나를"에 동그라미(O) 하세요.

<무조건>

내가 필요할땐 나를 불러줘

언제든지 달려갈게

낮에도 좋아 밤에도 좋아

언제든지 달려갈게

다른 사람들이 나를 부르면

한참을 생각해 보겠지만

당신이 나를 불러준다면

무조건 달려갈 거야

"나를"은 모두 몇 개 인가요? (_____)개

[3회차]

주의집중력
난이도 중 (★★☆)

제 이름은 _____ 입니다.
오늘은 _____ 년 ____ 월 ____ 일입니다.

1. 다음 중에서 "화가"를 모두 찾아 동그라미(O) 하세요.

화가	화자	희가	희자
환가	환자	희가	희자
화가	화가	화자	환가
희자	희가	환자	희가
환가	화자	한자	화가

"화가"는 모두 몇 개 인가요? (_____)개

2. 다음 도형 아래 있는 글자를 잘 보고 빈 칸을 채우세요.

ㅐ	ㅓ	ㅢ	ㅣ
나	과	할	재
ㅓ	ㅣ	ㅐ	ㅣ
ㅣ	ㅐ	ㅢ	ㅓ

3. 다음 단어를 잘 보고, "ㅏ"가 몇 개인지 찾아서 쓰세요.

[예시] 사랑하는 엄마	4개
즐겁고 행복한 날	__개
피리부는 사나이	__개
가마솥에 누룽지	__개

4. 출발지점에서 시작하여 도착 지점까지 줄을 그어 길을 찾아보세요. (가장 빠른 길을 찾아보세요.)

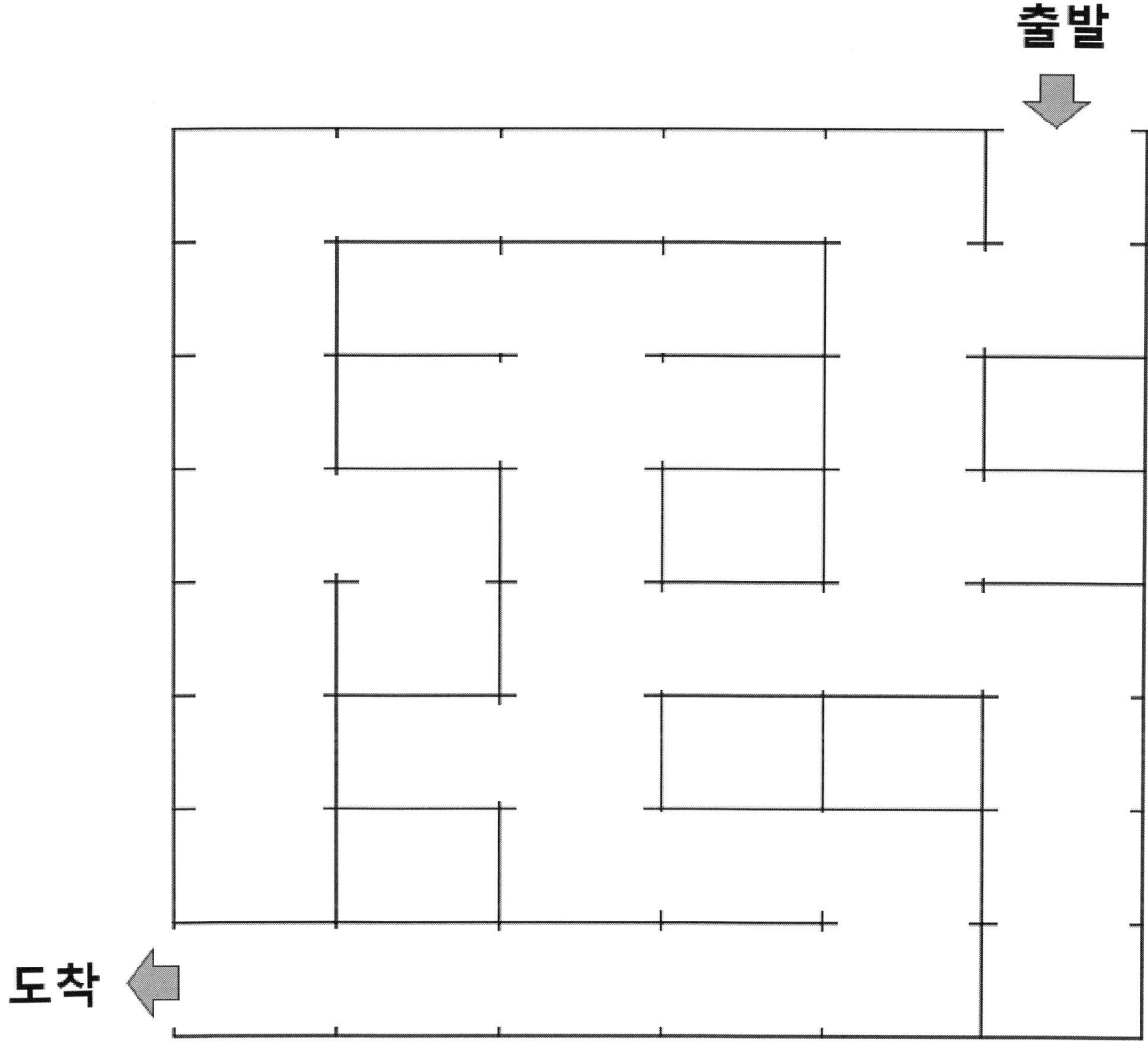

5. 다음 글자를 이용해 단어를 3개 이상 만들어보세요.

   [예시: 거미]

   : (   ), (   ), (   )

거	술	쇄	도
래	울	로	인
국	미	역	장

6. 아래 도형 순서를 잘 보고, 그 다음 순서에 와야 하는 도형을 빈 칸에 그려 넣으세요.

V	∧	=	V	∧

7. 아래 숫자 순서를 잘 보고, 그 다음 순서에 와야 하는 숫자를 빈 칸에 써 넣으세요.

1	4	7	10	13
16				

8. 아래 그림을 잘 보고, 그림을 나타내는 단어를 뒤에서부터 거꾸로 써 보세요. (네 글자)

(___ ___ ___ ___)

9. 다음 글자 판에서 "삶"과 "했"을 모두 찾아 동그라미(O) 하세요.

삶	했	햇	삵	삶
했	삶	했	삶	햇
했	햇	삵	삶	핬
삵	삶	했	핬	삶
삶	핬	삶	삵	핬
삶	삵	햇	했	삵

"삵"은 모두 몇 개 인가요? (_____)개
"햇"은 모두 몇 개 인가요? (_____)개

10. 다음 글에서 "소쩍"에 동그라미(O) 하세요.

<낭랑 18세>

저고리 고름 말아쥐고서

누구를 기라디라 낭랑 18세

버들잎 지는 앞 개울에서

소쩍새 울기만 기다립니다.

소쩍꿍 소쩍궁 소쩍꿍 소쩍궁

소쩍궁새가 울기만 하면

떠나간 그리운 임 오신댔어요

"소쩍"은 모두 몇 개 인가요? (_____)개

[4회차]

주의집중력
난이도 중 (★★☆)

제 이름은 _____ 입니다.
오늘은 _____ 년 ____ 월____ 일입니다.

1. 다음 중에서 "감자"를 모두 찾아 동그라미(O) 하세요.

간지	긴자	감자	감지
감자	감지	김자	김자
김자	간지	긴자	간지
감지	긴자	감지	감자
간지	감자	김자	긴자

"감자"는 모두 몇 개 인가요? (_____)개

2. 다음 도형 아래 있는 글자를 잘 보고 빈 칸을 채우세요.

✂	✂	✂	※
홍	화	궁	왕
※	✂	✂	✂
✂	✂	※	✂

3. 다음 단어를 잘 보고, "ㅜ"가 몇 개인지 찾아서 쓰세요.

[예시] 다함께 박수치기	1개
맛있는 콩국수	__개
강건너 불구경	__개
꽃무늬 우산	__개

4. 출발지점에서 시작하여 도착 지점까지 줄을 그어 길을 찾아보세요. (가장 빠른 길을 찾아보세요.)

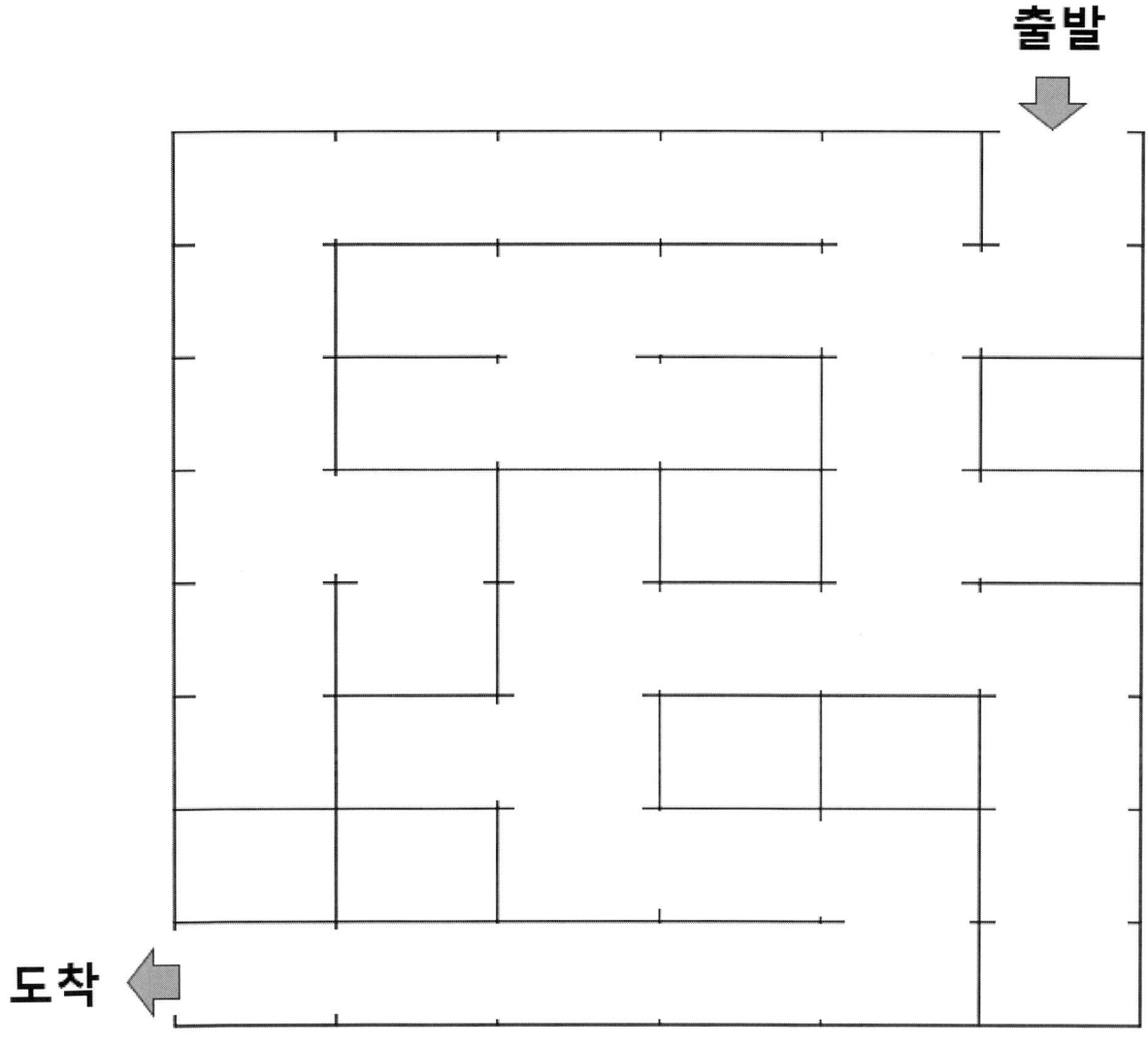

5. 다음 글자를 이용해 단어를 3개 이상 만들어보세요.

   [예시: 가수]

   : (   ), (   ), (   )

자	위	어	가
면	국	라	감
묵	부	수	민

6. 아래 도형 순서를 잘 보고, 그 다음 순서에 와야 하는 도형을 빈 칸에 그려 넣으세요.

=	≡	--		

7. 아래 숫자 순서를 잘 보고, 그 다음 순서에 와야 하는 숫자를 빈 칸에 써 넣으세요.

0	5	10	15	20
25				

8. 아래 그림을 잘 보고, 그림을 나타내는 단어를 뒤에서부터 거꾸로 써 보세요. (세 글자)

(___ ___ ___)

9. 다음 글자 판에서 "달"과 "창"을 모두 찾아 동그라미(O) 하세요.

닭	달	닥	착	창
달	창	닥	닭	참
착	닥	참	창	닭
창	착	달	참	착
닭	참	닥	창	닥
달	착	닭	참	달

"달"은 모두 몇 개 인가요? (　　　)개

"창"은 모두 몇 개 인가요? (　　　)개

10. 다음 글에서 "ㄴ"에 동그라미(O) 하세요.

<고향의 노래>

국화꽃 져버린 겨울 뜨락에 창 열면

하얗게 뭇 서리 내리고

나래 푸른 기러기는 북녘을 날아간다

아 이제는 한적한 빈들에서 보라

고향 길 눈속에선 꽃등불이 타겠네

"ㄴ"은 모두 몇 개 인가요? (_____)개

| [5회차] 주의집중력 난이도 중 (★★☆) | 제 이름은 _____ 입니다. 오늘은 ____년 ___월 ___일입니다. |

1. 다음 중에서 "집중"을 모두 찾아 동그라미(O) 하세요.

잡종	접종	집중	집증
집장	잡종	집증	집중
집증	집중	집장	잡종
집중	잡종	집증	집중
집장	집증	집중	잡종

"집중"은 모두 몇 개 인가요? (_____)개

2. 다음 도형 아래 있는 글자를 잘 보고 빈 칸을 채우세요.

♪	♪	♫	♪
강	약	중강	중
♪	♪	♪	♫
♫	♪	♪	♪

3. 다음 단어를 잘 보고, "ㅗ"가 몇 개인지 찾아서 쓰세요.

[예시] 돌다리도 두들겨 보고 건너라	4개
꿈보다 해몽이 좋다	___개
꾸어다 놓은 보릿자루	___개
구부러진 송곳	___개

4. 출발지점에서 시작하여 도착 지점까지 줄을 그어 길을 찾아보세요. (가장 빠른 길을 찾아보세요.)

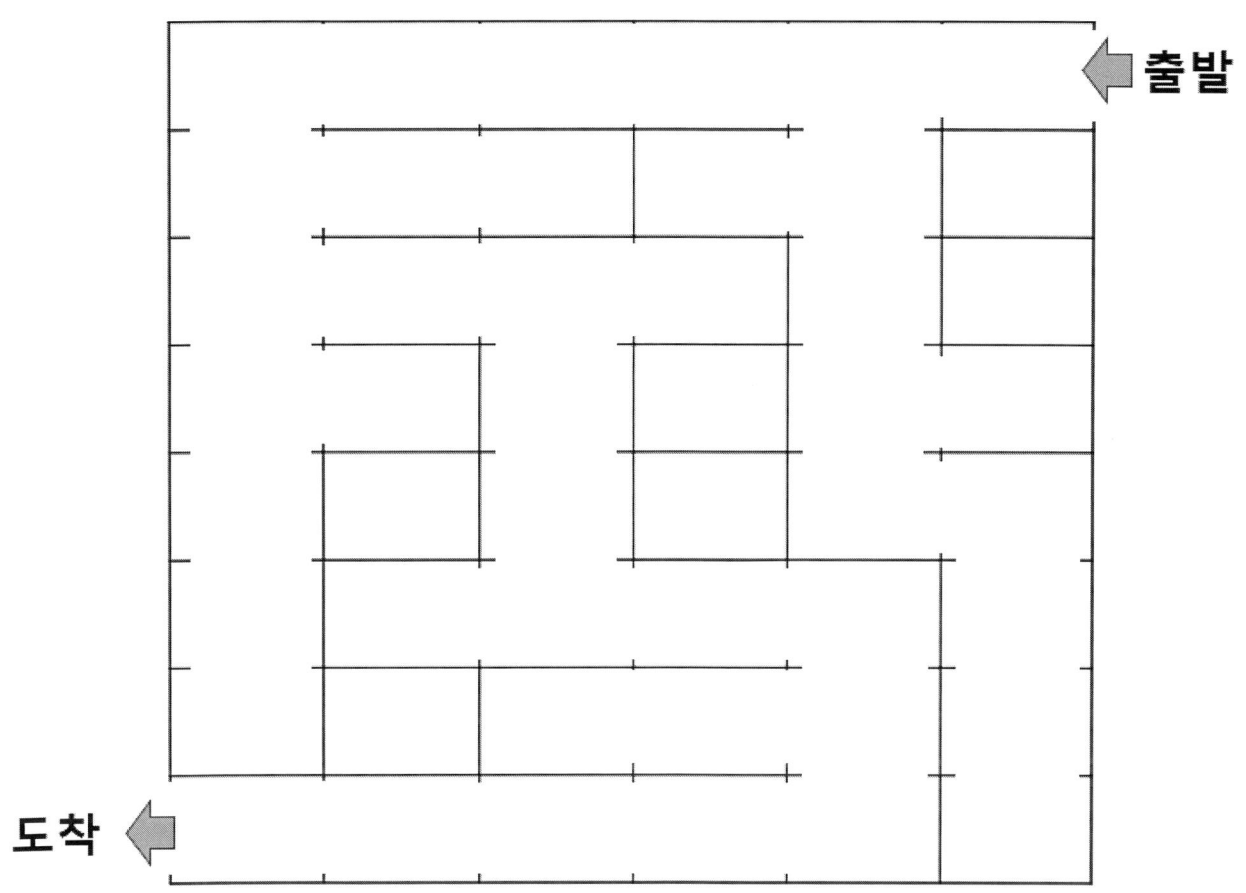

5. 다음 글자를 이용해 단어를 3개 이상 만들어보세요.
   [예시: 가게]
   : (   ), (   ), (   )

해	가	산	새
동	위	꽃	탕
집	사	우	게

6. 아래 도형 순서를 잘 보고, 그 다음 순서에 와야 하는 도형을 빈 칸에 그려 넣으세요.

○	△ (in ○)	◇ (in ○)	○	△ (in ○)

7. 아래 숫자 순서를 잘 보고, 그 다음 순서에 와야 하는 숫자를 빈 칸에 써 넣으세요.

50	48	46	44	42
40				

8. 아래 그림을 잘 보고, 그림을 나타내는 단어를 뒤에서부터 거꾸로 써 보세요. (세 글자)

(___ ___ ___)

9. 다음 글자 판에서 "올"과 "갱"을 모두 찾아 동그라미(O) 하세요.

울	옴	올	갬	갱
올	울	갬	옴	강
갱	올	강	옮	갬
갬	울	갱	올	강
옴	감	강	갬	옮
올	갬	울	옴	갱

"올"은 모두 몇 개 인가요? (_____)개
"갱"은 모두 몇 개 인가요? (_____)개

10. 다음 글에서 "ㅇ"에 동그라미(O) 하세요.

<엄마야 누나야>

엄마야 누나야 강변 살자

뜰에는 반짝이는 금모래빛

뒷문 밖에는 갈잎의 노래

엄마야 누나야 강변 살자

"ㅇ"은 모두 몇 개 인가요? (_____)개

에듀컨텐츠·휴피아
CH Educontents Huepia

난이도 중
(난이도 ★★☆)

3. 『시지각능력』

[1회차] 시지각능력 난이도 중 (★★☆)

제 이름은 _____ 입니다.
오늘은 _____ 년 ____ 월 ____ 일입니다.

1. 다음 도형을 잘 보고 오른쪽 빈 칸에 똑같이 그리세요.

2. 다음 그림을 잘 보고 아래쪽 빈 칸에 똑같은 위치와 모양으로 그려보세요.

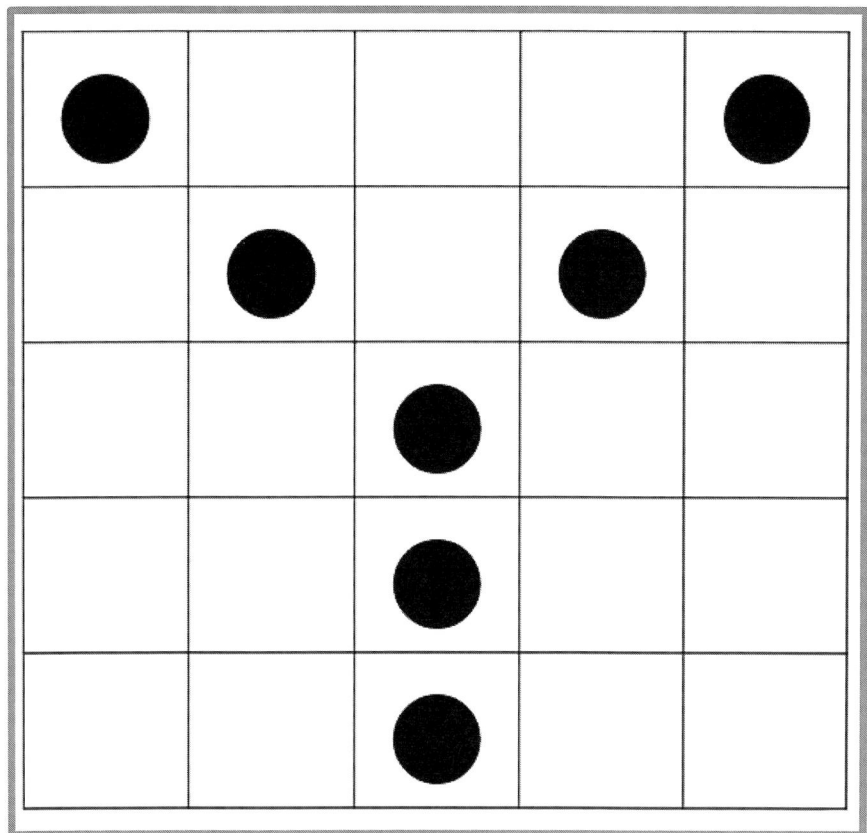

3. 다음 그림 중 하나만 다른 방향을 바라보고 있습니다. 다른 방향을 바라보고 있는 것은 무엇인가요?

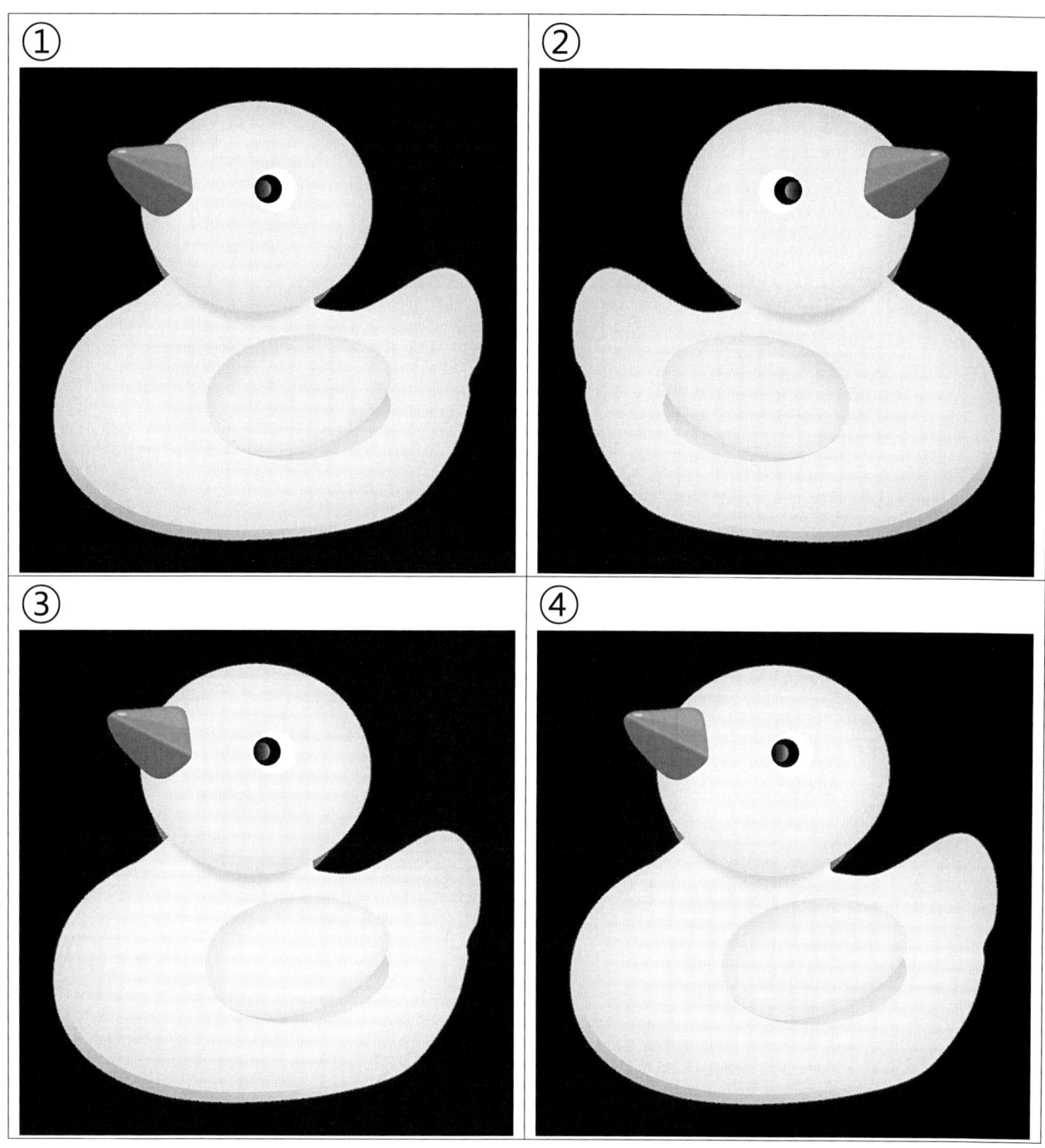

4. 다음 사진은 어느 사물의 일부분일까요?

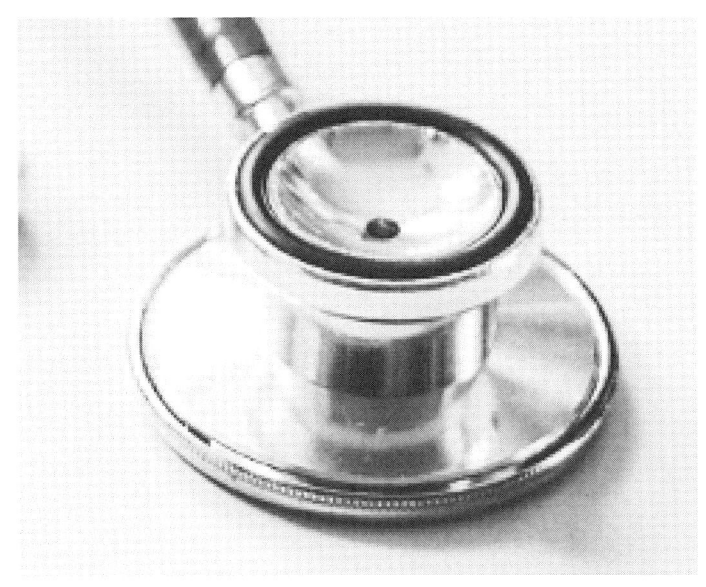

① 후라이팬	② 청진기
③ 팽이	④ 채반

5. 다음 그림을 잘 살펴보세요. (5초 동안)
   다음 장에서 같은 그림을 찾으세요.

6. 다음 사진에 있는 사람의 어느 쪽 손에 펜을 쥐고 있나요?

| ① 오른쪽 손 | ② 왼쪽 손 |

7. 다음 그림에 겹쳐 있는 그림은 몇 개인가요?
   아래 보기 중에 겹쳐 있는 그림을 모두 고르세요.

8. 다음 그림의 반쪽을 대칭이 되도록 그려서 완성하세요.

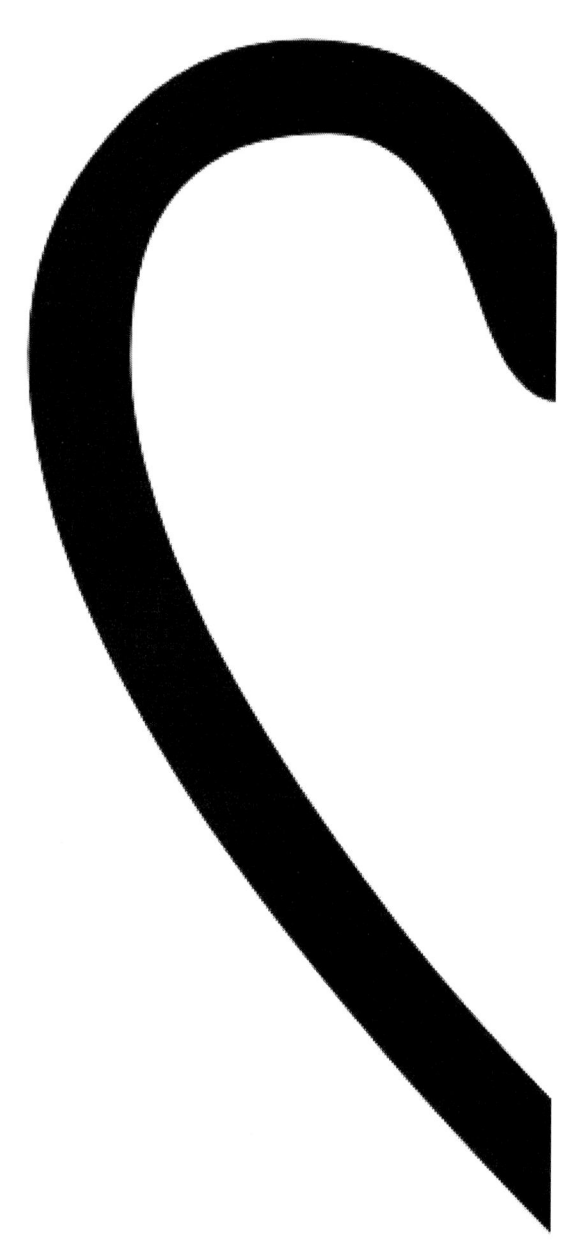

9. 다음은 글자의 일부가 가려져 있습니다. 나머지 글자와 다른 글자 하나는?

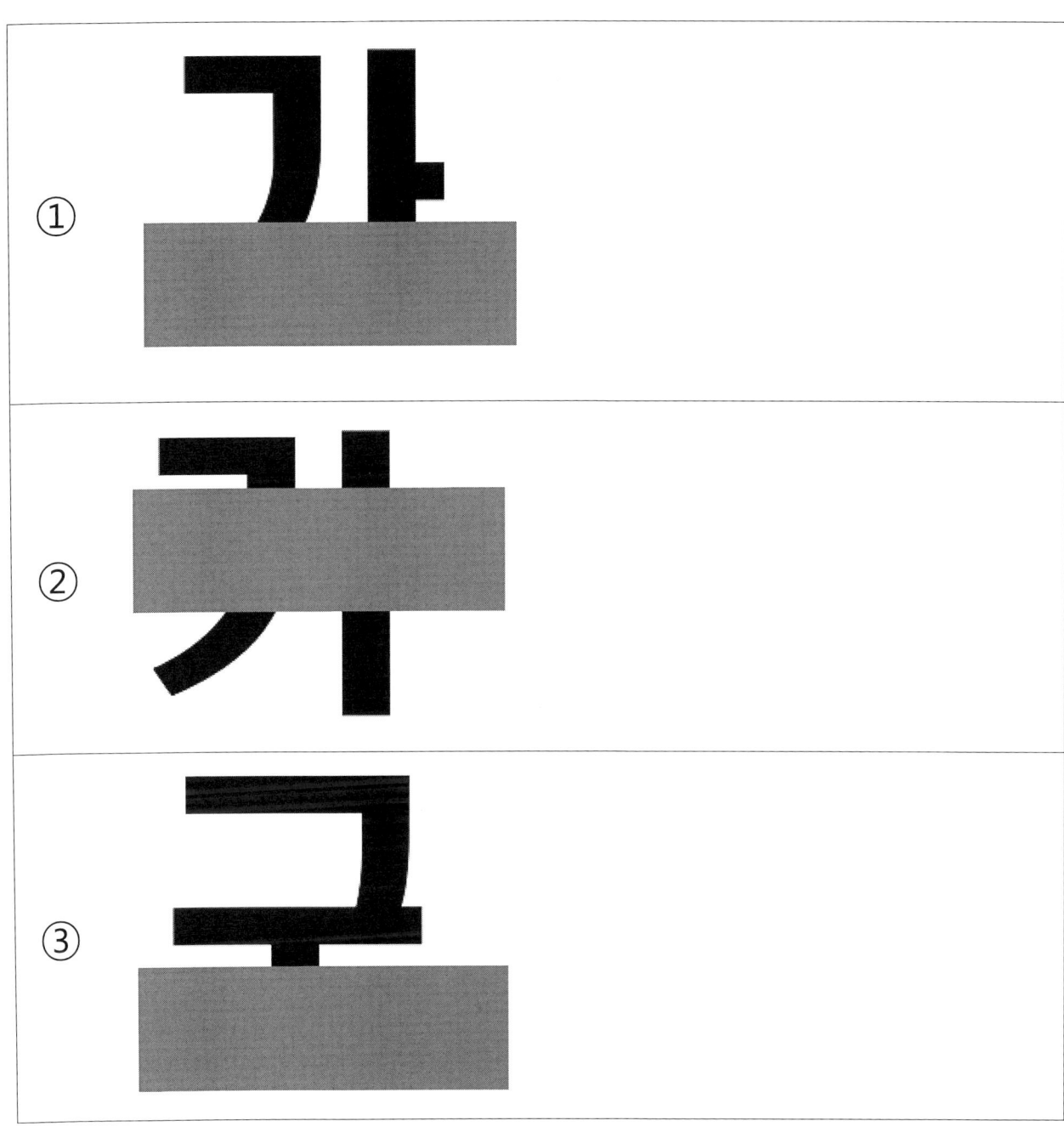

10. 아래 사람 그림을 잘 보고, 이 사람의 오른쪽 손에 동그라미(O), 왼쪽 발에 엑스(X) 표시를 하세요.

[2회차]

시지각능력
난이도 중 (★★☆)

제 이름은 _____ 입니다.
오늘은 _____ 년 _____ 월 _____ 일입니다.

1. 다음 도형을 잘 보고 오른쪽 빈 칸에 똑같이 그리세요.

2. 다음 그림을 잘 보고 아래쪽 빈 칸에 똑같은 위치와 모양으로 그려보세요.

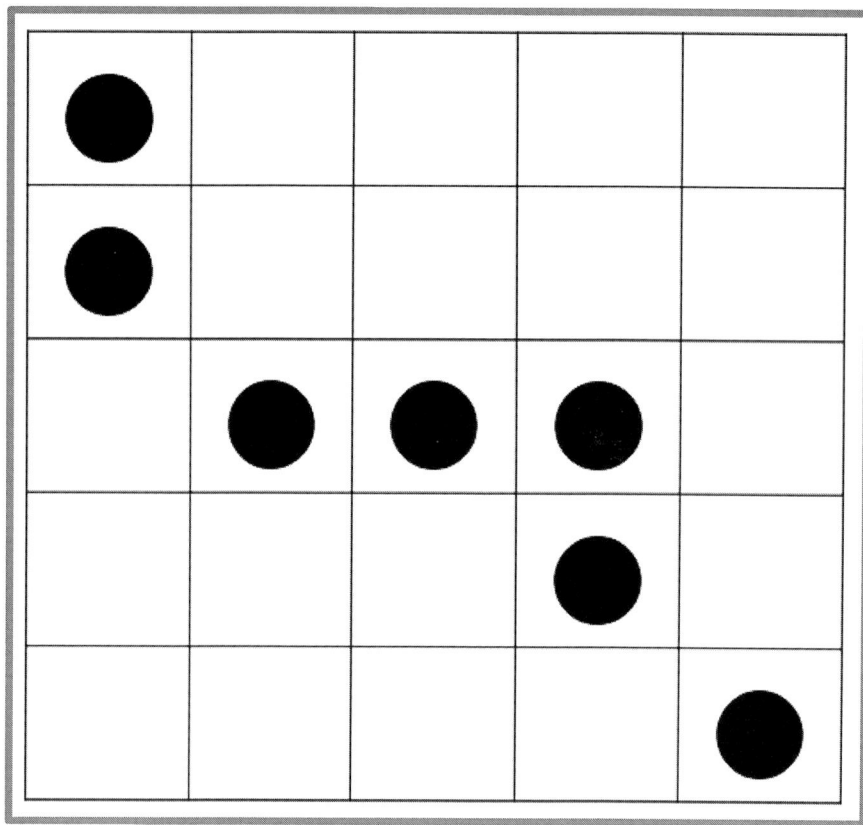

3. 다음 그림 중 하나만 다른 방향을 바라보고 있습니다. 다른 방향을 바라보고 있는 것은 무엇인가요?

4. 다음 사진은 어느 사물의 일부분일까요?

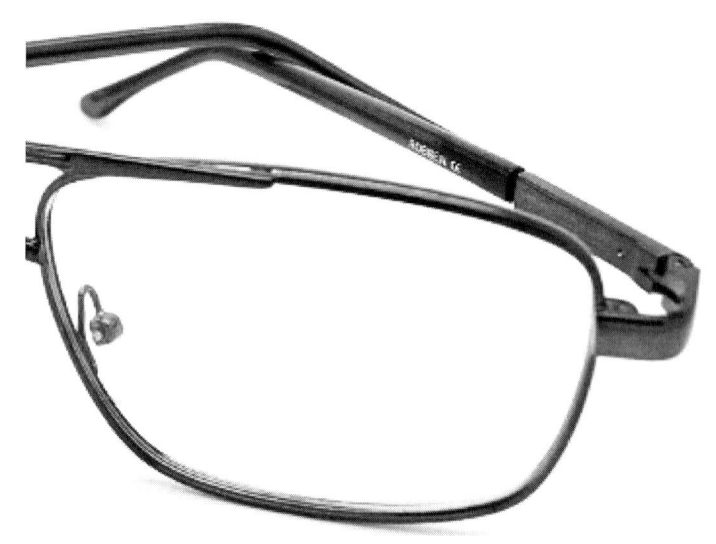

① 가위	② 거울
③ 안경	④ 접시

5. 다음 그림을 잘 살펴보세요. (5초 동안)
다음 장에서 같은 그림을 찾으세요.

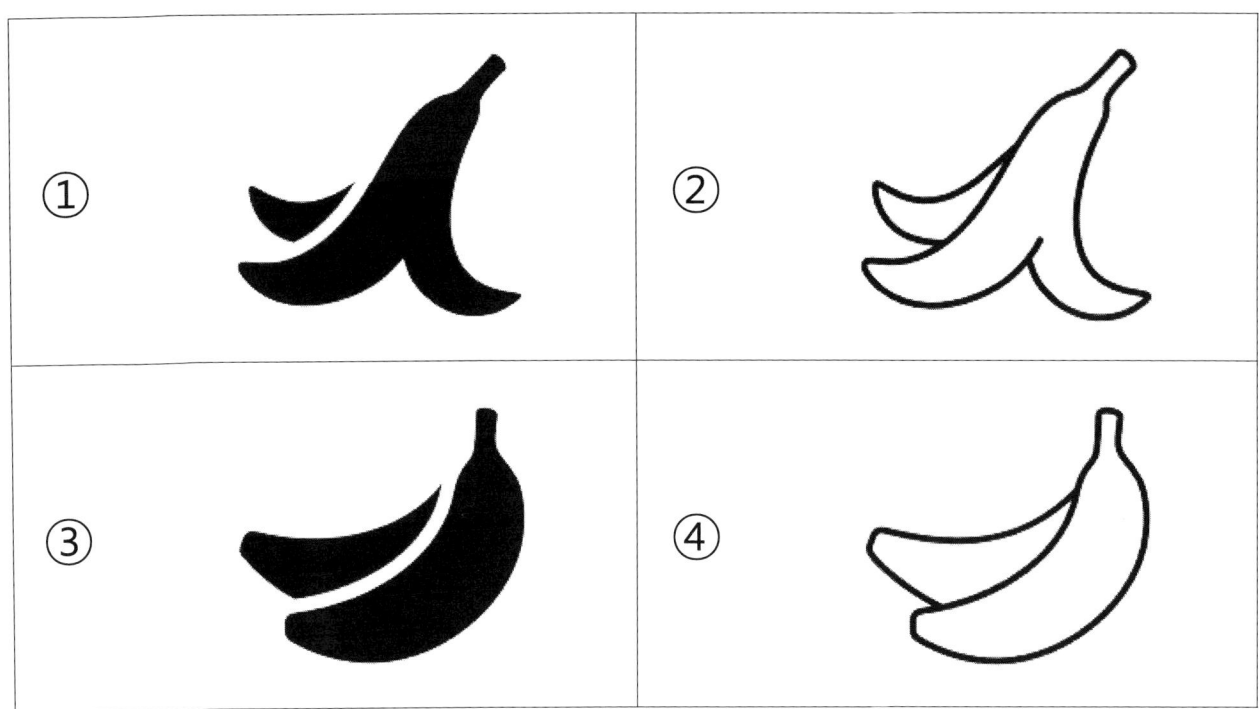

6. 다음 사진에 있는 사람의 어느 발로 공을 차고 있나요?

| ① 오른쪽 발 | ② 왼쪽 손 |

7. 다음 그림에 겹쳐 있는 그림은 몇 개인가요?
   아래 보기 중에 겹쳐 있는 그림을 모두 고르세요.

8. 다음 그림의 반쪽을 대칭이 되도록 그려서 완성하세요.

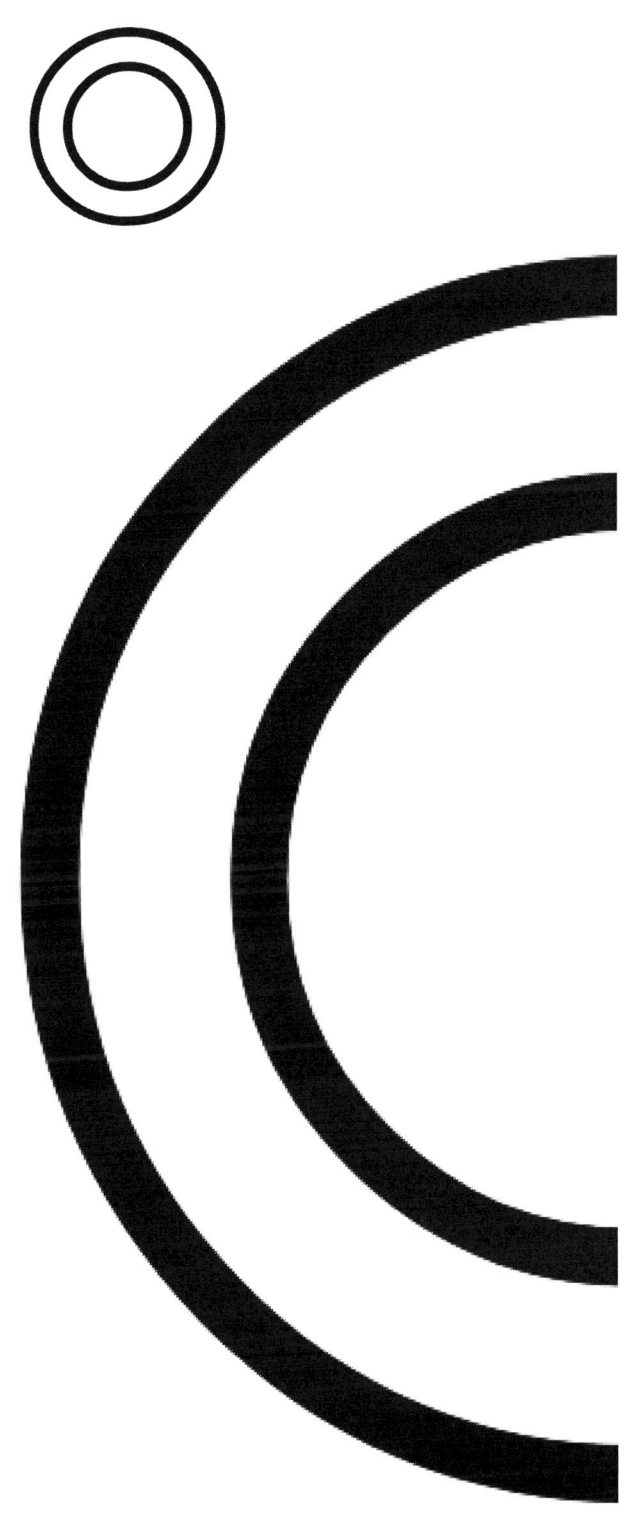

9. 다음은 글자의 일부가 가려져 있습니다. 나머지 글자와 다른 글자 하나는?

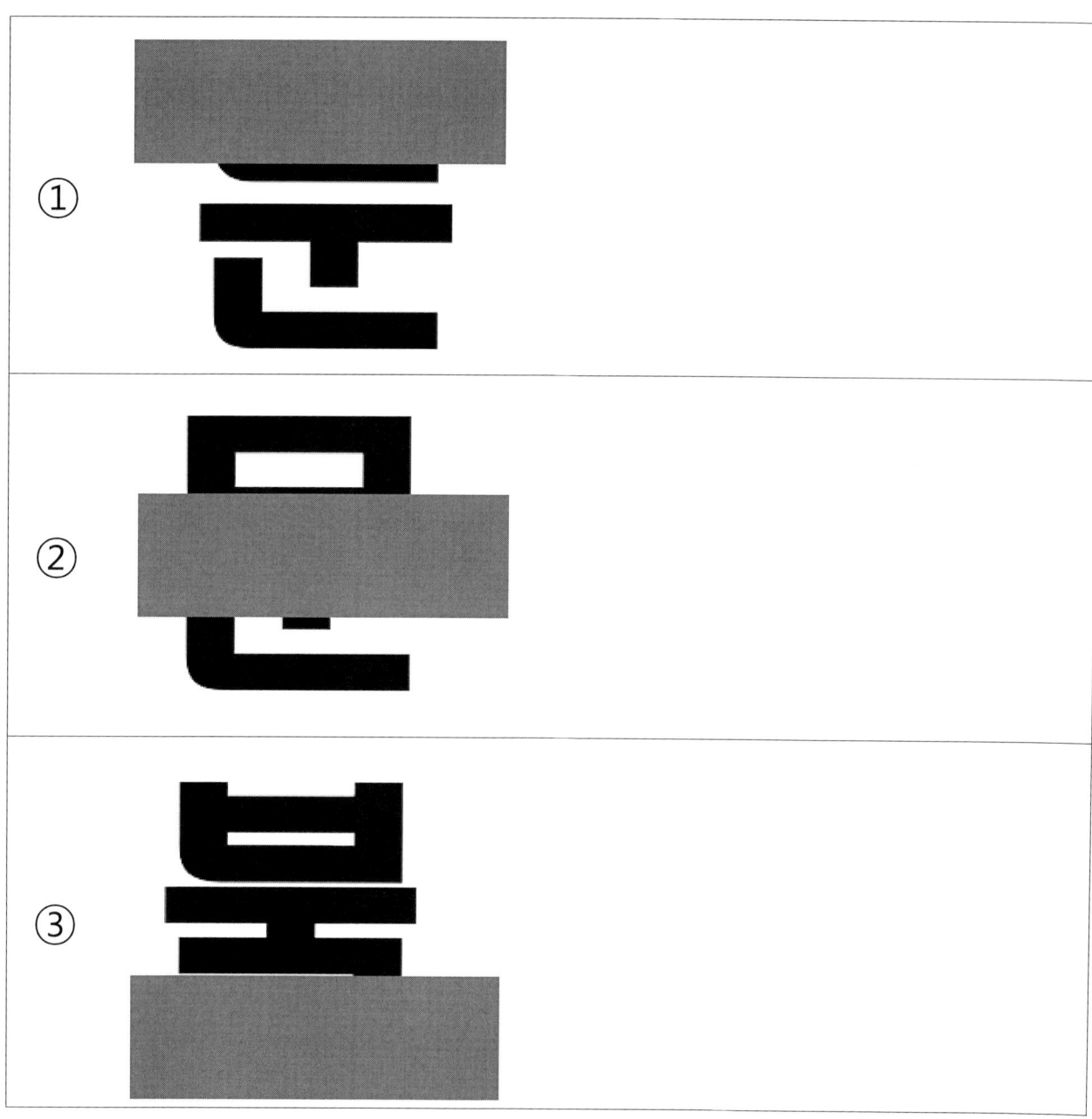

10. 아래 사람 그림을 잘 보고, 이 사람의 오른쪽 손에 동그라미(O), 왼쪽 발에 엑스(X) 표시를 하세요.

[3회차] 시지각능력 난이도 중 (★★☆)

제 이름은 _____ 입니다.
오늘은 _____년 ____월____일입니다.

1. 다음 도형을 잘 보고 오른쪽 빈 칸에 똑같이 그리세요.

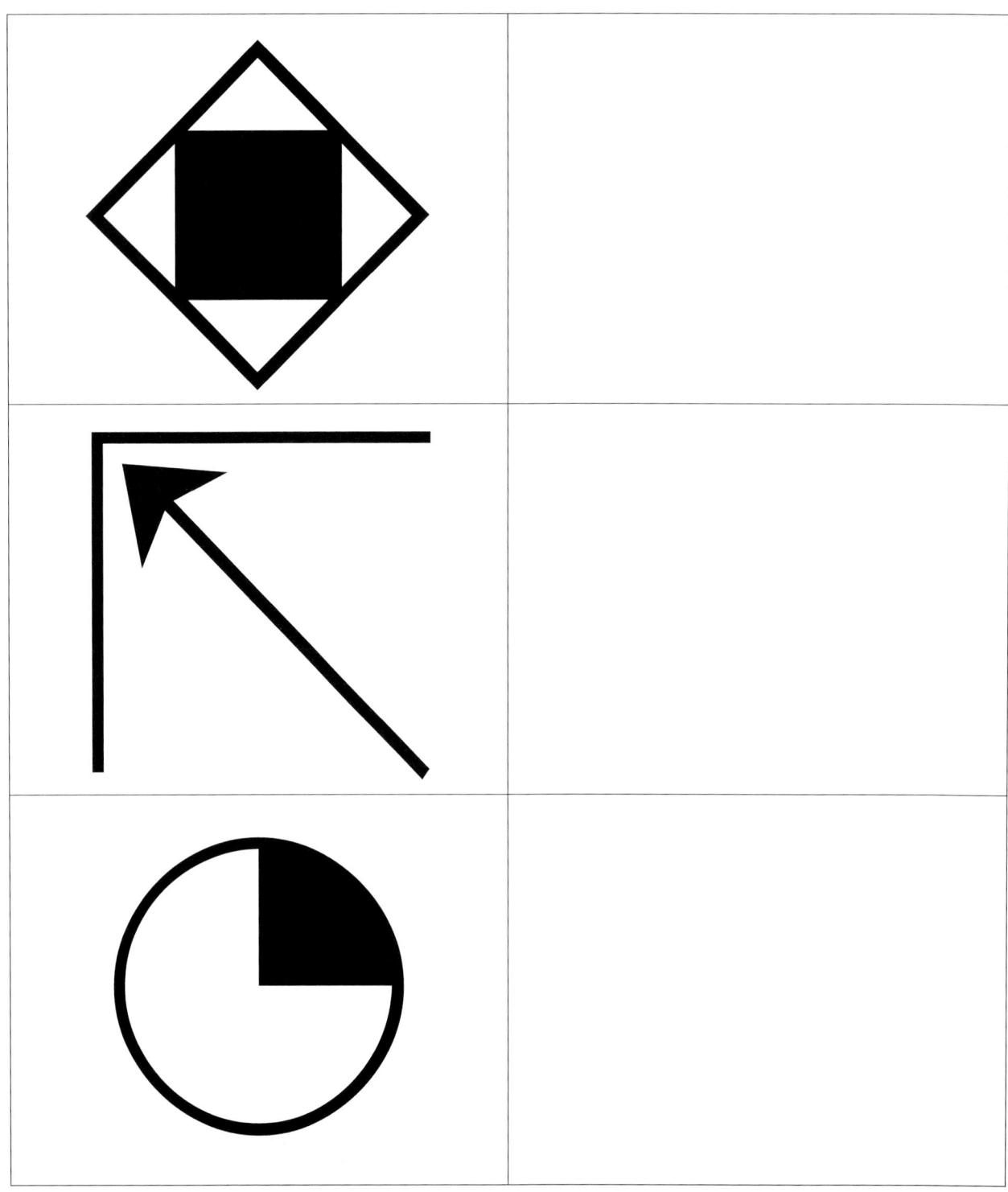

2. 다음 그림을 잘 보고 아래쪽 빈 칸에 똑같은 위치와 모양으로 그려보세요.

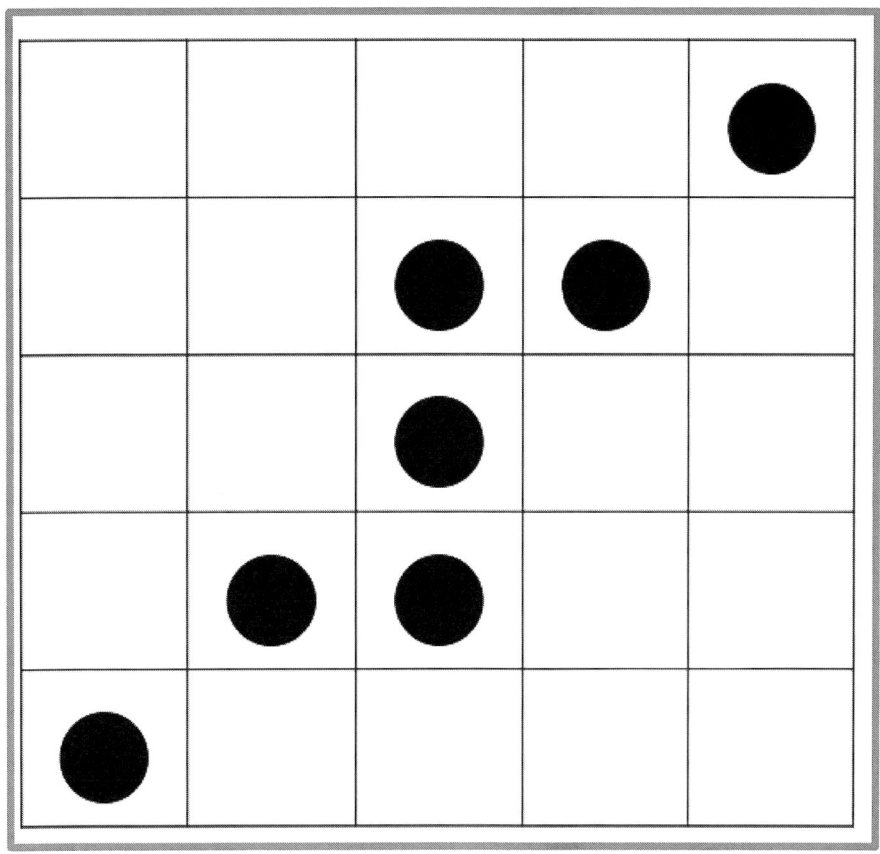

3. 다음 그림 중 하나만 다른 방향을 바라보고 있습니다. 다른 방향을 바라보고 있는 것은 무엇인가요?

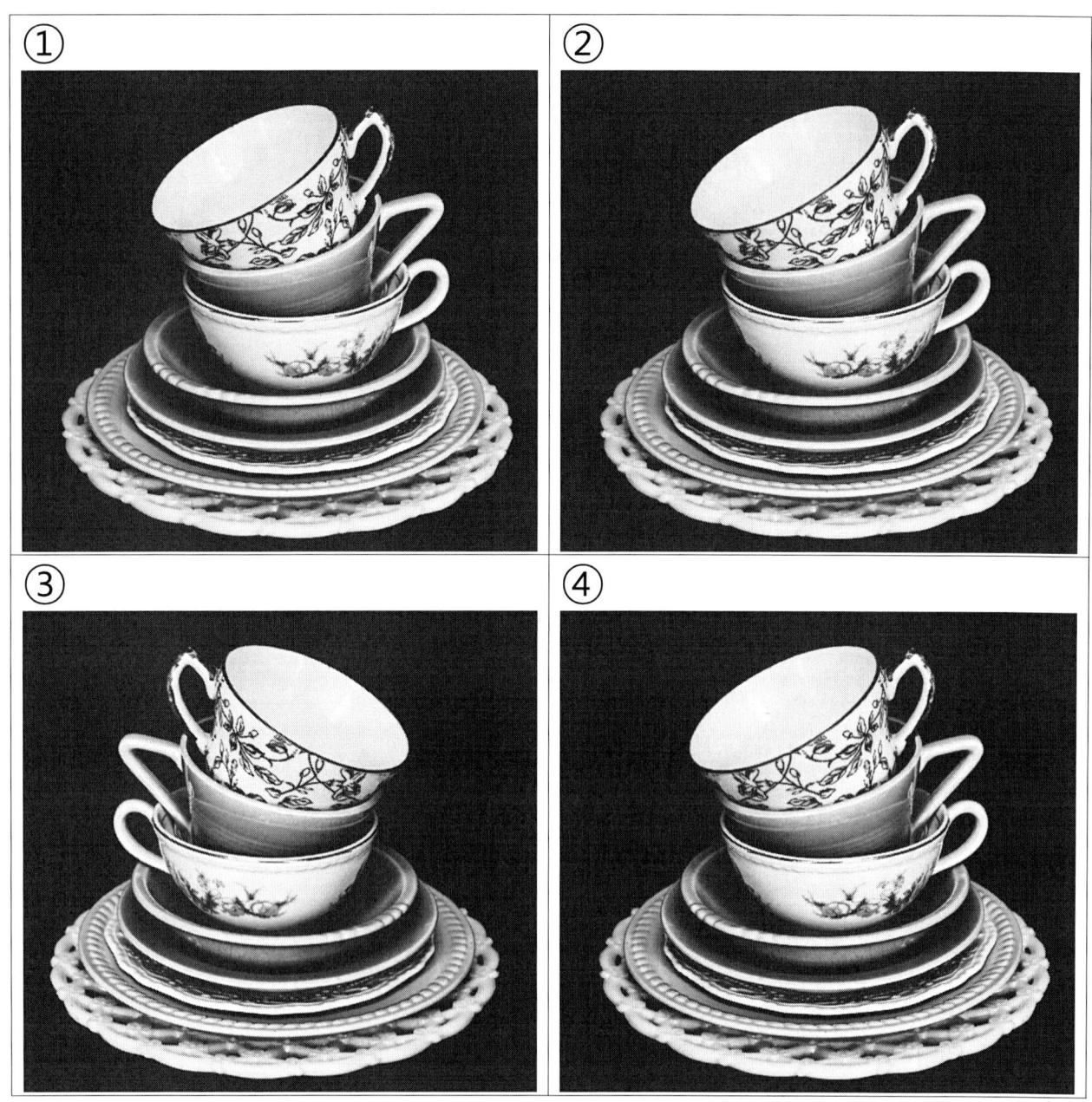

4. 다음 사진은 어느 사물의 일부분일까요?

① 가위	② 망치
③ 펜치	④ 칼

5. 다음 그림을 잘 살펴보세요. (5초 동안)
다음 장에서 같은 그림을 찾으세요.

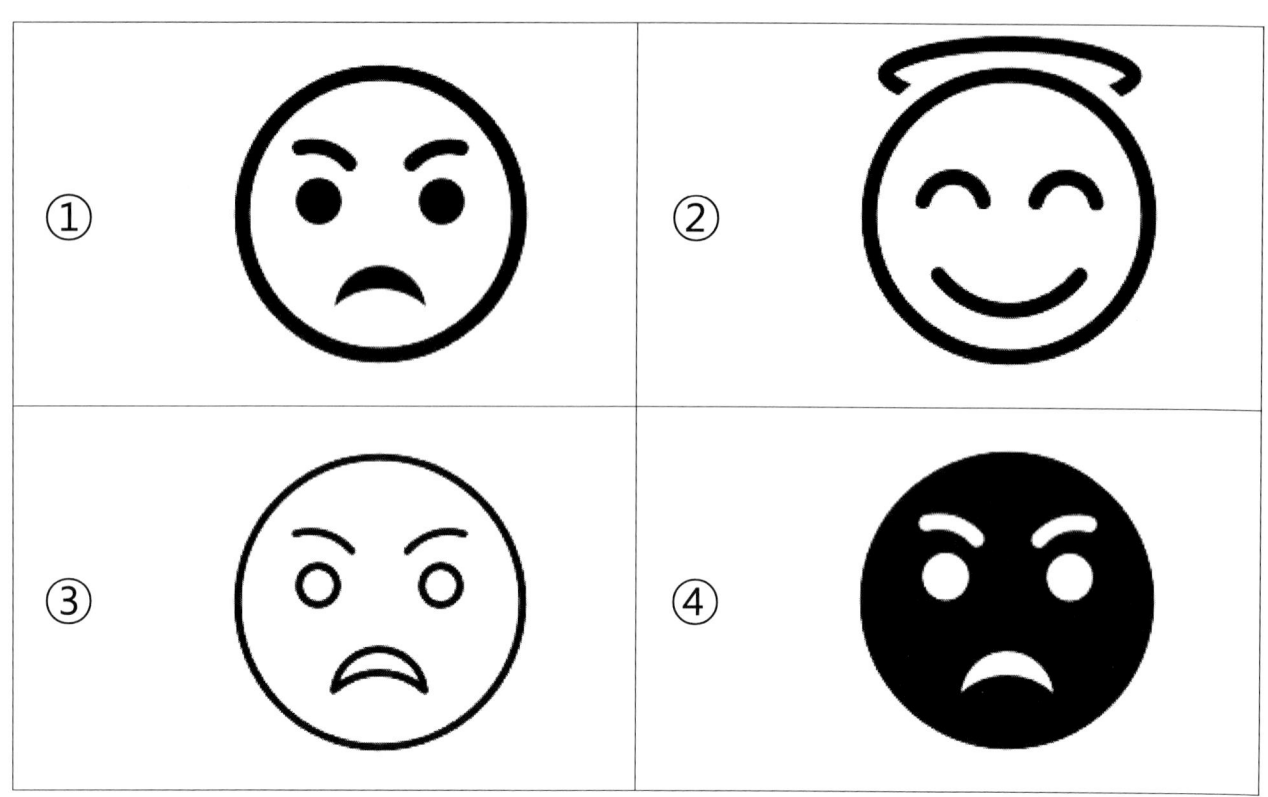

6. 다음 사진에 있는 사람의 어느 쪽 손으로 페인트를 칠하고 있나요?

| ① 오른쪽 손 | ② 왼쪽 손 |

7. 다음 그림에 겹쳐 있는 그림은 몇 개인가요?
   아래 보기 중에 겹쳐 있는 그림을 모두 고르세요.

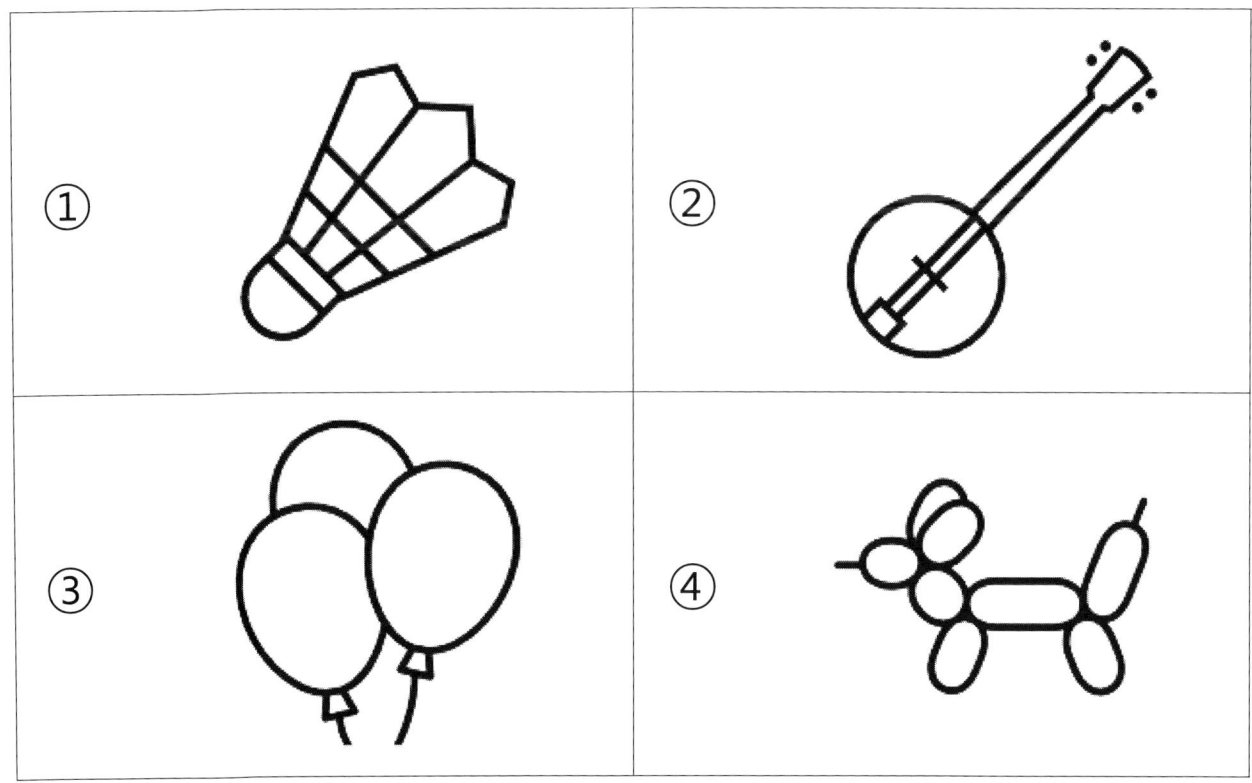

8. 다음 그림의 반쪽을 대칭이 되도록 그려서 완성하세요.

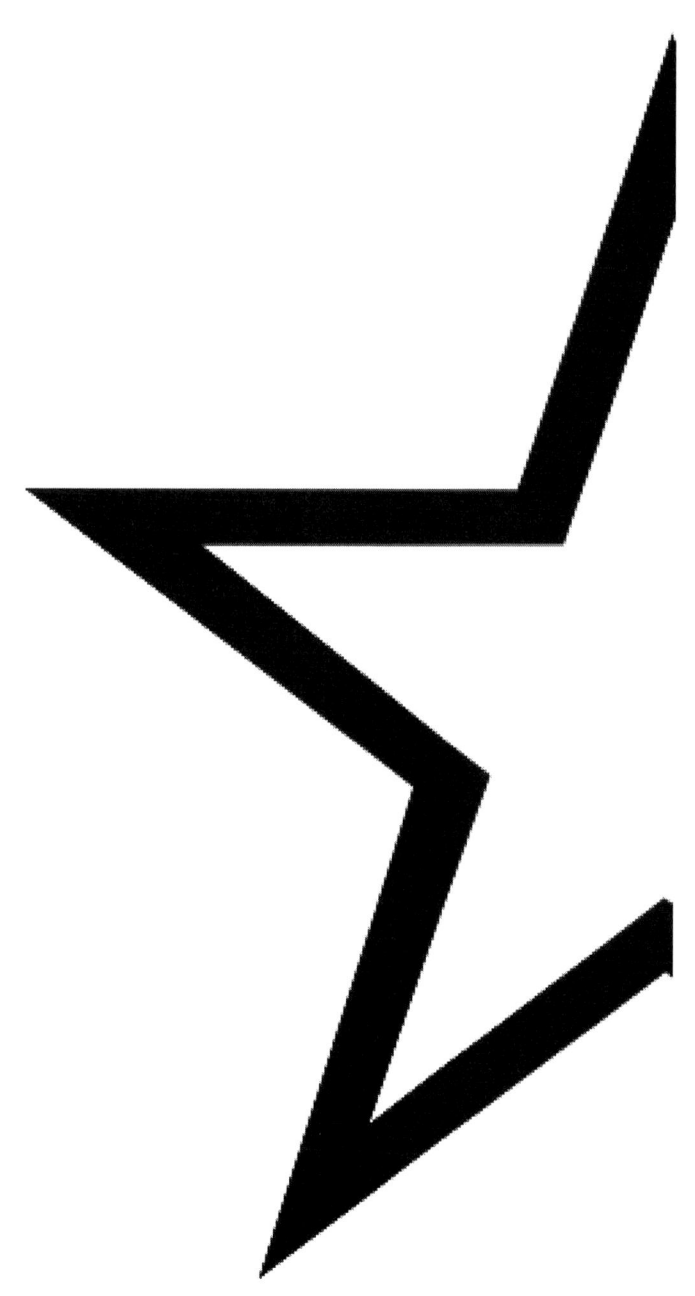

9. 다음은 글자의 일부가 가려져 있습니다. 나머지 글자와 다른 글자 하나는?

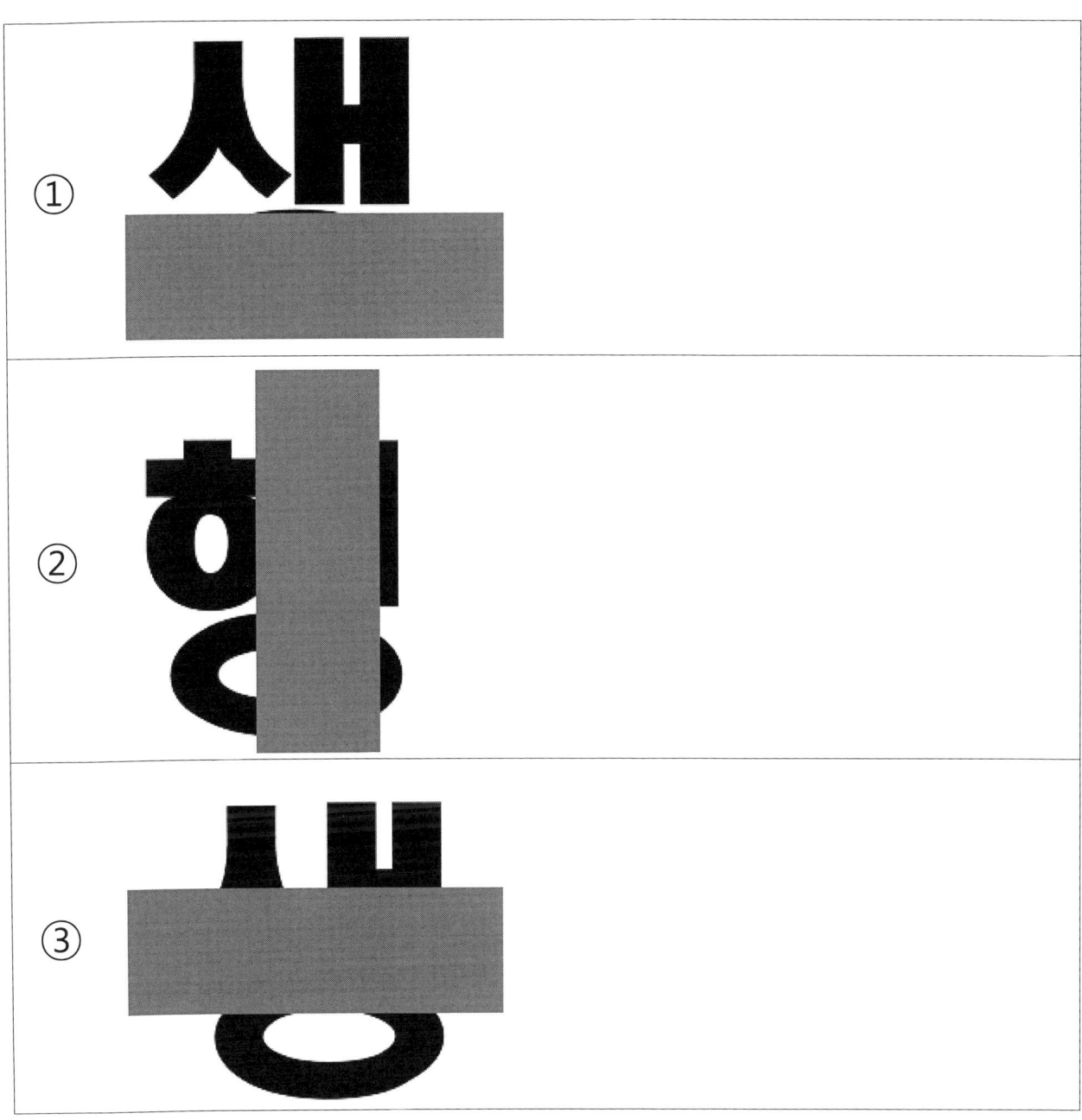

10. 아래 사람 그림을 잘 보고, 청바지를 입은 사람의 오른쪽 팔 가까이에 서 있는 사람에 동그라미(O) 표시하세요.

[4회차]

**시지각능력
난이도 중 (★★☆)**

제 이름은 _____ 입니다.
오늘은 _____년 ____월 ____일입니다.

1. 다음 도형을 잘 보고 오른쪽 빈 칸에 똑같이 그리세요.

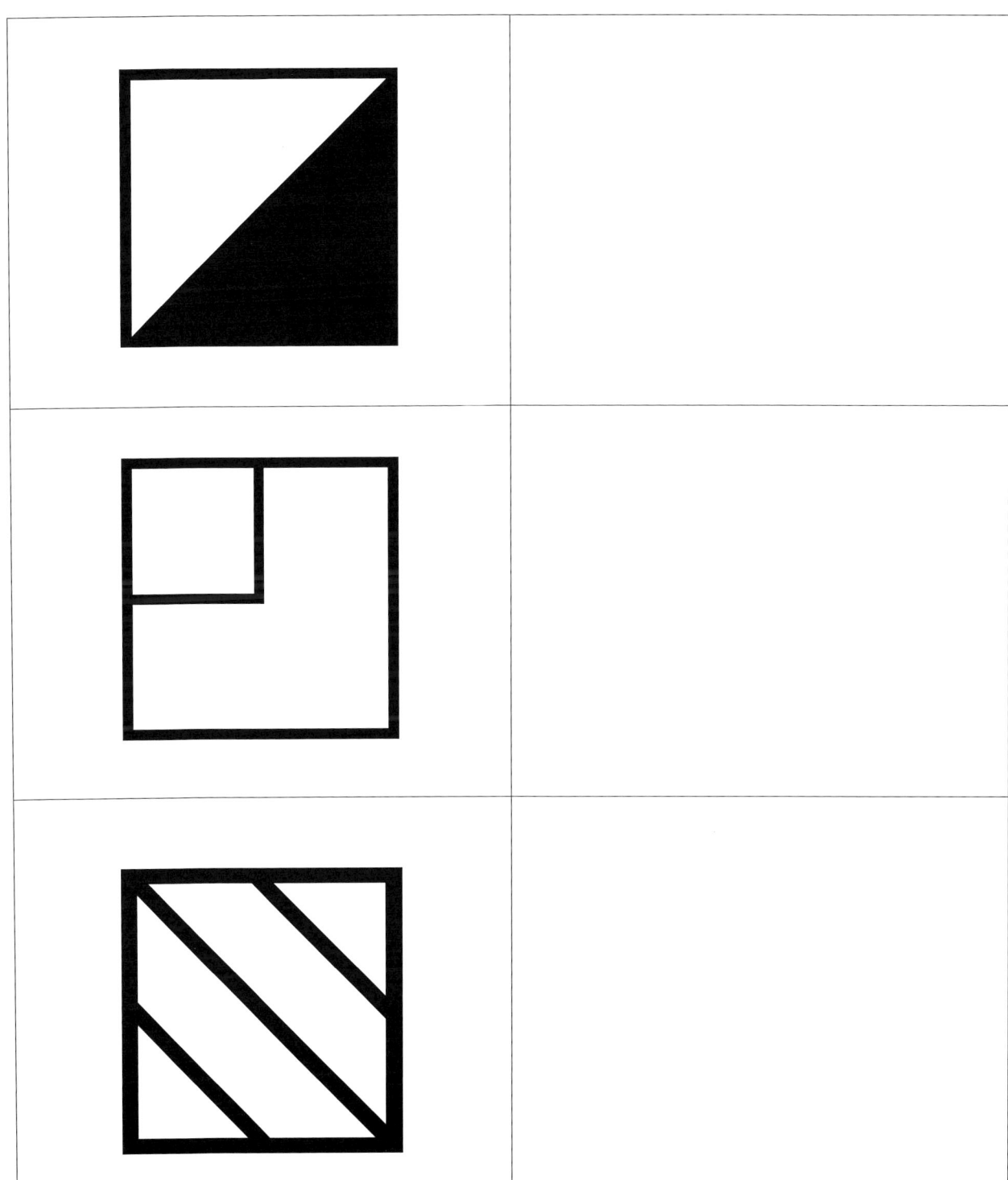

2. 다음 그림을 잘 보고 아래쪽 빈 칸에 똑같은 위치와 모양으로 그려보세요.

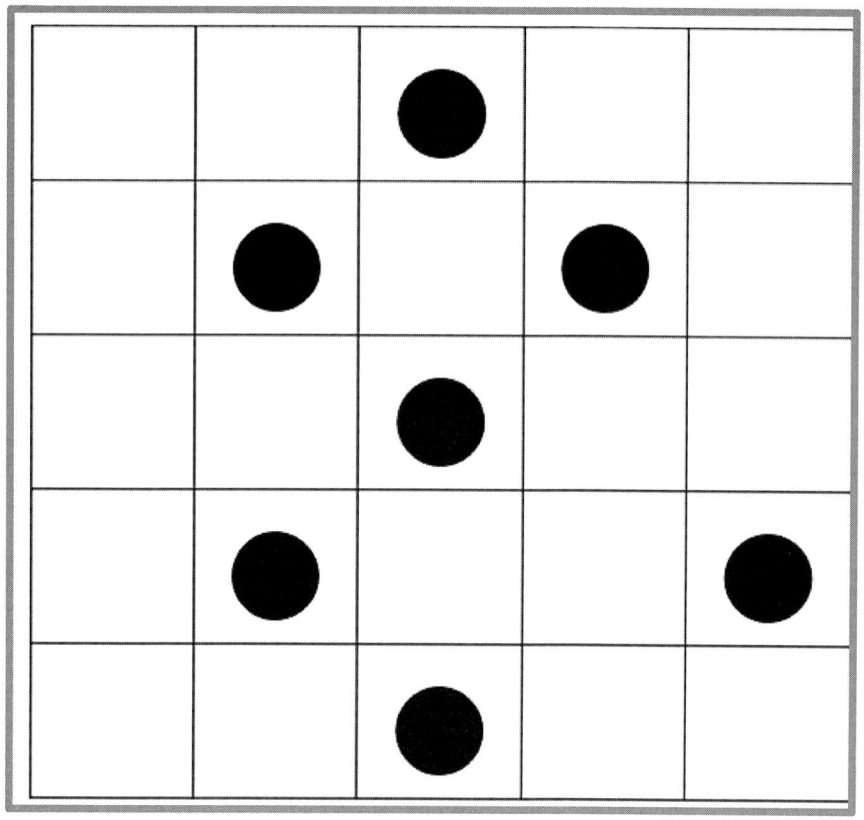

3. 다음 그림 중 하나만 다른 방향을 바라보고 있습니다. 다른 방향을 바라보고 있는 것은 무엇인가요?

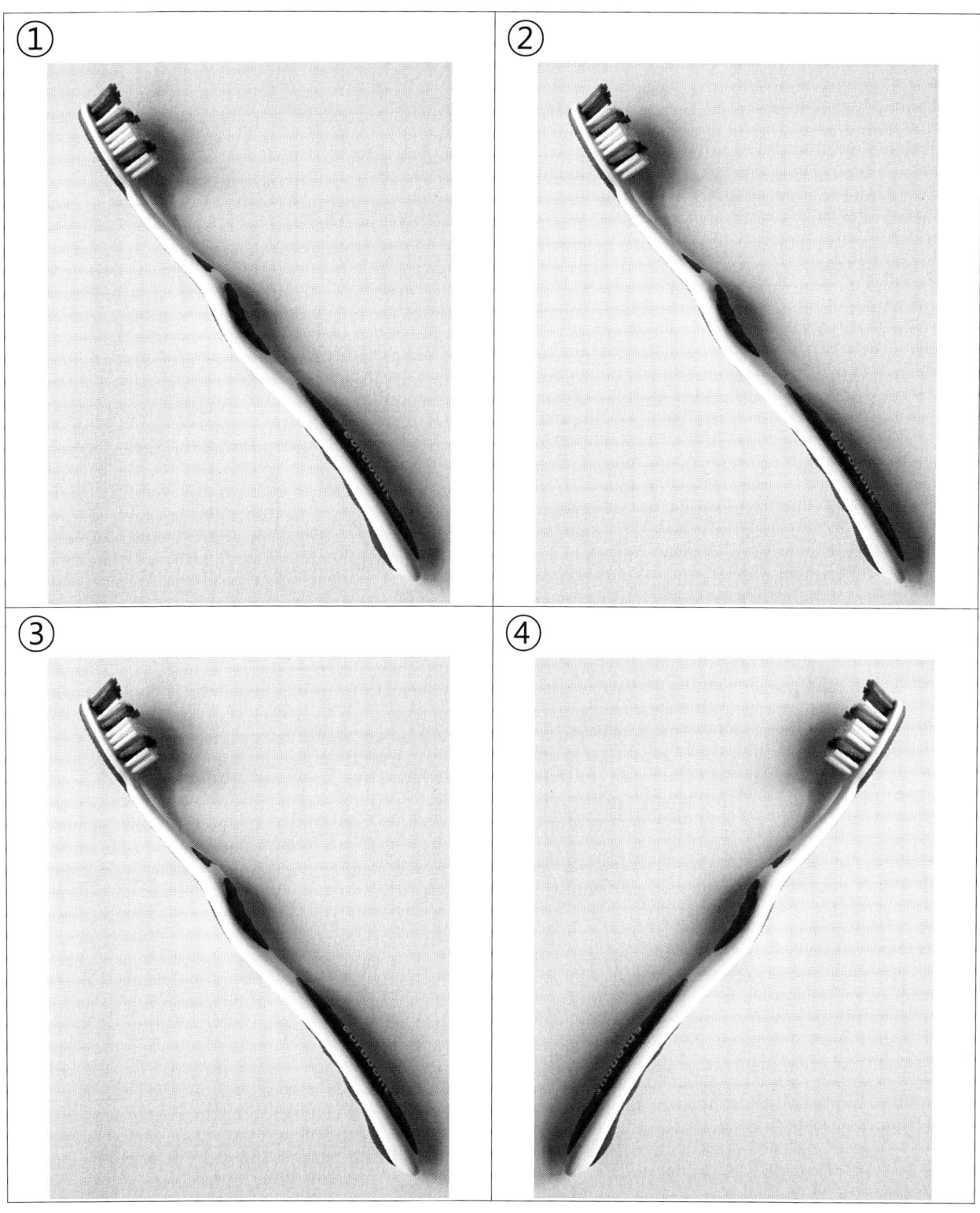

4. 다음 사진은 어느 사물의 일부분일까요?

① 가위	② 망치
③ 펜치	④ 칼

5. 다음 그림을 잘 살펴보세요. (5초 동안)
   다음 장에서 같은 그림을 찾으세요.

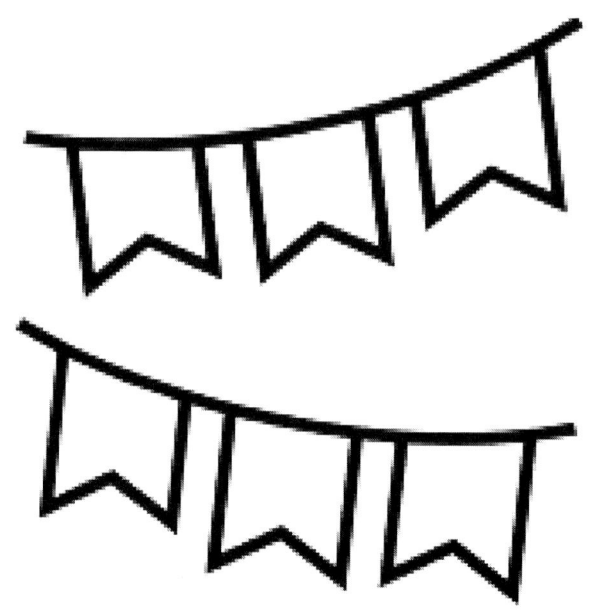

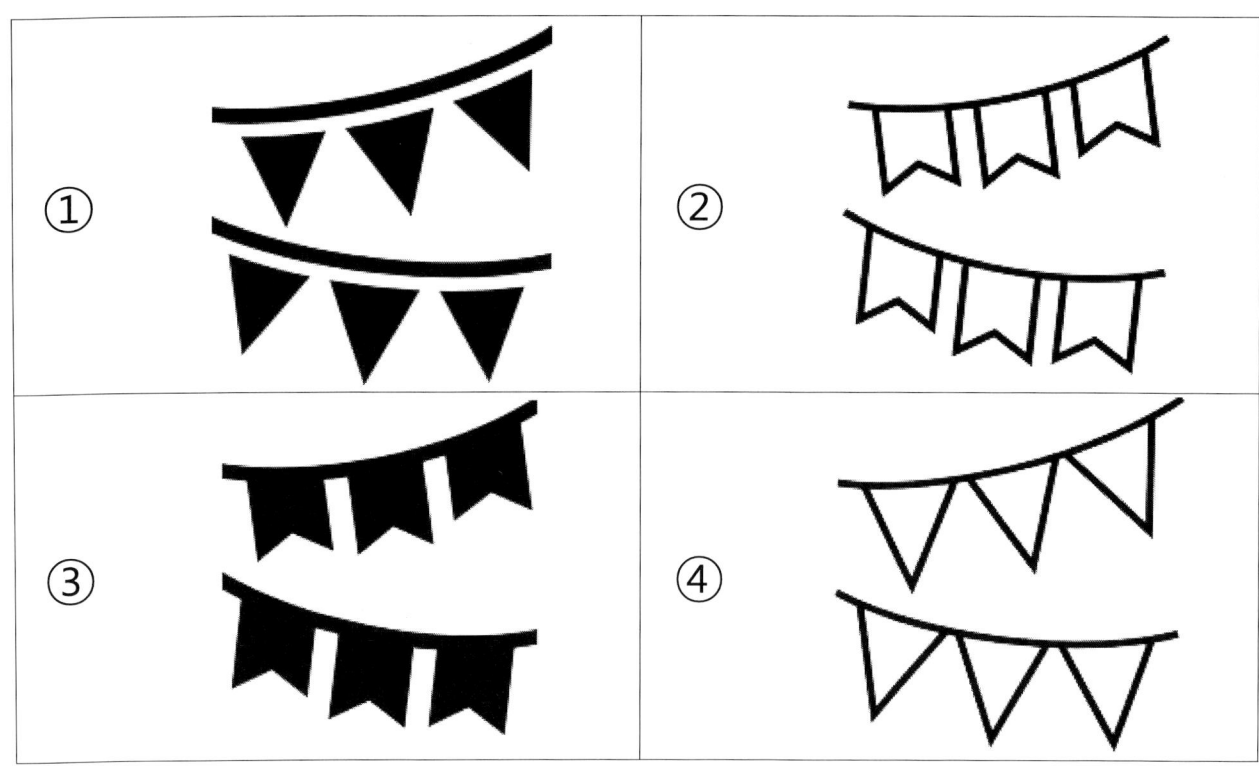

6. 다음 사진에 있는 두 사람은 서로 어느 쪽 손을 붙잡고 있나요?

| ① 오른쪽 손 | ② 왼쪽 손 |

7. 다음 그림에 겹쳐 있는 그림은 몇 개인가요?
아래 보기 중에 겹쳐 있는 그림을 모두 고르세요.

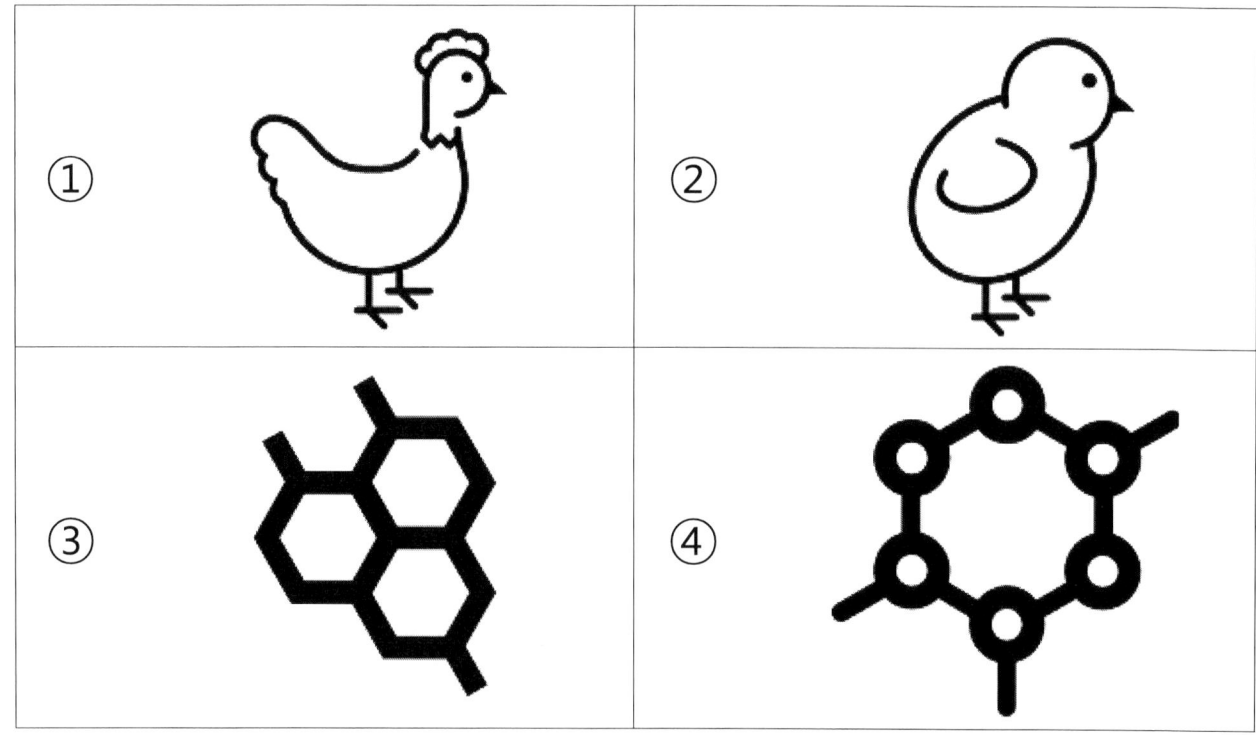

8. 다음 그림의 반쪽을 대칭이 되도록 그려서 완성하세요.

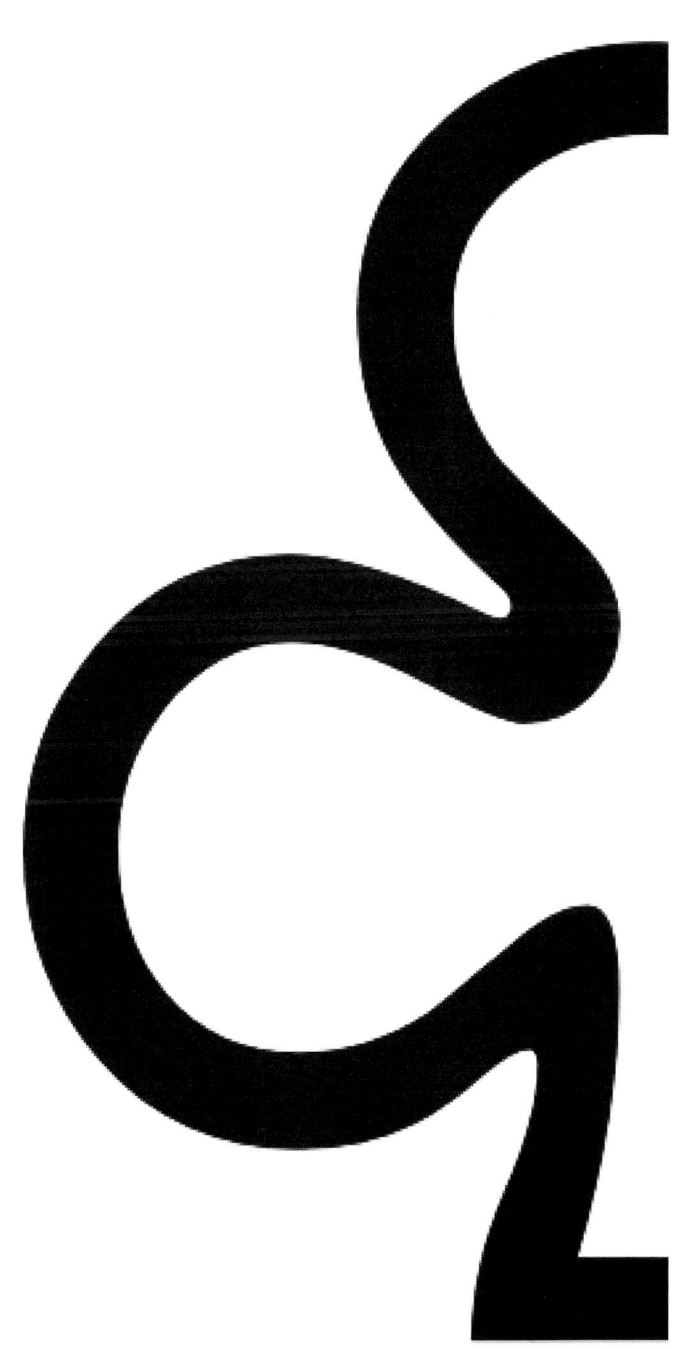

9. 다음은 글자의 일부가 가려져 있습니다. 나머지 글자와 다른 글자 하나는?

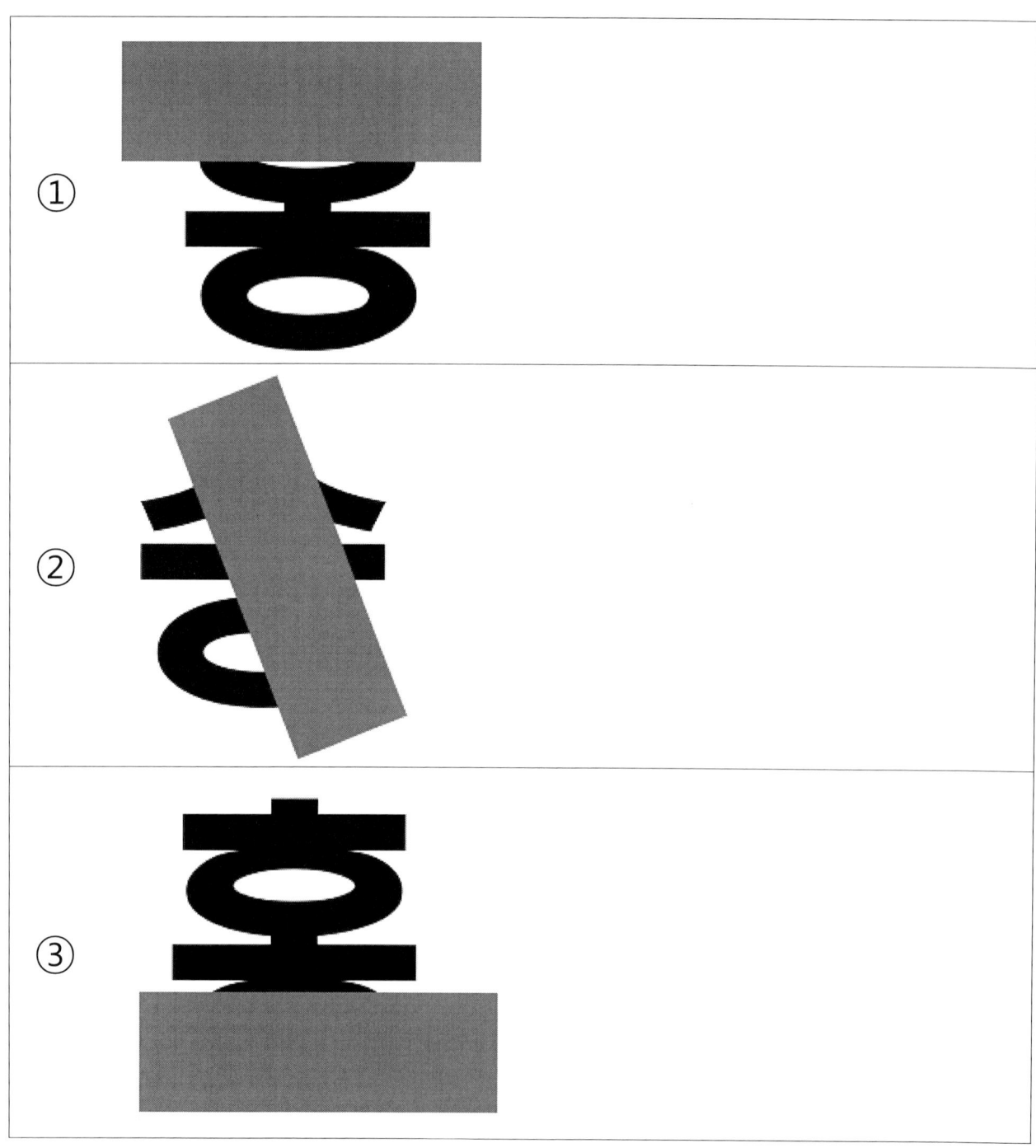

10. 아래 사람 그림을 잘 살펴 보고, 알맞은 방향에 동그라미(O) 하세요.

⇒ **페인트 통**은 이 사람의 **(오른쪽 / 왼쪽)**손에 들고 있고, **페인트 붓**은 **(오른쪽 / 왼쪽)**손에 들고 있습니다.

[5회차]

시지각능력
난이도 중 (★★☆)

제 이름은 _____ 입니다.
오늘은 _____ 년 ____ 월 ____ 일입니다.

1. 다음 도형을 잘 보고 오른쪽 빈 칸에 똑같이 그리세요.

⊃	
‰	
°C	

2. 다음 그림을 잘 보고 아래쪽 빈 칸에 똑같은 위치와 모양으로 그려보세요.

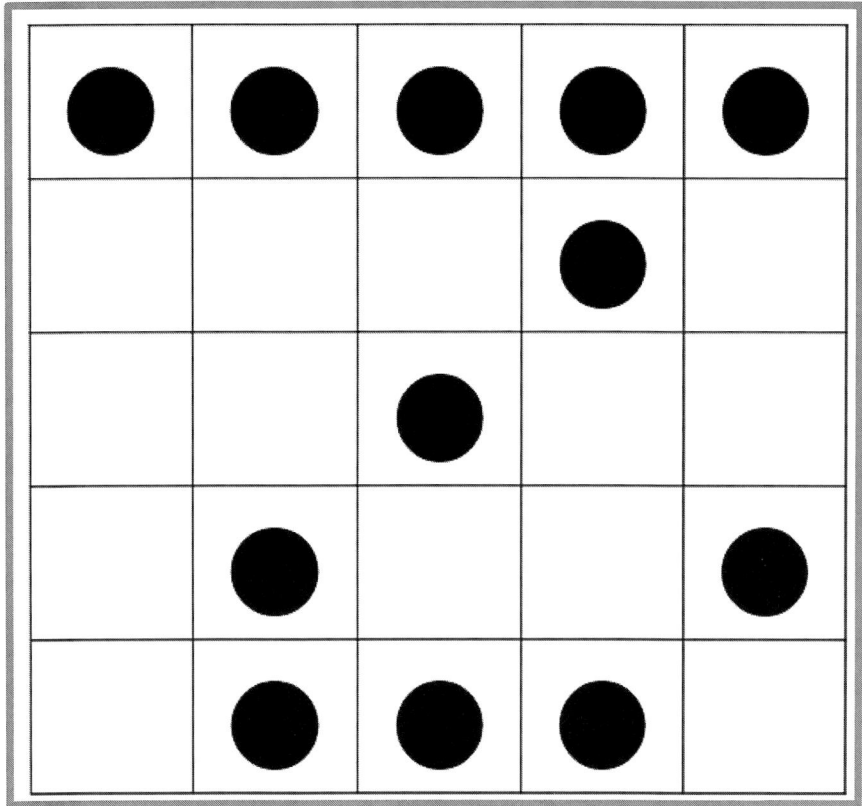

3. 다음 그림 중 하나만 다른 방향을 바라보고 있습니다. 다른 방향을 바라보고 있는 것은 무엇인가요?

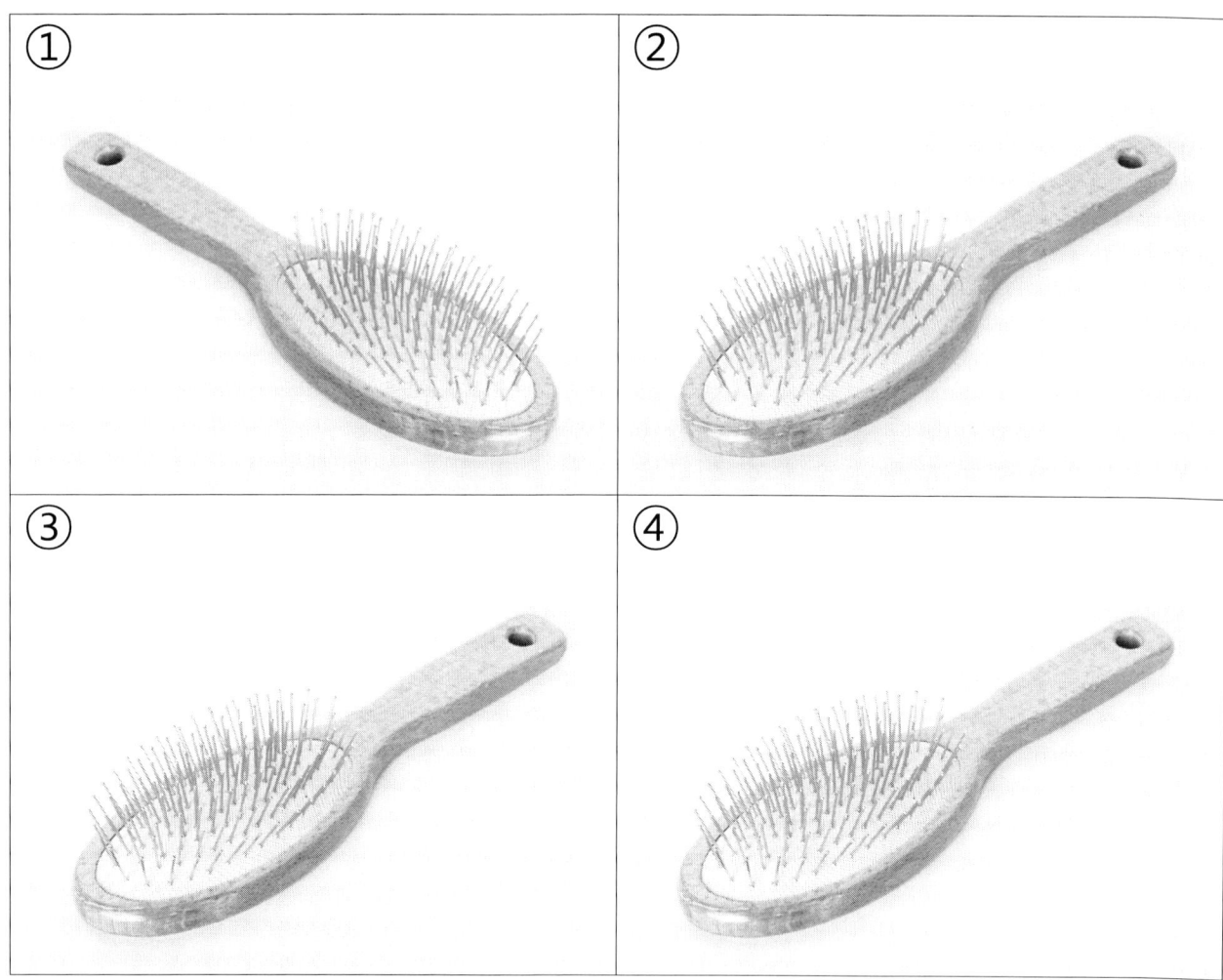

4. 다음 사진은 어느 사물의 일부분일까요?

① 저울	② 자
③ 시계	④ 각도기

5. 다음 그림을 잘 살펴보세요. (5초 동안)
   다음 장에서 같은 그림을 찾으세요.

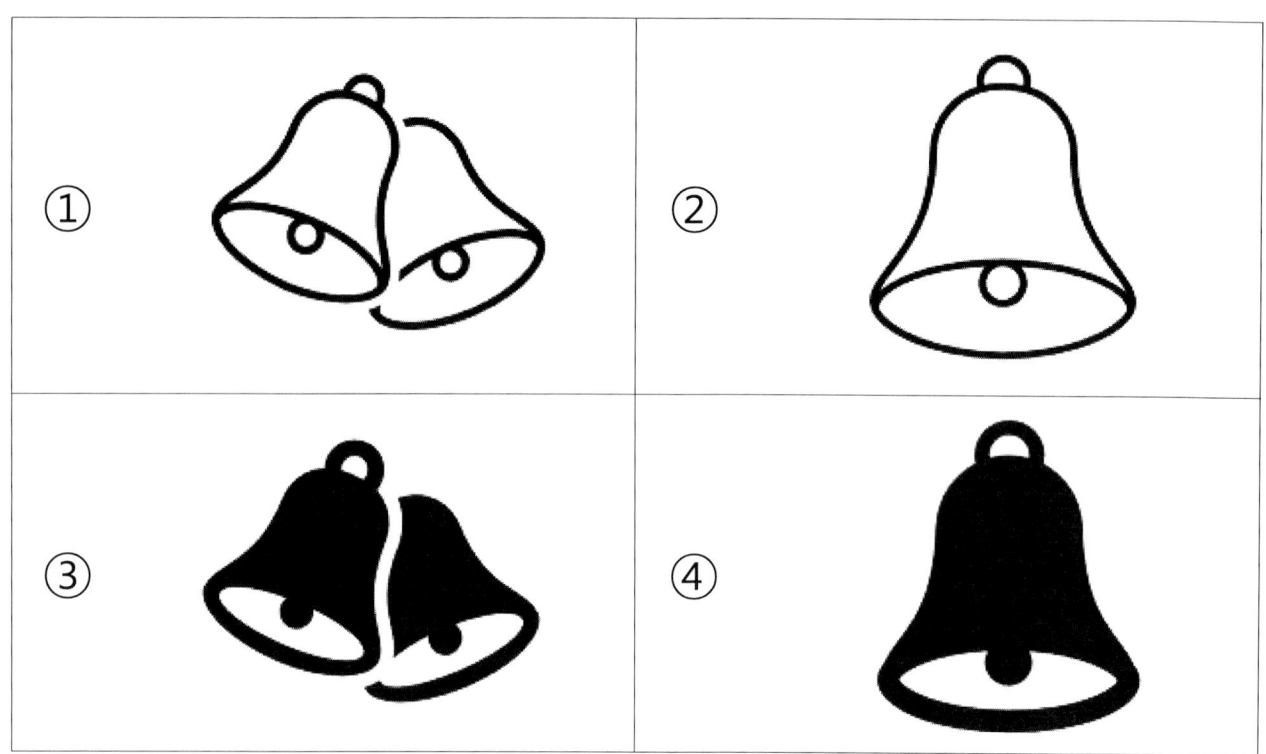

6. 다음 사진에 있는 사람은 어느 쪽 손으로 전화기를 들고 있나요?

| ① 오른쪽 손 | ② 왼쪽 손 |

7. 다음 그림에 겹쳐 있는 그림은 몇 개인가요?
   아래 보기 중에 겹쳐 있는 그림을 모두 고르세요.

8. 다음 그림의 반쪽을 대칭이 되도록 그려서 완성하세요.

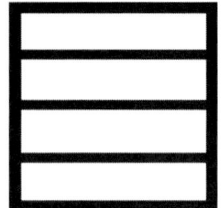

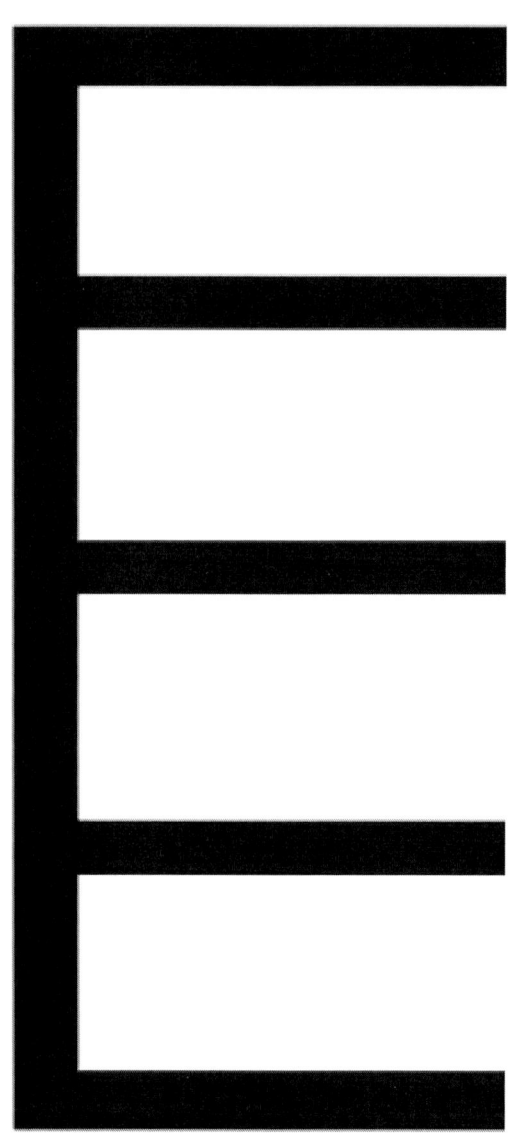

9. 다음은 글자의 일부가 가려져 있습니다. 나머지 글자와 다른 글자 하나는?

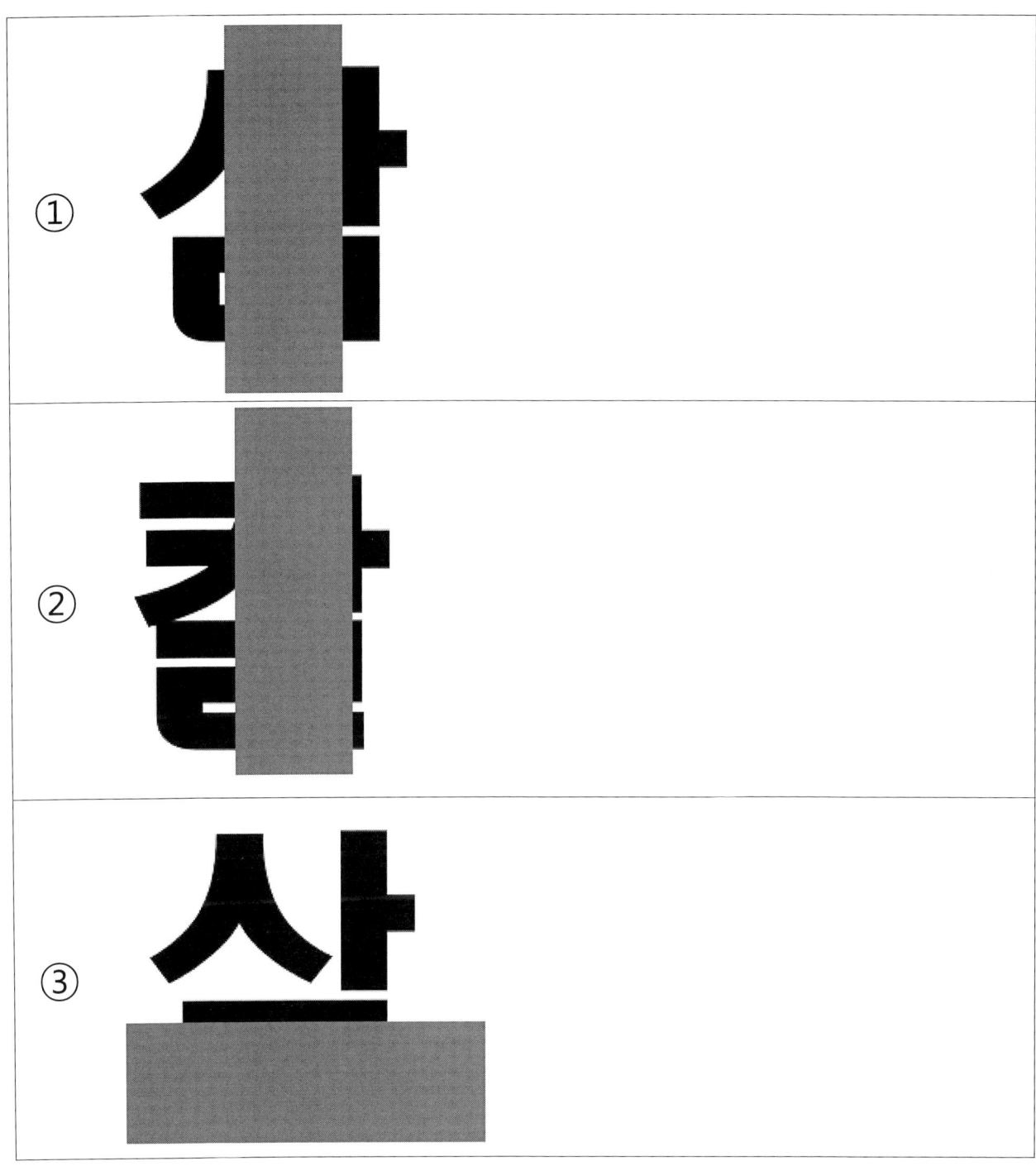

10. 아래 사람 그림을 잘 살펴 보고, 알맞은 방향에 동그라미(O) 하세요.

⇒ **칫솔**은 이 사람의 **(오른쪽 / 왼쪽)**손에 들고 있고, **양치컵**은 **(오른쪽 / 왼쪽)**손에 들고 있습니다.

난이도 중
(난이도 ★★☆)

4. 『언어능력 및 사고력』

[1회차]

| 언어능력 및 사고력 |
| 난이도 중 (★★☆) |

제 이름은 _____입니다.
오늘은 _____년 ____월____일입니다.

1. 다음 초성 힌트를 보고 "동물" 이름을 적어보세요.

ㄷ ㄹ ㅈ [답:]	ㄱ ㅂ ㅇ [답:]
ㅅ ㅅ [답:]	ㄱ ㅇ ㅈ [답:]
ㅌ ㄲ [답:]	ㄱ ㅅ ㄷ ㅊ [답:]

2. 다음 메뉴판을 잘 보세요. **삼계탕 한 그릇**을 먹기 위해서 얼마가 필요한가요?

[메뉴판]			
밀면	5,000원	메밀전병	7,000원
파전	6,000원	돼지국밥	7,500원
설렁탕	7,000원	순대국밥	7,500원
삼계탕	9,000원	섞어국밥	8,000원

① 7,000원	② 7,500원
③ 8,000원	④ 9,000원

3. 다음 보기 문장을 완성해 보세요. 가장 적절한 문장은 무엇인가요?

[보기]
창 밖에 비가 _____ 내린다.

① 쿵쾅쿵쾅
② 주룩주룩
③ 하하호호
④ 삐죽삐죽

4. 다음 보기 속담을 완성해 보세요. 알맞은 문장은 무엇인가요?

[보기]
가랑비에 _____

① 비 맞는다.
② 홍수난다.
③ 옷 젖는 줄 모른다.
④ 감기 걸릴 수 있다.

5. 다음 사진에 대한 설명으로 옳지 않은 것은?

①	모두 검정색 자켓을 입고 있다.
②	총 7명의 사람이 있다.
③	2명은 서 있다.
④	책상 위에 컴퓨터(노트북)이 있다.

6. 빈 칸에 들어갈 알맞은 숫자를 쓰세요.

1) **11 + 15 = (　　　　)**

2) **30 + 21 = (　　　　)**

3) **22 + 17 = (　　　　)**

7. 빈 칸에 들어갈 알맞은 숫자를 쓰세요.

1) **50 - 12 = (　　　　)**

2) **42 - 17 = (　　　　)**

3) **72 - 24 = (　　　　)**

8. 다음 중 의류에 속하지 <u>않는</u> 것은?

① 티셔츠	② 청바지
③ 치마	④ 반지

9. 길에서 의식을 잃고 쓰러져 있는 사람을 보았습니다. 어떻게 하는 것이 가장 적절할까요?

① 그냥 지나쳐 간다.
② 119에 신고한다.
③ 우리 집에 데리고 간다.
④ 동사무소에 신고한다.

10. 다음 문장을 큰 소리로 따라 읽고, 옆에 앉은 사람이 똑같이 말할 수 있게 전달하세요.

시골 찹쌀 햇찹쌀 도시 찹쌀 촌찹쌀

[2회차]

언어능력 및 사고력
난이도 중 (★★☆)

제 이름은 _____ 입니다.
오늘은 _____ 년 _____ 월 _____ 일입니다.

1. 다음 초성 힌트를 보고 "꽃" 이름을 적어보세요.

ㄱ ㄴ ㄹ	ㅅ 선 ㅎ
[답:]	[답:]
ㅎ 바 ㄹ 기	ㅈ ㅁ
[답:]	[답:]
ㅂ 합	ㄴ 팔 ㄲ
[답:]	[답:]

2. 다음 메뉴판을 잘 보세요. <u>칫솔 2개와 치약 1개를</u> 먹기 위해서 얼마가 필요한가요?

[메뉴판]			
수건	7,000원	칫솔	5,000원
샴푸	9,500원	치실	6,000원
린스	10,000원	치약	7,000원
빗	3,000원	로션	9,000원

① 17,000원	② 17,500원
③ 18,000원	④ 19,000원

3. 다음 보기 문장을 완성해 보세요. 가장 적절한 문장은 무엇인가요?

[보기]
가을이 되면 _____

①	사람들은 벚꽃 구경을 간다.
②	점심을 먹으러 가자.
③	눈사람을 만든다.
④	단풍 구경을 가고 싶다.

4. 다음 보기 속담을 완성해 보세요. 알맞은 문장은 무엇인가요?

[보기]
같은 값이면 _____

①	싼 값에
②	비지떡
③	분홍치마
④	다홍치마

5. 다음 사진에 대한 설명으로 옳지 않은 것은?

① 밤이다.
② 횡단보도에 사람이 건너고 있다.
③ 사람들이 우산을 쓰고 있다.
④ 도로에 차들이 많이 보인다.

6. 빈 칸에 들어갈 알맞은 숫자를 쓰세요.

1) 5 + 5 + 5 = (_____)

2) 5 + 6 + 7 = (_____)

3) 8 + 8 + 5 = (_____)

7. 빈 칸에 들어갈 알맞은 숫자를 쓰세요.

1) 90 - 6 - 6 = (_____)

2) 100 - 8 - 6 = (_____)

3) 75 - 7 - 7 = (_____)

8. 다음 중 문구류에 속하지 <u>않는</u> 것은?

① 지우개	② 국자
③ 연필	④ 가위

9. 다음 중 저녁 준비를 하기 위한 음식재료를 구매하기 위해 가야 하는 장소?

① 은행	② 병원
③ 시장	④ 공항

10. 다음 문장을 큰 소리로 따라 읽고, 옆에 앉은 사람이 똑같이 말할 수 있게 전달하세요.

**청단풍잎 홍단풍잎
흑단풍잎 백단풍잎**

[3회차] 언어능력 및 사고력 난이도 중 (★★☆)

제 이름은 _____ 입니다.
오늘은 ____년 ___월___일입니다.

1. 다음 초성 힌트를 보고 "음식" 이름을 적어보세요.

ㅎ ㄸ	ㄱ 치
[답:]	[답:]
ㄸ 볶 ㅇ	ㄷ 장 찌 ㄱ
[답:]	[답:]
ㅅ 계 ㅌ	ㅅ 정 ㄱ
[답:]	[답:]

2. 다음 사진에 보이는 돈은 총 얼마인가요?

① 15,000원	② 17,000원
③ 29,000원	④ 74,000원

3. 다음 보기 문장을 완성해 보세요. 가장 적절한 문장은 무엇인가요?

[보기]
건강한 생활습관을 위해 _____

① 매일 적절한 운동을 하는 것이 좋다.
② 겨울은 춥다.
③ 차례를 지켜야 한다.
④ 단풍 구경을 가고 싶다.

4. 다음 보기 속담을 완성해 보세요. 알맞은 문장은 무엇인가요?

[보기]
가지 많은 나무에 _____

① 바람 분다.
② 바람 잘 날이 없다.
③ 꽃이 핀다.
④ 바스락 거린다.

5. 다음 사진에 대한 설명으로 옳지 않은 것은?

① 도심지의 모습이다.
② 낮이다.
③ 겨울 풍경이다.
④ 돌담이 있다.

6. 빈 칸에 들어갈 알맞은 숫자를 쓰세요.

1) **10 + 11 + 2 = (_____)**
2) **8 + 7 + 10 = (_____)**
3) **12 + 8 + 5 = (_____)**

7. 빈 칸에 들어갈 알맞은 숫자를 쓰세요.

1) **100 - 6 - 6 = (_____)**
2) **50 - 4 - 4 = (_____)**
3) **68 - 9 - 10 = (_____)**

8. 다음 중 추운 겨울과 관련성이 <u>가장 적은</u> 것은?

① 함박눈	② 털장갑
③ 목도리	④ 수영복

9. 다음 중 처방전을 가지고 약을 타기 위해 가야 하는 곳은?

① 치과	② 공항
③ 약국	④ 우체국

10. 다음 문장을 큰 소리로 따라 읽고, 옆에 앉은 사람이 똑같이 말할 수 있게 전달하세요.

**저기 저 말뚝은
말 맬 말뚝인가
말 못 맬 말뚝인가**

[4회차]

| 언어능력 및 사고력 난이도 중 (★★☆) | 제 이름은 _____입니다. 오늘은 _____년 ____월____일입니다. |

1. 다음 초성 힌트를 보고 "주방도구" 이름을 적어보세요.

ㄷ 마 [답:]	접 ㅅ [답:]
ㅈ 가 ㄹ [답:]	ㅍ ㅋ [답:]
ㄱ 자 [답:]	ㅋ [답:]

2. 꽃밭에 장미꽃과 수선화가 총 52송이가 있습니다. 장미꽃이 30송이 있고, 나머지는 모두 수선화입니다. 수선화는 몇 송이인가요?

① 20송이	② 22송이
③ 25송이	④ 30송이

3. 다음 보기 문장을 완성해 보세요. 가장 적절한 문장은 무엇인가요?

[보기]
날씨가 추우니 _____

① 반팔 티셔츠가 필요하다.
② 에어컨을 작동하자.
③ 부채를 가지고 다녀야 한다.
④ 옷을 따뜻하게 입고 다녀야 한다.

4. 다음 보기 속담을 완성해 보세요. 알맞은 문장은 무엇인가요?

[보기]
까마귀 날자 _____

① 배 떨어진다.
② 바람 잘 날이 없다.
③ 기러기도 난다.
④ 꿩 날아간다.

5. 다음 보기에서 알맞은 말을 찾아 문장을 완성하세요.

[보기]
뒤뚱뒤뚱   졸졸   하하호호

1) 온 가족이 _____ 즐겁게 웃어요.
2) 오리가 _____ 걸어갑니다.
3) 시냇물이 _____ 흡니다.

6. 다음 사진에 대한 설명으로 옳지 않은 것은?

① 계산기를 두드리고 있다.
② 돈 계산을 하고 있다.
③ 오천원 지폐를 많이 들고 있다.
④ 숫자 "2"를 누르고 있다.

7. 6월 가족행사는 보기와 같습니다. 6월 가족행사에 해당하지 <u>않는</u> 것은?

[보기]
6월 2일: 어머니 생신
6월 8일~9일: 가족여행
6월 15일: 여동생 졸업
6월 20일: 부모님 결혼기념일
6월 30일: 제사

①	가족여행	②	제사
③	남동생 졸업	④	부모님 결혼기념일

8. 빈 칸에 들어갈 알맞은 숫자를 쓰세요.

1) **56 + 6 - 12 = (_____)**
2) **21 - 5 + 11 = (_____)**
3) **15 - 3 + 20 = (_____)**

9. 다음 중 학교와 관련성이 **가장 적은** 것은?

① 선생님	② 칠판
③ 쇼핑	④ 공부

10. 다음 문장을 큰 소리로 따라 읽고, 옆에 앉은 사람이 똑같이 말할 수 있게 전달하세요.

> **중앙청 창살은 쌍창살이고,
> 시청의 창살은 외창살이다.**

[5회차] 언어능력 및 사고력 난이도 중 (★★☆)	제 이름은 _____입니다. 오늘은 _____년 ____월____일입니다.

1. 시장에 가면 살 수 있는 것들을 5개 이상 쓰세요.

1)
2)
3)
4)
5)

2. 20,000원을 가지고 식당에 왔습니다. 짜장면 한 그릇에 6,000원입니다. 최대 몇 그릇을 시킬 수 있을까요?

① 1그릇	② 2그릇
③ 3그릇	④ 4그릇

3. 다음 보기 문장을 완성해 보세요. 가장 적절한 문장은 무엇인가요?

[보기]
치매를 예방하기 위해 _____

① 한가지 음식만 먹는 것이 중요하다.
② 꾸준히 운동하는 습관을 가져야 한다.
③ 가능하면 집에만 있어야 한다.
④ 한가지 활동만 매일 반복한다.

4. 다음 보기 속담을 완성해 보세요. 알맞은 문장은 무엇인가요?

[보기]
얌전한 고양이가 _____

①	매일 운다.
②	솥뚜껑 보고 놀란다.
③	굴뚝에 올라간다.
④	부뚜막에 먼저 올라간다.

5. 다음 보기에서 알맞은 말을 찾아 문장을 완성하세요.

[보기]
똑똑   소곤소곤   보글보글

1)	옆 친구에게 _____ 귓속말로 말해요.
2)	화장실 문을 _____ 두드립니다.
3)	라면이 _____ 끓어요.

6. 다음 사진에 대한 설명으로 **옳지 않은 것**은?

① 슈퍼마켓에서 볼 수 있는 장면이다.
② 육개장 라면이 있다.
③ 김치라면이 있다.
④ 짜장라면이 있다.

7. 복지관 프로그램 일정을 잘 보세요. "요리교실"은 무슨 요일에 참석할 수 있나요?

	월	화	수	목	금
오전	요리교실	체조교실	명상교실	음악교실	명상교실
오후	뜨개질교실	음악교실	요리교실	체조교실	뜨개질교실

① 월요일, 수요일	② 화요일, 수요일
③ 수요일, 목요일	④ 월요일, 금요일

8. 빈 칸에 들어갈 알맞은 숫자를 쓰세요.

1) **102 + 6 - 20 = (_____)**

2) **52 - 5 + 18 = (_____)**

3) **15 - 10 + 62 = (_____)**

9. 다음 중 여행과 관련성이 **가장 적은** 것은?

① 배낭	② 비행기
③ 국자	④ 숙소

10. 다음 문장을 큰 소리로 따라 읽고, 옆에 앉은 사람이 똑같이 말할 수 있게 전달하세요.

**칠월칠일은 평창친구
친정 칠순 잔칫날**

에듀컨텐츠·휴피아
CH Educontents Huepia

제4장.
난이도 상

(난이도 ★★★)

1. 지남력 및 기억력
2. 주의집중력
3. 시지각능력
4. 언어능력 및 사고력

에듀컨텐츠·휴피아
CH Educontents·Huepia

난이도 상 (난이도 ★★★)

1. 『지남력 및 기억력』

[1회차]

지남력 및 기억력
난이도 상 (★★★)

제 이름은 _____ 입니다.
오늘은 _____ 년 ____ 월 ____ 일입니다.

1. 나는 지금 아파트 5층에 살고 있습니다. 12층에 살고 있는 친구 집에 가려면 몇 층을 더 올라가야 할까요?

   ① 3층   ② 5층
   ③ 7층   ④ 9층

2. 오늘은 2023년 4월 1일입니다. 오늘로부터 정확히 2주일 뒤의 날짜는 어떻게 되나요?
   (힌트: 1주일은 7일입니다.)

   ① 2023년 4월 3일   ② 2023년 4월 15일
   ③ 2023년 4월 21일   ④ 2023년 6월 1일

3. 다음 달력을 잘 보세요. 나는 친구와 개천절 다음 날에 만나서 점심을 먹기로 했습니다. 친구와 만나기로 한 날짜가 어떻게 되나요?

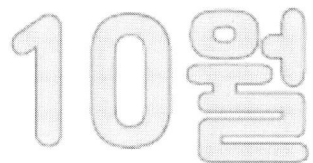

① 2023년 10월 2일　　② 2023년 10월 3일
③ 2023년 10월 4일　　④ 2023년 10월 9일

4. 다음 달력을 잘 보세요. 5월은 가정의 달입니다. 어버이날은 언제인가요?

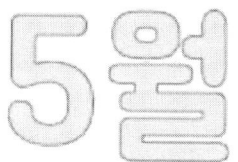

일요일	월요일	화요일	수요일	목요일	금요일	토요일
	1 근로자의날 (회사재량)	2	3	4	5 어린이날	6
7	8	9	10	11	12	13
14	15	16	17	18	19	20
21	22	23	24	25	26	27 석가탄신일
28	29 대체공휴일	30	31			

① 2023년 5월 1일　　② 2023년 5월 5일

③ 2023년 5월 8일　　④ 2023년 5월 27일

5. 다음 달력을 잘 보세요. 나는 친구와 크리스마스 3일 전에 만나기로 했습니다. 친구와 만나기로 한 날은 무슨 요일일까요?

2023년 12월

일요일	월요일	화요일	수요일	목요일	금요일	토요일
					1	2
3	4	5	6	7	8	9
10	11	12	13	14	15	16
17	18	19	20	21	22	23
24	25 크리스마스	26	27	28	29	30
31						

① 월요일　　② 수요일
③ 목요일　　④ 금요일

(6~7번) 다음 사진 속 사람들의 얼굴 생김새와 직업을 잘 기억하세요.

6. 앞의 사진에서 직업이 사진작가였던 사람은 누구인가요?

7. 앞의 사진에서 직업이 선생님이었던 사람은 누구인가요?

(8~10번) 다음 사진 속 사람들의 얼굴 생김새와 직업(하고 있는 일)을 잘 기억하세요.

8. 앞의 사진에서 아래 사람은 어떤 일을 할까요?

① 경찰 ② 미용사
③ 선생님 ④ 간호사

9. 앞의 사진에서 아래 사람은 어떤 교육을 받고 있나요?

① 유치원 ② 초등학교
③ 중학교 ④ 고등학교

10. 앞의 사진에서 아래 사람의 직업은?

① 경찰　　　　　　　② 소방관
③ 선생님　　　　　　④ 의사

[2회차]

| 지남력 및 기억력 |
| 난이도 상 (★★★) |

제 이름은 _____ 입니다.
오늘은 _____ 년 _____ 월 ____ 일입니다.

1. 다음 사진 속 장소는 어디일까요?

① 은행 ② 학교

③ 영화관 ④ 식당

(2~4번) 김OO씨의 인적사항은 다음과 같습니다. 잘 기억하세요.

- ☐ 이름: 김성희
- ☐ 나이: 62세
- ☐ 고향: 경상남도 밀양시
- ☐ 사는 곳: 부산광역시 기장군
- ☐ 가족관계: 남편, 아들 1, 딸 2

2. 김OO씨의 나이는 몇 살인가요?

① 52세   ② 60세

③ 62세   ④ 65세

3. 김OO씨가 현재 사는 곳은 어디인가요?

① 경상남도 밀양시   ② 경상남도 양산시

③ 부산광역시 동래구   ④ 부산광역시 기장군

4. 김OO씨의 자녀는 어떻게 되나요?

① 아들 1, 딸 1   ② 아들 1, 딸 2

③ 아들 2, 딸 1   ④ 아들 3

(5~7번) 오늘 해야 할 중요한 일들은 다음과 같습니다. 잘 기억하세요.

[오늘의 주요 할 일]

시간	내용
오전 10시 30분	은행 가서 관리비 이체하기
오후 1시	친구와 만나 점심 식사 후 영화관람
오후 5시	시장 가서 고등어, 잡채, 김치 사기

5. 앞에서 본 주요 할 일 목록에서 일과 중 가장 먼저 해야 하는 일은 무엇인가요?

① 친구 만나기　　② 은행가기
③ 미용실 가기　　④ 시장 가기

6. 친구와 점심 식사는 몇 시에 하기로 되어 있나요?

① 오전 10시 30분　　② 오후 1시
③ 오후 1시 30분　　④ 오후 5시

7. 시장에 가서 사야 하는 것들을 모두 고르세요.

① 갈치　　② 떡
③ 고등어　　④ 잡채
⑤ 김치　　⑥ 깍두기

(8~10번) 오늘은 하루 일과가 바쁩니다. 시간별로 가야 하는 장소는 다음과 같습니다. 잘 기억하세요.

[오늘의 일정]

시간	장소	내용
오전 10시	병원	진료 예약
오전 11시	미용실	머리 자르기
오후 1시 30분	식당	점심 식사
오후 3시	꽃집	꽃다발 사기
오후 5시 30분	시장	저녁 반찬 사기

8. 오전 11시에는 어느 장소에 있을까요?

① 식당　　　　　　② 병원

③ 꽃집　　　　　　④ 미용실

9. 병원 진료는 언제 예약되어 있나요?

① 오전 10시　　　　② 오전 10시 30분

③ 오전 11시　　　　④ 오후 1시 30분

10. 오늘 하루 들러야 하는 장소를 순서대로 쓰세요.

① 시장　　　　　　② 꽃집

③ 식당　　　　　　④ 병원

⑤ 미용실

답: [　　] ➡ [　　] ➡ [　　] ➡ [　　] ➡ [　　]

[3회차]

지남력 및 기억력
난이도 상 (★★★)

제 이름은 _____입니다.
오늘은 _____년 _____월_____일입니다.

1. 다음 사진 속 책장에 꽂혀 있는 책들 중에서 다른 부분 **세 곳**을 찾아 O표시 하세요.

2. 다음 사진에 보이는 돈은 모두 얼마인가요?

① 4만원 ② 4만 5천원

③ 4만 9천원 ④ 5만원

(3~5번) 다음 사진 속 사람들의 이름, 나이, 얼굴 생김새 등을 잘 기억하세요.

3. 앞의 사진에서 첫째 아들은 몇 살인가요?

① 7세　　　　　　② 8세
③ 9세　　　　　　④ 10세

4. 앞의 사진에서 엄마 이름은 무엇인가요?

① 이미소　　　　　② 이미연
③ 이미영　　　　　④ 임미영

5. 앞의 사진에서 아래 사람의 이름은 무엇인가요?

① 김성민　　　　　② 김성수
③ 김성우　　　　　④ 김인철

6. 매일 식사시간은 다음과 같습니다. 매 식사 후 30분 이후에 약을 복용해야 합니다. 올바른 식후 약 복용시간은 언제인가요?

[식사시간]	
아침식사	오전 8:00
점심식사	오후 12:30
저녁식사	오후 6:30

① 아침 7:30, 점심 12:00, 저녁 6:00

② 아침 8:30, 점심 1:00, 저녁 7:00

③ 아침 8:30, 점심 12:00, 저녁 6:00

④ 아침 8:00, 점심 12:00, 저녁 6:00

7. 다음 사진 속 장소는 어디일까요?

① 버스 정류장　　　② 공항

③ 영화관　　　　　④ 놀이공원

8. 다음 사진을 잘 살펴보고, 기억하세요. (20초 동안)

앞에서 본 사진 설명으로 알맞은 것은?

① 3명이 앉아 있었다.

② 여자는 안경을 쓰고 있었다.

③ 남자는 오른쪽 손에 음료를 들고 있었다.

④ 여자는 단발이었다.

9. 오늘은 광복절입니다. 내일 날짜는 어떻게 되나요?

① 7월 17일   ② 7월 18일
③ 8월 15일   ④ 8월 16일

10. 우리집 현관문 비밀번호는 다음과 같습니다. 잘 보고 기억하세요 (20초 동안)

8369*

우리집 현관문 비밀번호는?

① *8369 ② 8369*

③ 3869* ④ 8396*

[4회차]

지남력 및 기억력
난이도 상 (★★★)

제 이름은 _____ 입니다.
오늘은 _____ 년 _____ 월 _____ 일입니다.

1. 다음 음식 메뉴들을 잘 보고 기억하세요. (20초 동안)

앞에서 본 메뉴를 모두 찾으세요.

2. 다음 사람들을 잘 보고 기억하세요. (20초 동안)

앞에서 본 사람을 모두 찾으세요.

3. 다음은 비빔밥을 만들기 위해 필요한 재료입니다. 잘 보고 기억하세요.

[재료]
: 콩나물, 시금치, 무생채, 당근, 고사리, 계란, 고추장, 참기름, 밥

앞에서 본 비빔밥 재료에 해당하지 **않는** 것은?

① 고사리 ② 볶은 김치

③ 당근 ④ 고추장

4. 오늘은 10월 16일 금요일입니다. 다음 주 금요일은 몇월 몇일 일까요?

① 10월 9일 ② 10월 16일

③ 10월 23일 ④ 10월 30일

5. 오늘 하루 계획은 다음과 같습니다. 오늘 **가지 않아도 되는 장소**는?

> 밖에서 친구를 만나 점심을 먹고, 자동차 기름을 넣고, 감기약을 지어야 합니다.

① 세차장 ② 주유소

③ 식당 ④ 약국

6. 나와 내 동생은 12살 차이가 납니다. 나는 현재 52세입니다. 내 동생은 몇 살일까요?

　① 38세　　　　　　② 40세
　③ 42세　　　　　　④ 64세

7. 다음 그림을 잘 보고 기억하세요. (20초 동안)

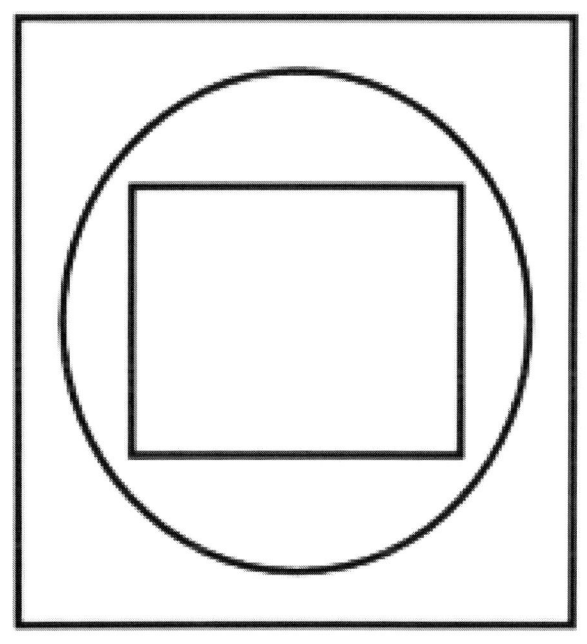

앞에서 본 그림을 아래에 똑같이 그리세요.

8. 오늘 저녁 친구와 만나 저녁을 먹기로 했습니다. 나는 오후 5시 30분에 퇴근합니다. 퇴근 시간 1시간 30분 후에 만나기로 했습니다. 친구와 몇 시에 만나기로 했나요?

① 6시
② 6시 30분
③ 7시
④ 7시 30분

9. 다음 시계를 보고 잘 기억하세요. (20초 동안)

앞에서 본 시계의 시간을 잘 생각해서 그리세요. 숫자를 써 넣고, 긴 바늘, 짧은 바늘을 잘 구분해서 그리세요.

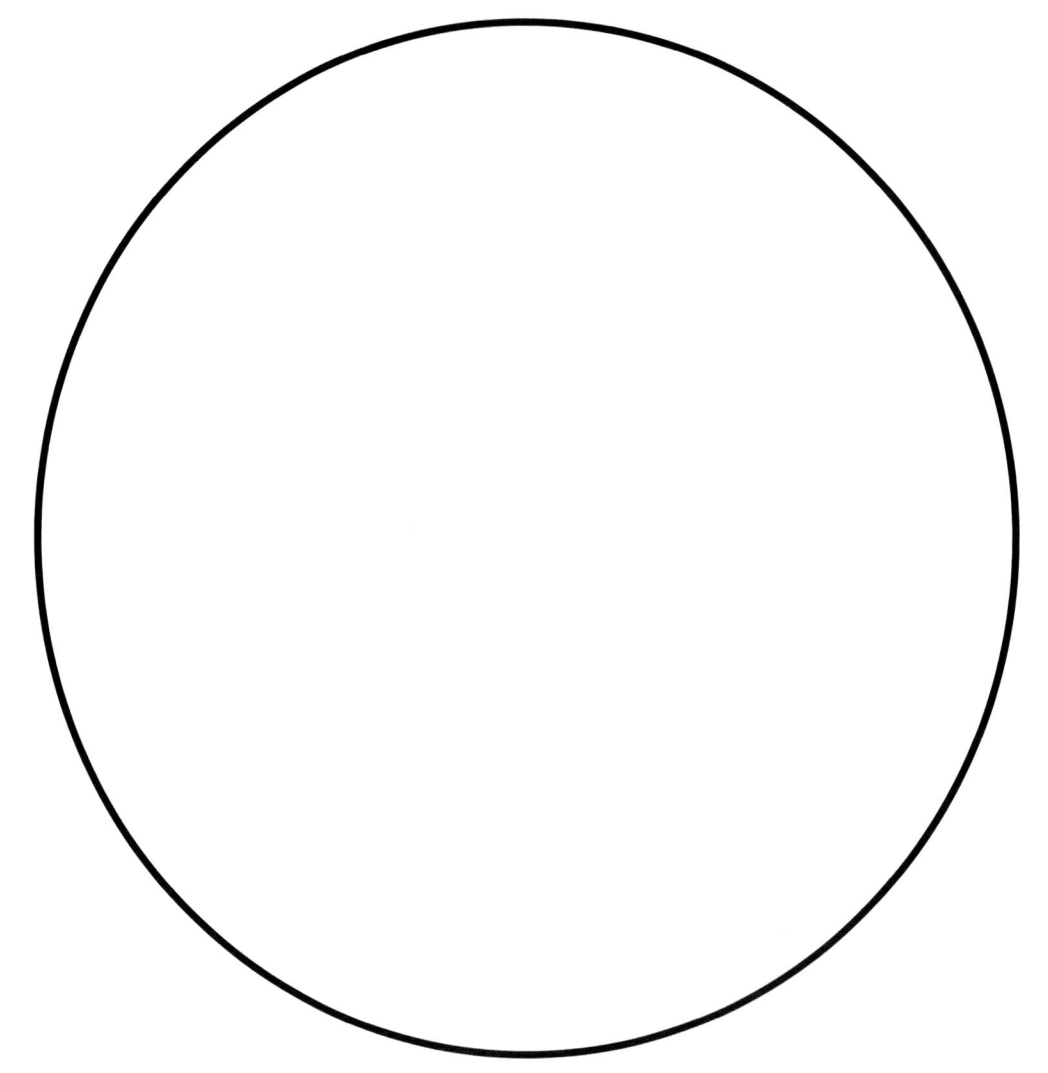

10. 위에 그린 시계가 가르키는 시각에서 10분 후는 몇 시 몇 분인가요?

[5회차]

지남력 및 기억력
난이도 상 (★★★)

제 이름은 _____입니다.
오늘은 _____년 _____월_____일입니다.

1. 다음 2개 사진에서 창문 색깔이 서로 다른 부분 한 곳을 찾으세요. 그곳은 건물의 몇 층인가요?

① 1층 ② 2층
③ 3층 ④ 4층

2. 다음 사진을 잘 살펴보세요. 베란다에 사람이 한 명 의자에 앉아 있는 집은 몇 층인가요?

① 1층 ② 2층
③ 3층 ④ 4층

3. 오늘은 2023년 3월 5일입니다. 3월 30일에 병원 검진이 예약되어 있습니다. 병원 검진일은 오늘로부터 며칠 이후인가요?

① 20일　　　　　　② 25일
③ 30일　　　　　　④ 35일

4. 오늘 내가 해야 할 일들은 다음과 같습니다. 오늘의 일과를 완수하기 위해 가야 하는 장소를 모두 고르세요.

☐ 머리 자르고, 파마하기
☐ 콩나물, 두부, 버섯 사기
☐ 자동차 기름 넣기

① 시장　　　　　　② 약국
③ 학교　　　　　　④ 주유소
⑤ 병원　　　　　　⑥ 교회
⑦ 노인정　　　　　⑧ 미용실

5. 오늘은 2023년 5월 1일입니다. 오늘로부터 정확히 2개월 뒤에 병원 정기 검진이 예약되어 있습니다. 병원 검진일은 언제인가요?

① 2023년 5월 3일　　② 2023년 5월 15일
③ 2023년 3월 1일　　④ 2023년 7월 1일

6. 현재 시간은 오후 4시 30분입니다. 2시간 30분 이후에 친구와 만나기로 했습니다. 친구와 만나기로 한 시간은 언제인가요?

① 오후 6시　　② 오후 6시 30분
③ 오후 7시　　④ 오후 7시 30분

7. 아래 시계 그림을 잘 보고 3시 47분이 되도록 바늘을 그려 넣으세요.

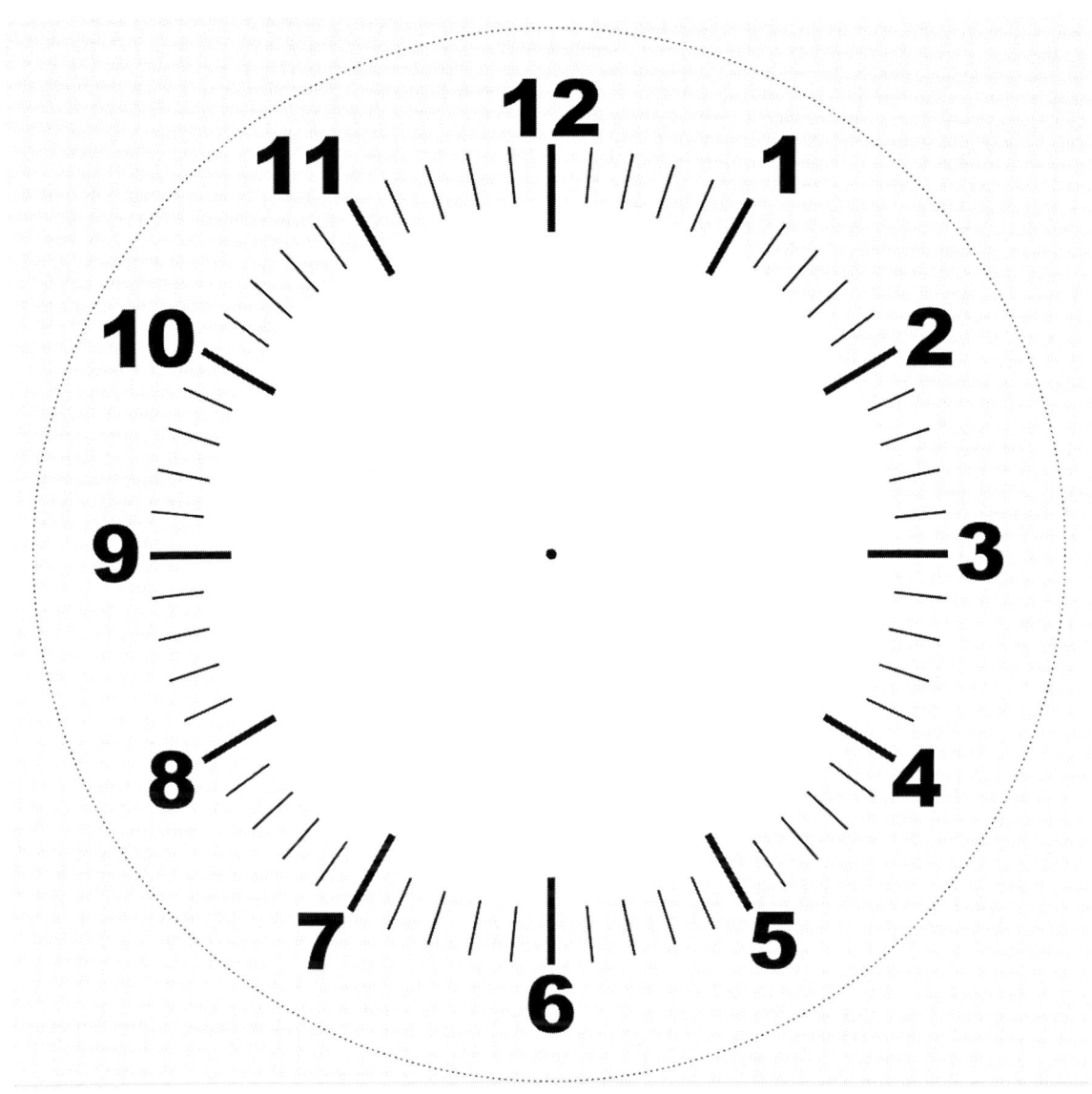

8. 위에 그린 시계가 가르키는 시각에서 20분 후는 몇 시 몇 분인가요?

9. 오늘 마트에 가서 사야 할 물건은 다음과 같습니다. 잘 보고 기억하세요.

[사야 할 물건]
- **두루말이 휴지**
- **치약**
- **연필**

사야 할 물건을 모두 고르세요.

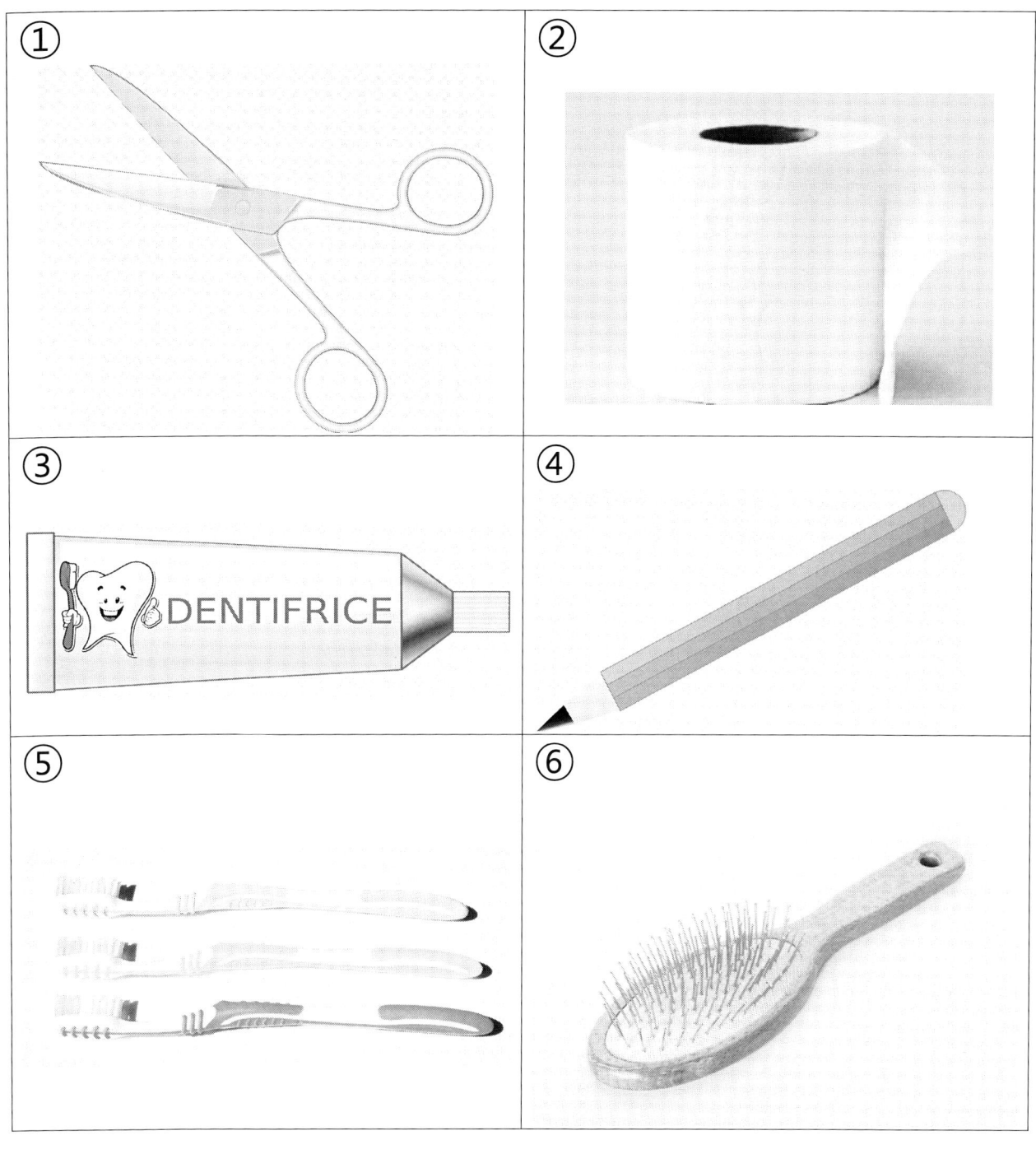

10. 현재 시각은 오후 2시 40분입니다. 6시간 후에 저녁 약을 먹어야 합니다. 저녁 약 복용 시간은?

① 오후 6시
② 오후 6시 30분
③ 오후 7시 40분
④ 오후 8시 40분

| 지남력 및 기억력 마무리 활동 | 제 이름은 _____ 입니다. |
| 난이도 상 (★★★) | 오늘은 ____ 년 ____ 월 ____ 일입니다. |

[자유롭게 표현해 보세요.]

1. 지금 계신 곳의 위치(시, 군, 구, 동)는 어떻게 되나요?

2. 결혼기념일(년도, 월, 일)은 언제인가요? 자녀가 있으시면 몇 남 몇 녀를 두셨나요?

3. 하루 중 어느 시간대를 가장 좋아 하나요? 이유는 무엇인가요?

4. 어렸을 때 친구 중에서 가장 기억에 남고, 만나보고 싶은 친구가 있나요? 이름이 무엇인가요? 왜 다시 만나고 싶은가요?

5. 가장 최근에 장을 보러 간 것이 언제인가요? 누구와 함께 무엇을 사러 갔나요?

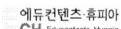

난이도 상
(난이도 ★★★)

2. 『주의집중력』

[1회차] 주의집중력 난이도 상 (★★★)

제 이름은 _____ 입니다.
오늘은 _____ 년 ____ 월 ____ 일입니다.

1. 아래 도형 순서를 잘 보고, 그 다음 순서에 와야 하는 도형을 빈 칸에 그려 넣으세요.

| ⬜◯ | ◇◯ | ⊗ | ▷ | ⬜◯ | ◇◯ |

| ⊗ | | | | | |

2. 다음 문장을 잘 읽고, "O"이 몇 개인지 찾아서 쓰세요.

[예시] 영철이는 집으로 갑니다.	4개
고양이가 따라 옵니다.	__개
집으로 가야 합니다.	__개
우유를 사왔습니다.	__개

3. 아래 자음과 모음을 조합해 단어를 최대한 많이 만들어 보세요.

[예시] 공기			
ㅏ	ㄱ	ㄴ	ㅣ
ㅍ	ㅊ	ㅗ	ㅊ
ㄹ	ㅓ	ㅂ	ㅕ
ㅎ	ㅅ	ㅇ	ㅈ
ㅟ	ㅋ	ㅁ	ㅜ
ㅠ	ㅌ	ㅑ	ㄷ

찾은 단어를 3개 이상 적어 보세요.

:

4. 출발지점에서 시작하여 도착 지점까지 줄을 그어 길을 찾아보세요. (가장 빠른 길을 찾아보세요.)

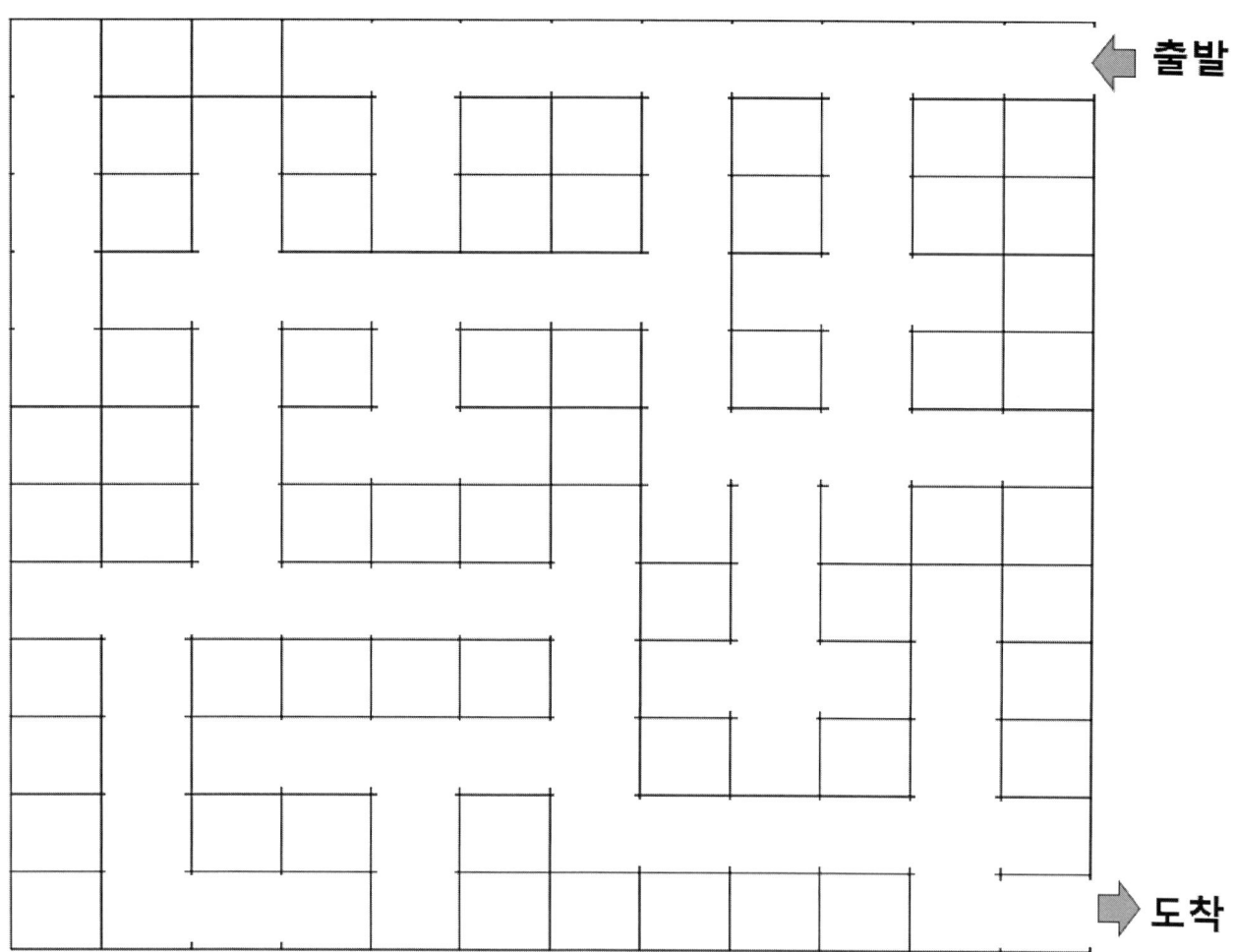

5. 다음 글자판에서 단어가 되는 글자가 나란히(가로, 세로, 대각선) 연결된 것을 최대한 많이 찾아 선을 그어 보세요.

우	산	강	세	수
도	새	사	카	차
시	소	나	기	라
라	리	팔	린	디
홀	고	칼	생	오

6. 다음 도형 아래 있는 글자를 잘 보고 빈 칸을 채우세요.

♩	♫	♪	♪.	♩.
5	7	3	9	2
♫	♪	♩.	♫	♪
♩.	♫	♪	♪	♩.
♪	♩	♪.	♫	♩

7. 다음 노래가사를 잘 보고 "ㅅ"이 들어가는 글자에만 박수를 치세요.

<사랑의 트위스트>

학창 시절에 함께 추었던
잊지 못할 사랑의 트위스트
나팔바지에 빵집을 누비던
추억 속에 사랑의 트위스트
샤하이 샤하이 샤하이 트위스트 추면서
난생 처음 그녀를 알았고
샤하이 샤하이 샤하이 트위스트 추면서
온 동네를 주름 잡았던
사랑했던 모든 사람들 음 잊지 못할
추억의 트위스트

8. 다음 중 숫자 "5"를 찾아 색칠하세요. 색칠한 부분이 어떤 모양인가요?

4	2	6	6	3	6	4	8
2	5	5	5	5	5	9	2
4	3	6	3	6	5	6	2
4	2	2	9	2	5	3	2
2	5	5	5	5	5	2	8
3	5	6	3	9	6	9	8
9	5	9	2	2	3	2	0
4	5	5	5	5	5	2	0

9. 아래 순서를 잘 보고, 그 다음 순서에 와야 하는 것을 빈 칸에 써 넣으세요.

1	가	2	나	3	다
4					

10. 다음 문장을 잘 읽고, 뒤에서부터 거꾸로 쓰고 읽어보세요.

가는 말이 고와야 오는 말이 곱다.

[2회차] 주의집중력 난이도 상 (★★★)

제 이름은 _____ 입니다.
오늘은 _____ 년 ____ 월 ____ 일입니다.

1. 아래 도형 순서를 잘 보고, 그 다음 순서에 와야 하는 도형을 빈 칸에 그려 넣으세요.

⊃	∩	U	=	⊃	∩
U					

2. 다음 단어를 잘 보고, "ㅜ"가 몇 개인지 찾아서 쓰세요.

[예시] 수박 겉 핥기	1개
눈뜨고 도둑맞는다.	__개
금강산 구경도 식후경	__개
바늘 도둑이 소도둑 된다.	__개

3. 아래 자음과 모음을 조합해 단어를 최대한 많이 만들어 보세요.

[예시] 포도			
ㅈ	ㄱ	ㅇ	ㅏ
ㄴ	ㄸ	ㅓ	ㅗ
ㅠ	ㅜ	ㄷ	ㄹ
ㅡ	ㅊ	ㅋ	ㅅ
ㅣ	ㅁ	ㅌ	ㅐ
ㅍ	ㅆ	ㅂ	ㅟ

찾은 단어를 3개 이상 적어 보세요.

:

4. 출발지점에서 시작하여 도착 지점까지 줄을 그어 길을 찾아보세요.

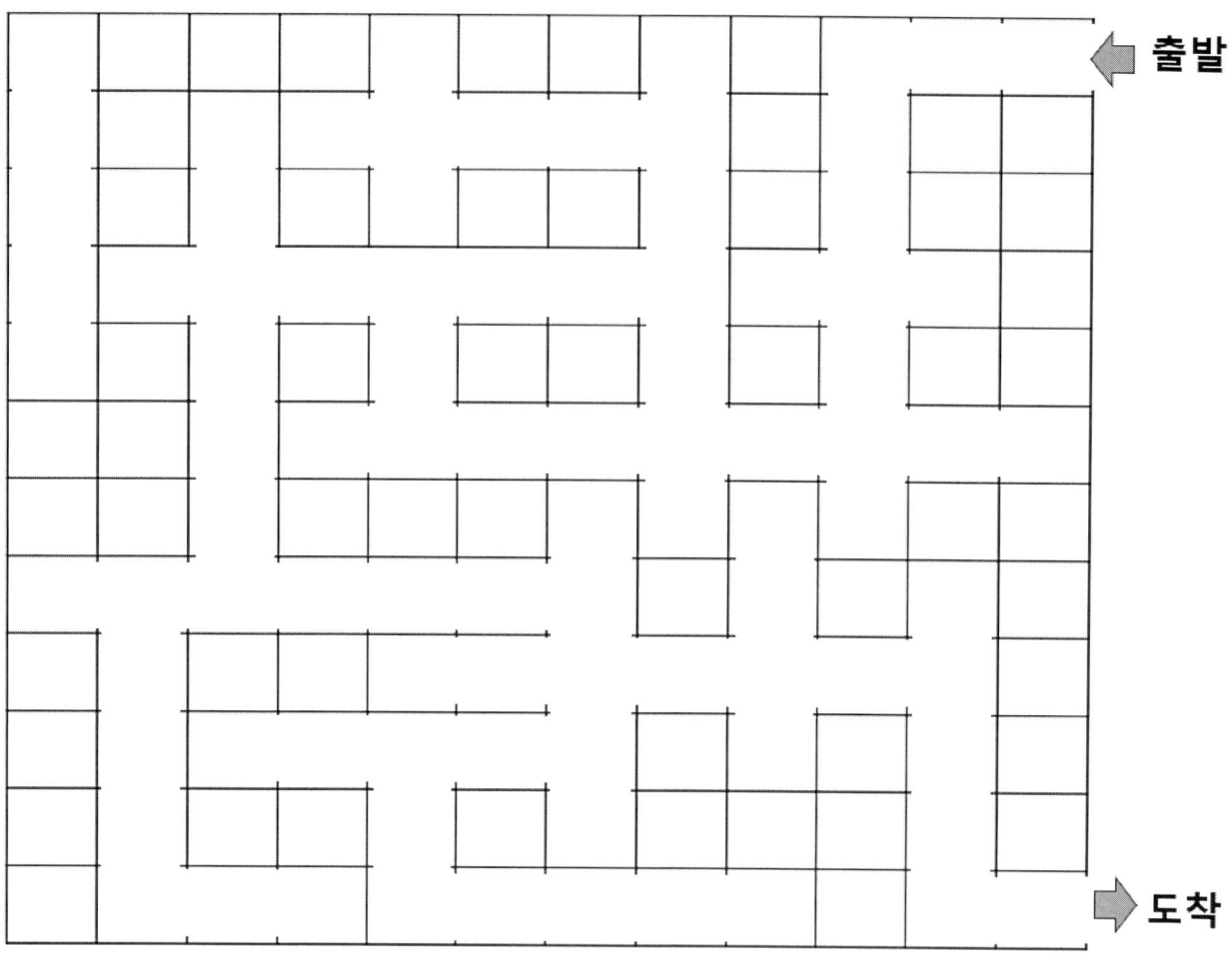

5. 다음 글자판에서 같은 글자가 3개 나란히(가로, 세로, 대각선) 연결된 것을 모두 찾아 선을 그어 보세요.

슬	슬	술	슬	룰	룰	랄
상	살	술	펑	라	룰	라
성	살	술	펑	라	래	래
설	설	필	팔	레	레	레
살	설	펑	팥	팔	필	삐
펑	핑	필	팔	필	빵	빠
팡	퐁	팔	팥	펑	뿌	뽀

6. 다음 도형 아래 있는 글자를 잘 보고 빈 칸을 채우세요.

--	=	==	≡	≡≡
9	**0**	**4**	**2**	**5**

≡	--	≡≡	=	--
2	9	5	0	9

==	≡≡	--	≡	=
4	5	9	2	0

--	=	≡≡	==	≡
9	0	5	4	2

7. 다음 노래가사를 잘 보고 "ㄷ"이 들어가는 글자에만 박수를 치세요.

<무조건>

내가 필요할 땐 나를 불러줘 언제든지 달려갈게
낮에도 좋아 밤에도 좋아 언제든지 달려갈게
다른 사람들이 나를 부르면
한참을 생각해 보겠지만
당신이 나를 불러준다면 무조건 달려갈 거야
당신을 향한 나의 사랑은 무조건 무조건이야
당신을 향한 나의 사랑은 특급 사랑이야
태평양을 건너 대서양을 건너
인도양을 건너서라도
당신이 부르면 달려갈 거야 무조건 달려갈 거야

8. 다음 중 숫자 "ㄷ"를 찾아 색칠하세요. 색칠한 부분이 어떤 모양인가요?

ㄴ	ㄹ	ㄹ	ㄴ	ㄴ	ㄹ	ㄱ	ㄴ
ㄹ	ㄱ	ㄱ	ㄱ	ㄷ	ㄱ	ㄴ	ㄹ
ㄹ	ㄱ	ㄴ	ㄷ	ㄷ	ㄴ	ㄹ	ㄱ
ㄹ	ㄴ	ㄷ	ㄴ	ㄷ	ㄱ	ㄹ	ㄱ
ㄱ	ㄷ	ㄷ	ㄷ	ㄷ	ㄷ	ㄴ	ㄹ
ㄱ	ㄱ	ㄴ	ㄴ	ㄷ	ㄱ	ㄹ	ㄱ
ㄱ	ㄴ	ㄴ	ㄹ	ㄷ	ㄴ	ㄹ	ㄹ
ㄹ	ㄹ	ㄱ	ㄹ	ㄱ	ㄹ	ㄱ	ㄹ

9. 아래 순서를 잘 보고, 그 다음 순서에 와야 하는 것을 빈 칸에 써 넣으세요.

10	ㄱ	9	ㄴ	8	ㄷ
7					

10. 다음 문장을 잘 읽고, 뒤에서부터 거꾸로 쓰고 읽어보세요.

가랑비에 옷 젖는 줄 모른다.

[3회차] 주의집중력
난이도 상 (★★★)

제 이름은 _____ 입니다.
오늘은 ____년 ____월 ____일입니다.

1. 아래 도형 순서를 잘 보고, 그 다음 순서에 와야 하는 도형을 빈 칸에 그려 넣으세요.

∨	∧	≤	≥	∨	∧
≤					

2. 다음 단어를 잘 보고, "ㄷ"이 몇 개인지 찾아서 쓰세요.

[예시] 꿩대신 닭	2개
구렁이 담 넘어가듯 하다.	__개
비온 뒤 땅이 굳는다.	__개
믿는 도끼에 발등 찍힌다.	__개

3. 아래 자음과 모음을 조합해 단어를 최대한 많이 만들어 보세요.

[예시] 하마			
ㅏ	ㄲ	ㄴ	ㅛ
ㄸ	ㄹ	ㅍ	ㅎ
ㅓ	ㅋ	ㅑ	ㅜ
ㅊ	ㅡ	ㅅ	ㅣ
ㅂ	ㅇ	ㅕ	ㅃ
ㅈ	ㅗ	ㅁ	ㅠ

찾은 단어를 3개 이상 적어 보세요.

:

4. 출발지점에서 시작하여 도착 지점까지 줄을 그어 길을 찾아보세요.

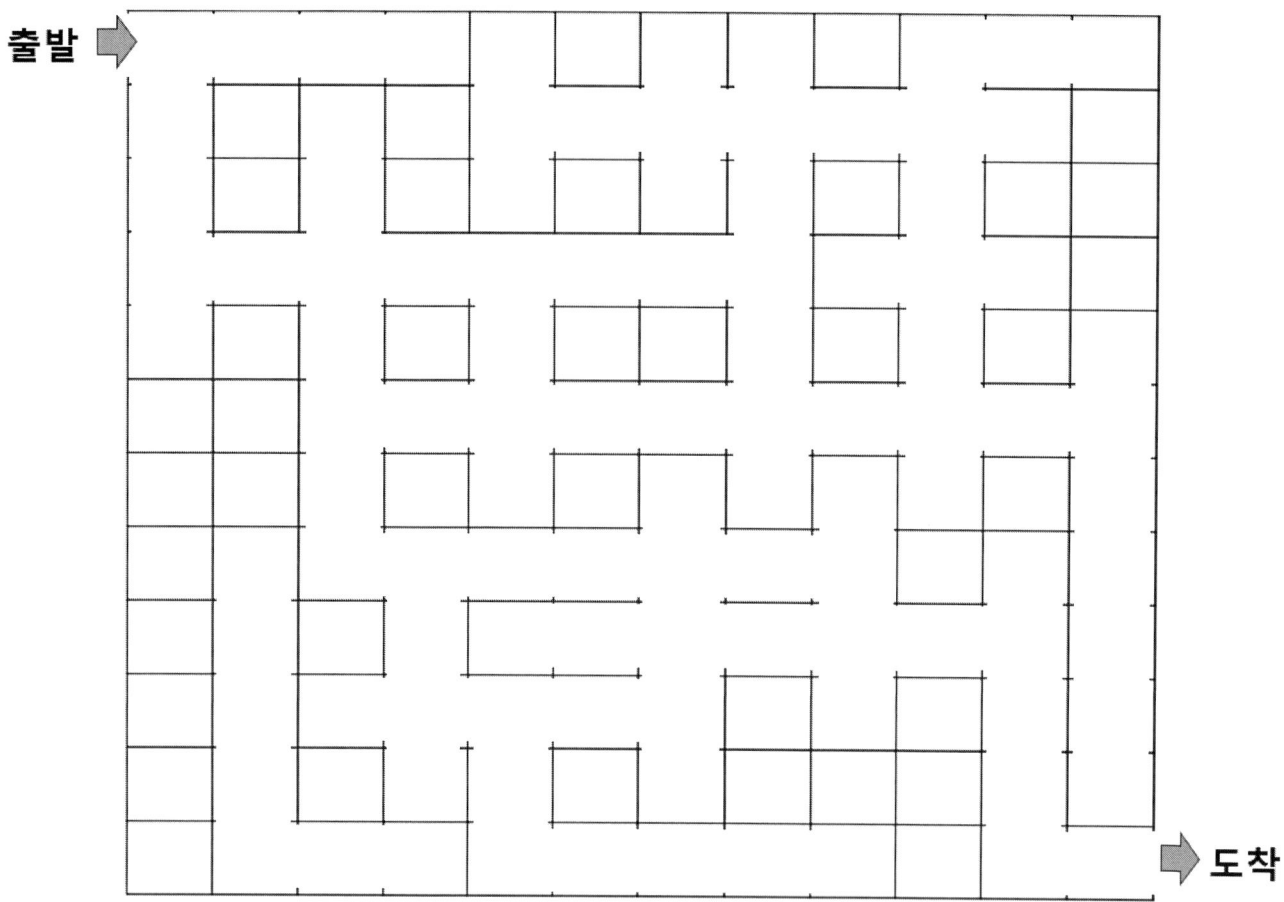

5. 다음 글자판에서 같은 글자가 3개 나란히(가로, 세로, 대각선) 연결된 것을 모두 찾아 선을 그어 보세요.

케	캐	뿌	푸	푸	빼	쁘
크	퀴	쁘	뿌	쁘	푸	프
크	코	쁘	빼	뿌	빼	뻐
크	코	빼	삐	빼	뻐	새
쿠	뻐	뻐	삐	뻐	시	새
고	구	빼	삐	뻐	시	사
마	먀	마	미	미	미	바

6. 다음 글자판에서 단어가 되는 글자가 나란히(가로, 세로, 대각선) 연결된 것을 최대한 많이 찾아 선을 그어 보세요.

경	첩	성	이	빨
대	코	랑	발	아
구	호	지	명	창
름	두	루	미	소
와	식	강	개	식

7. 다음 노래가사를 잘 보고 "ㅇ"이 들어가는 글자에만 박수를 치세요.

<소양강 처녀>

해 저문 소양강에 황혼이 지면
외로운 갈대 밭에 슬피우는 두견새야
열여덟 딸기 같은 어린 내 순정
너마저 몰라주면 나는 나는 어쩌나
아 그리워서 애만 태우는 소양강 처녀

8. 다음 중 숫자 "ㅐ"를 찾아 색칠하세요. 색칠한 부분이 어떤 모양인가요?

9. 아래 순서를 잘 보고, 그 다음 순서에 와야 하는 것을 빈 칸에 써 넣으세요.

ㅏ	1	ㅑ	2	ㅓ	3
ㅕ					

10. 다음 문장을 잘 읽고, 뒤에서부터 거꾸로 쓰고 읽어보세요.

구슬이 서 말이라도 꿰어야 보배

[4회차]

주의집중력
난이도 상 (★★★)

제 이름은 _____ 입니다.
오늘은 _____ 년 ____ 월 ____ 일입니다.

1. 아래 도형 순서를 잘 보고, 그 다음 순서에 와야 하는 도형을 빈 칸에 그려 넣으세요.

--	=	≡	=·	--	=

≡					

2. 다음 단어를 잘 보고, "ㄴ"이 몇 개인지 찾아서 쓰세요.

[예시] 눈 오는 날의 오후	5개
남의 떡이 커 보인다.	__개
낫 놓고 기억자도 모른다.	__개
달도 차면 기운다.	__개

3. 아래 자음과 모음을 조합해 단어를 최대한 많이 만들어 보세요.

[예시] 미역			
ㅐ	ㅔ	ㅘ	ㅟ
ㄱ	ㅅ	ㅎ	ㅕ
ㅌ	ㄹ	ㅊ	ㅣ
ㅛ	ㅡ	ㅂ	ㅅ
ㅁ	ㅋ	ㄴ	ㅍ
ㅠ	ㅇ	ㅈ	ㄷ

찾은 단어를 3개 이상 적어 보세요.

:

4. 출발지점에서 시작하여 도착 지점까지 줄을 그어 길을 찾아보세요. (가장 빠른 길을 찾아보세요.)

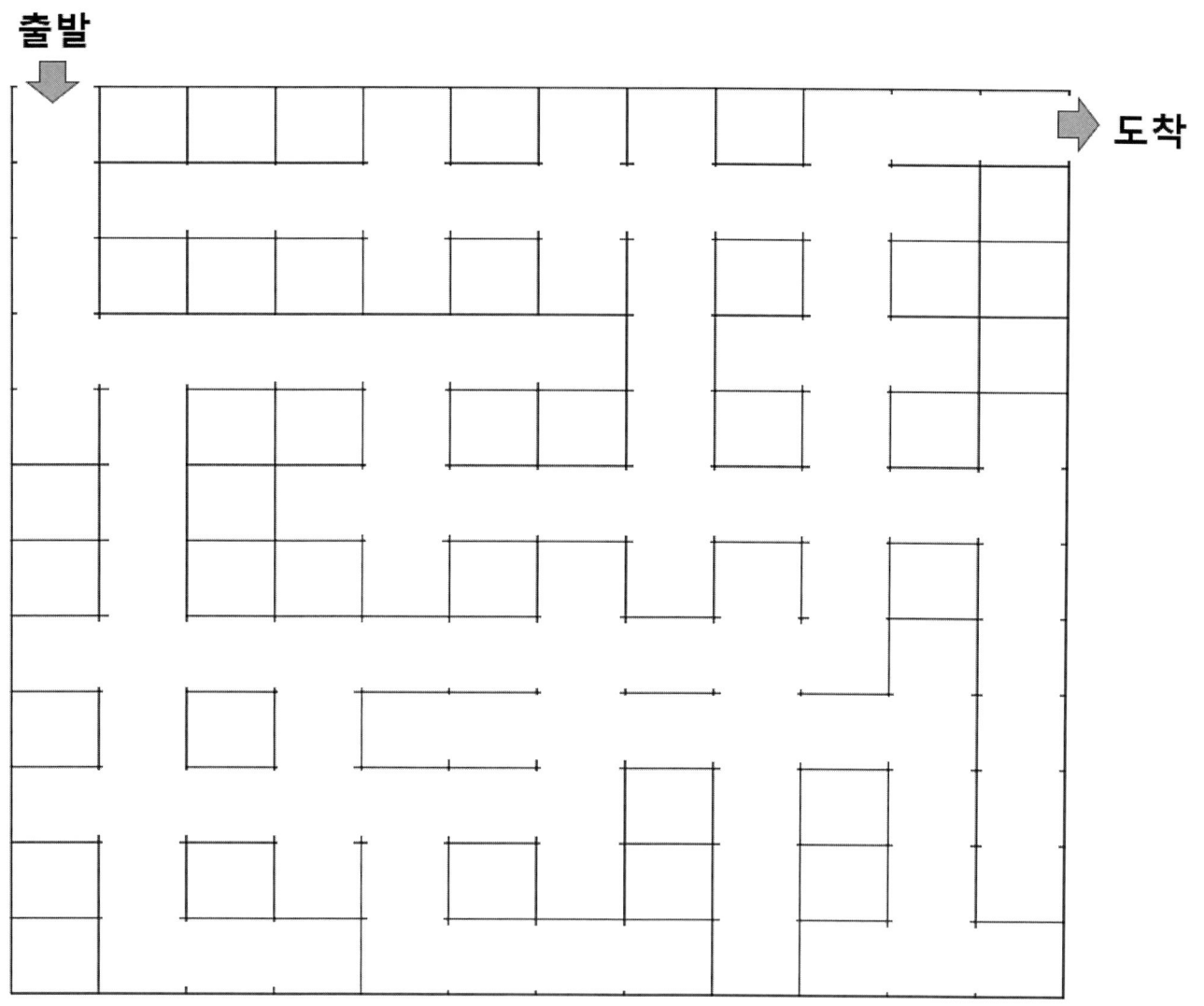

5. 다음 글자판에서 단어가 되는 글자가 나란히(가로, 세로, 대각선) 연결된 것을 최대한 많이 찾아 선을 그어 보세요.

양	마	술	습	파
하	늘	사	랑	술
왕	버	선	자	홍
강	코	섯	동	석
박	자	송	문	양

6. 다음 도형 아래 있는 글자를 잘 보고 빈 칸을 채우세요.

☺	☻	☼	◼	◆
ㄲ	ㅐ	ㅃ	ㅟ	ㅅ
◆	☼	☻	☺	☼
☻	☺	◼	◆	◼
◼	◆	☼	☻	◆

7. 다음 노래가사를 잘 보고 "ㅇ"이 들어가는 글자에만 박수를 치세요.

<내 나이가 어때서>

야 야 야 내나이가 어때서
사랑의 나이가 있나요
마음은 하나요 느낌도 하나요
그대만이 정말 내 사랑인데
눈물이 나네요 내 나이가 어때서
사랑하기 딱 좋은 나인데

8. 다음 중 숫자 "8"을 찾아 색칠하세요. 색칠한 부분이 어떤 모양인가요?

9	6	9	6	0	9	0	6
9	9	8	9	8	8	8	0
0	8	8	6	8	9	6	0
0	9	8	9	8	6	6	6
6	6	8	6	8	8	8	9
0	0	8	6	8	9	8	0
0	0	8	9	8	8	8	0
0	6	0	9	6	9	6	9

9. 아래 순서를 잘 보고, 그 다음 순서에 와야 하는 것을 빈 칸에 써 넣으세요.

ㄱ	1	ㄴ	2	ㄷ	3
ㄹ					

10. 다음 문장을 잘 읽고, 뒤에서부터 거꾸로 쓰고 읽어보세요.

닭 쫓던 개 지붕 쳐다보듯 한다.

[5회차] 주의집중력 난이도 상 (★★★)

제 이름은 _____ 입니다.
오늘은 _____ 년 _____ 월 _____ 일입니다.

1. 아래 도형 순서를 잘 보고, 그 다음 순서에 와야 하는 도형을 빈 칸에 그려 넣으세요.

2. 다음 단어를 잘 보고, "ㅣ"가 몇 개인지 찾아서 쓰세요.

[예시] 누워서 떡 먹기	1개
도둑이 제 발 저리다.	__개
등잔 밑이 어둡다.	__개
금강산도 식후경	__개

3. 다음 글자판에서 같은 글자가 3개 나란히(가로, 세로, 대각선) 연결된 것을 모두 찾아 선을 그어 보세요.

강	갱	갱	나	내	룰	랄
생	강	갱	내	냄	르	라
셍	슝	강	랭	랑	랭	랑
옳	슝	매	딍	링	랑	링
옮	옳	므	둥	딩	딩	랑
옮	옴	매	댕	댕	댕	딍
옮	옳	마	딍	맴	딩	맴

4. 다음 글자판에서 단어가 되는 글자가 나란히(가로, 세로, 대각선) 연결된 것을 최대한 많이 찾아 선을 그어 보세요.

커	하	할	타	버
캉	품	마	차	터
바	다	니	오	징
지	고	사	리	어
콩	기	자	차	부

5. 다음 도형 아래 있는 글자를 잘 보고 빈 칸을 채우세요.

6. 출발지점에서 시작하여 도착 지점까지 줄을 그어 길을 찾아보세요. (가장 빠른 길을 찾아보세요.)

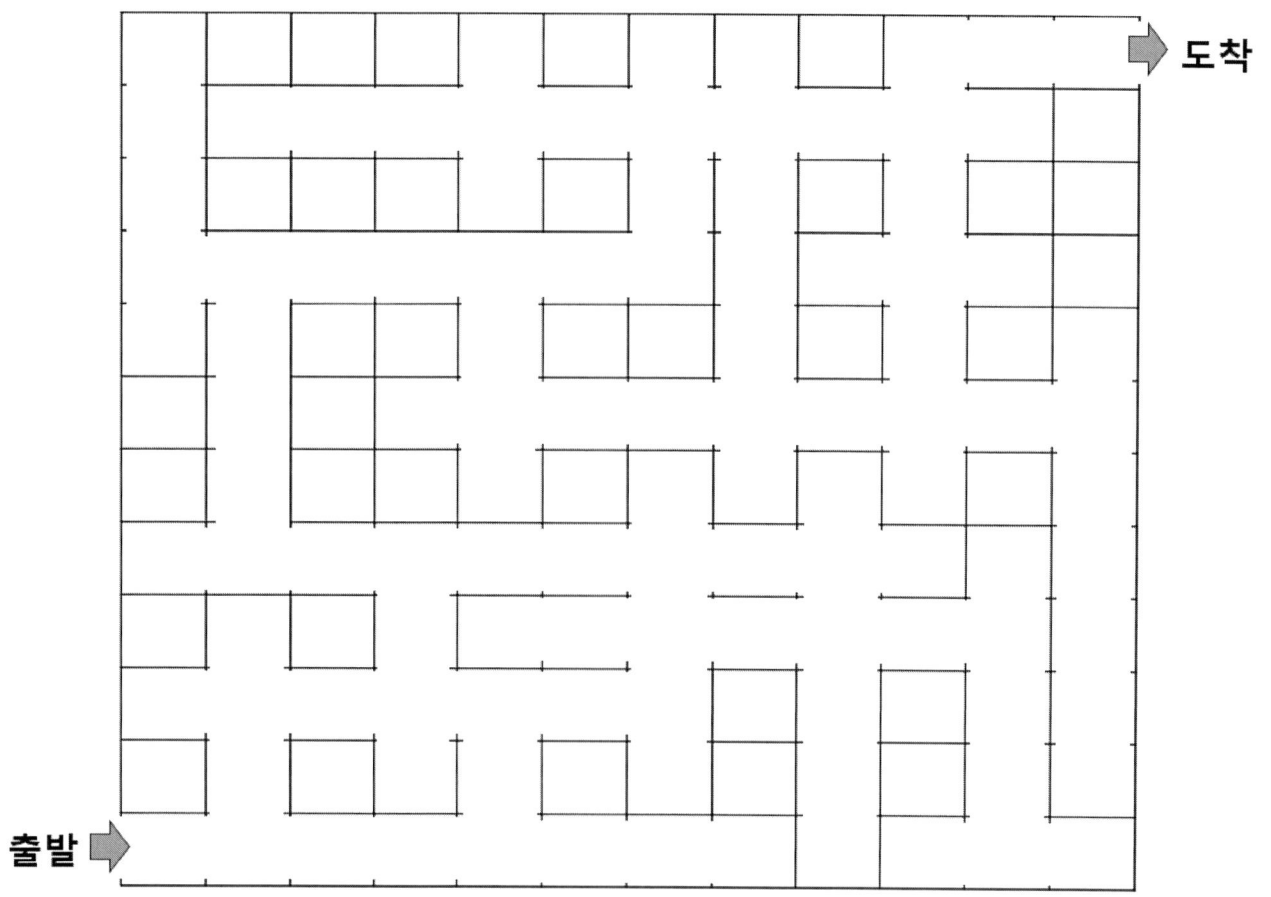

7. 다음 노래가사를 잘 보고 "ㅎ"이 들어가는 글자에만 박수를 치세요.

<호랑나비 >

허! 호랑나비 한마리가
꽃밭에 앉았는데 도대체 한사람도
즐겨찾는 이 하나없네
허! 예~하루이틀 기다려도
도대체 사람없네
이거 참 속상해 속상해 못살겠네
호랑나비야 날아봐 하늘높이 날아봐
호랑나비야 날아봐 구름위로 숨어봐
허! 예에에~

8. 다음 중 숫자 "ㅢ"를 찾아 색칠하세요. 색칠한 부분이 어떤 모양인가요?

ㅐ	ㅐ	ㅔ	ㅔ	ㅙ	ㅔ	ㅣ	ㅣ
ㅣ	ㅢ	ㅢ	ㅢ	ㅚ	ㅢ	ㅢ	ㅢ
ㅣ	ㅢ	ㅟ	ㅢ	ㅚ	ㅢ	ㅟ	ㅢ
ㅙ	ㅚ	ㅚ	ㅢ	ㅟ	ㅢ	ㅚ	ㅢ
ㅐ	ㅚ	ㅟ	ㅢ	ㅚ	ㅢ	ㅟ	ㅢ
ㅐ	ㅚ	ㅚ	ㅢ	ㅚ	ㅢ	ㅟ	ㅢ
ㅐ	ㅚ	ㅚ	ㅢ	ㅚ	ㅢ	ㅢ	ㅢ
ㅐ	ㅙ	ㅟ	ㅔ	ㅙ	ㅔ	ㅔ	ㅣ

9. 아래 순서를 잘 보고, 그 다음 순서에 와야 하는 것을 빈 칸에 써 넣으세요.

10	ㅏ	9	ㅑ	8	ㅓ
7					

10. 다음 문장을 잘 읽고, 뒤에서부터 거꾸로 쓰고 읽어보세요.

낮말은 새가 듣고 밤말은 쥐가 듣는다.

에듀컨텐츠·휴피아
CH Educontents·Huepia

난이도 상
(난이도 ★★★)

3. 『시지각능력』

[1회차]	
시지각능력 난이도 상 (★★★)	제 이름은 _____입니다. 오늘은 ____년 ____월 ____일입니다.

1. 보기와 같은 그림이 아래 그림에서 몇 개가 있나요? 모두 찾아서 동그라미 하세요. (_____)개

[보기]

2. 다음 그림을 잘 보고 질문에 답하세요.

1) 남자의 어느 쪽 손으로 우산을 들고 있나요?

| ① 오른쪽 | ② 왼쪽 |

2) 남자는 여자의 어느 쪽에 앉아 있나요?

| ① 오른쪽 | ② 왼쪽 |

3. 다음 사진에 보이는 사람의 오른쪽 손에 동그라미(O) 표시를 하고, 왼쪽 발에 엑스(X) 표시를 하세요.

4. 다음 사진을 보고 거울을 보듯 똑같이 따라 해보세요.

5. 다음 그림을 잘 보고 숨어 있는 글자를 찾아 읽어 보세요.

6. 다음 보기 그림을 잘 살펴보세요. (5초 동안) 다음 장에서 같은 그림을 찾으세요.

[보기]

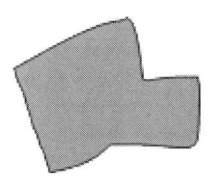

①	②
③	④

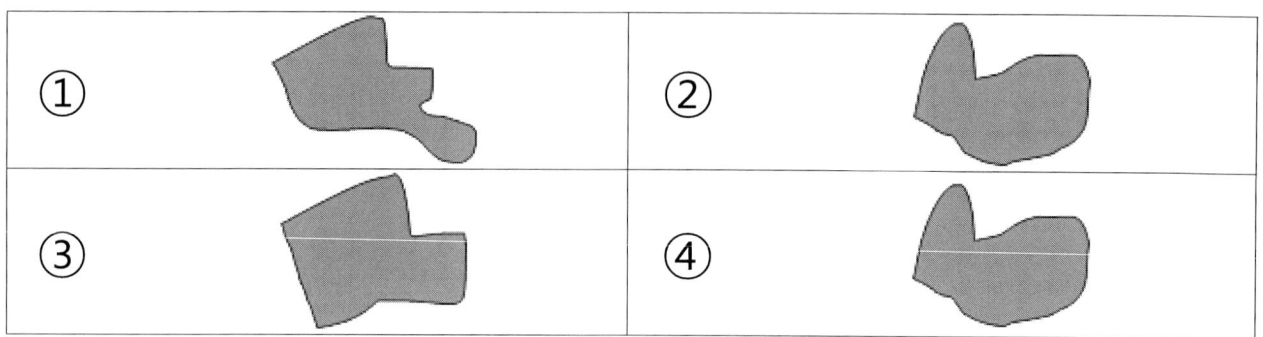

7. 아래 빈 칸에 동그란 원, 숫자와 바늘을 그려서 시계 모양을 완성하세요. "1시 35분을 나타내세요."

8. 다음 그림을 잘 보고 아래쪽 빈 칸에 똑같은 위치와 모양으로 그려보세요.

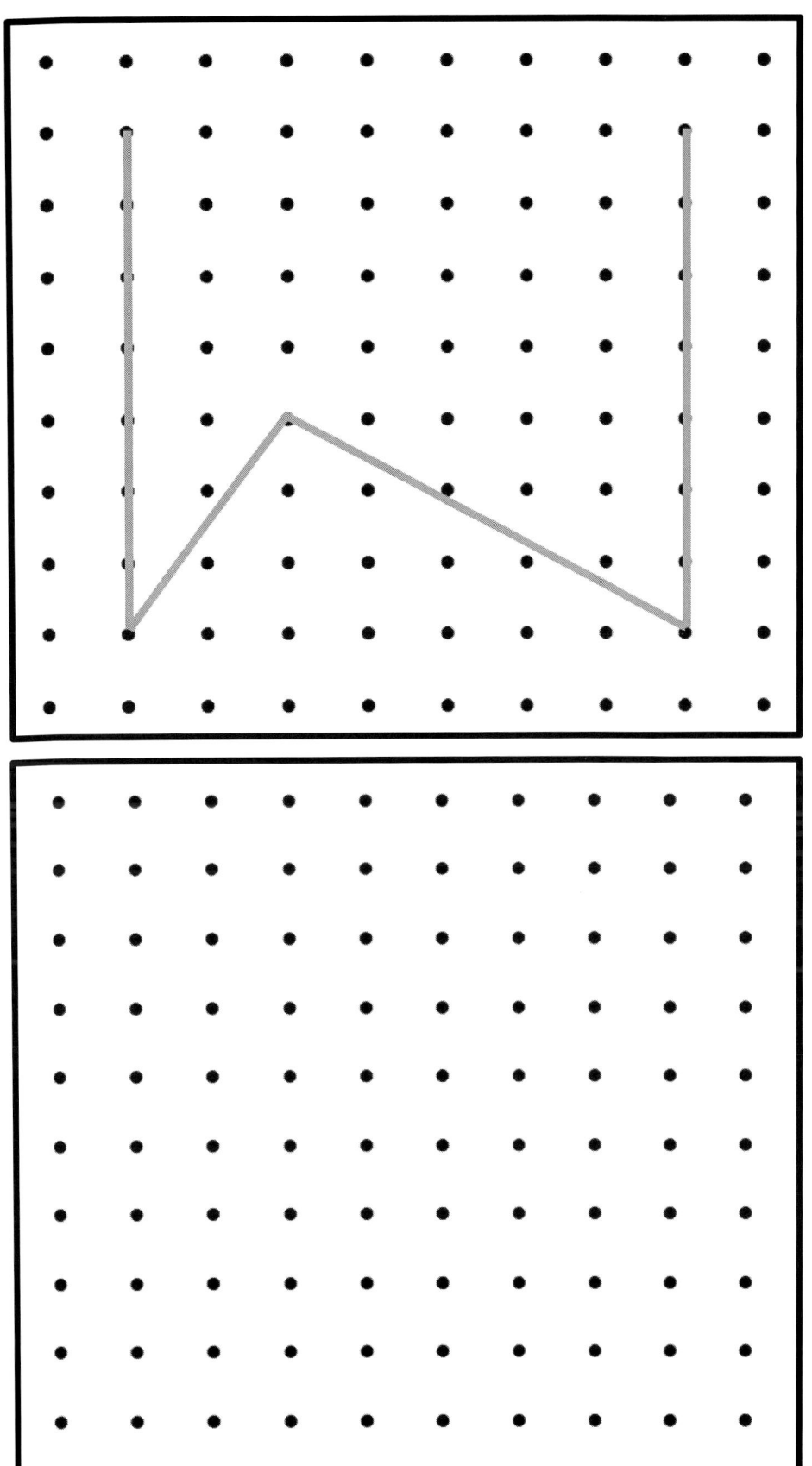

9. 다음 모양과 똑같이 만들기 위해서 필요한 적목은 모두 몇 개인가요? (　　　　　)개

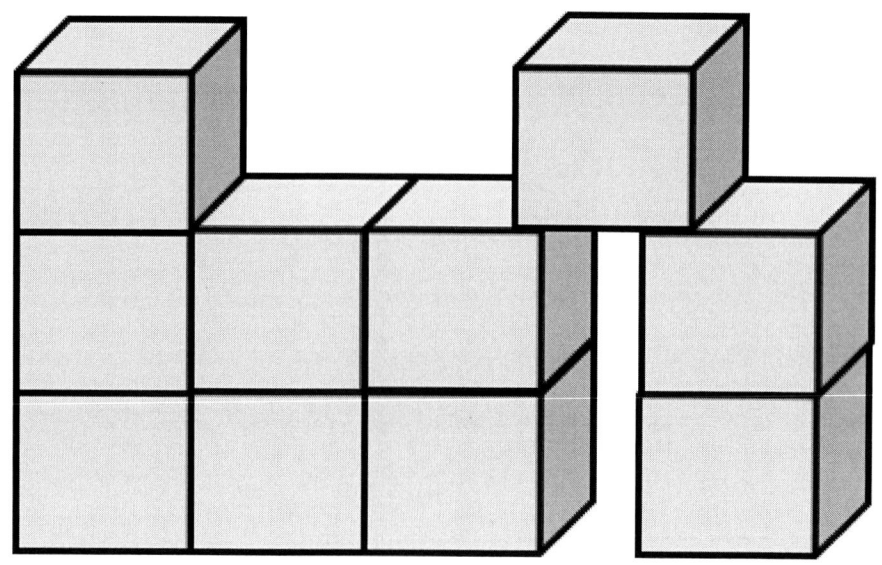

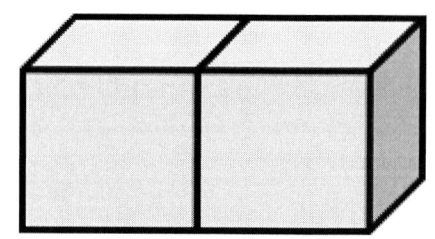

10. 다음 보기 그림을 잘 보고 아래 빈칸에 똑같이 따라 그리고, 색칠하세요.

[보기]

[2회차]	
시지각능력 난이도 상 (★★★)	제 이름은 _____ 입니다. 오늘은 ____년 ____월 ____일입니다.

1. 보기와 같은 그림이 아래 그림에서 몇 개가 있나요? 모두 찾아서 동그라미 하세요. (_____)개

[보기]

2. 다음 그림을 잘 보고 질문에 답하세요.

1) 여자의 어느 쪽 손목에 팔찌를 차고 있나요?

| ① 오른쪽 | ② 왼쪽 |

2) 여자는 자신의 어느 쪽으로 고개를 돌리고 있나요?

| ① 오른쪽 | ② 왼쪽 |

3. 다음 사진에 보이는 사람의 오른쪽 어깨에 동그라미(O) 표시를 하고, 왼쪽 발에 엑스(X) 표시를 하세요.

4. 다음 사진을 보고 거울을 보듯 똑같이 따라 해보세요.

5. 다음 그림을 잘 보고 숨어 있는 글자를 찾아 읽어 보세요.

6. 다음 보기 그림을 잘 살펴보세요. (5초 동안) 다음 장에서 같은 그림을 찾으세요.

[보기]

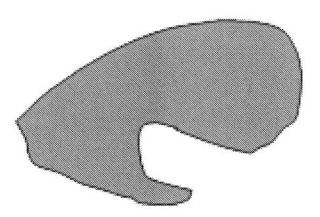

①	②
③	④

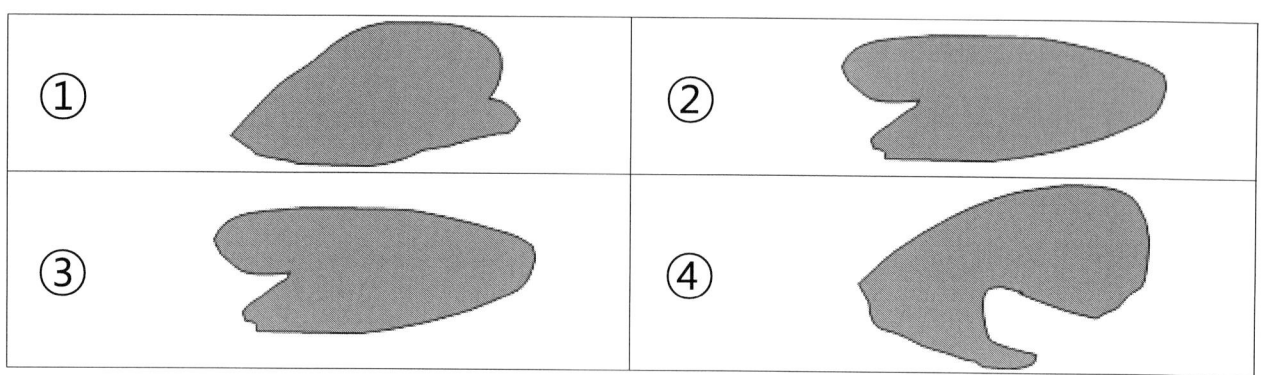

7. 아래 빈 칸에 동그란 원, 숫자와 바늘을 그려서 시계 모양을 완성하세요. "12시 50분을 나타내세요."

8. 다음 그림을 잘 보고 아래쪽 빈 칸에 똑같은 위치와 모양으로 그려보세요.

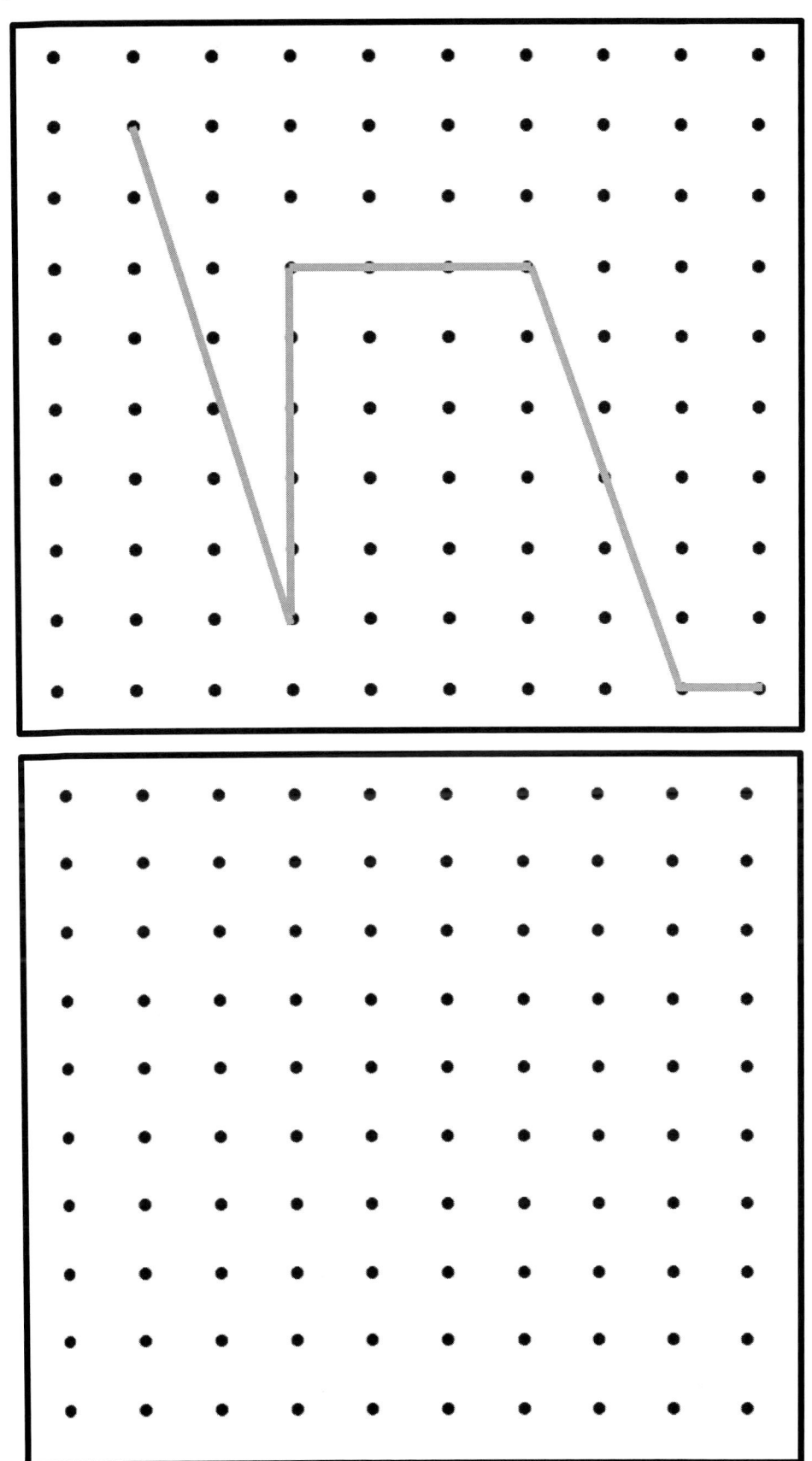

9. 다음 모양과 똑같이 만들기 위해서 필요한 적목은 모두 몇 개인가요? (_____)개

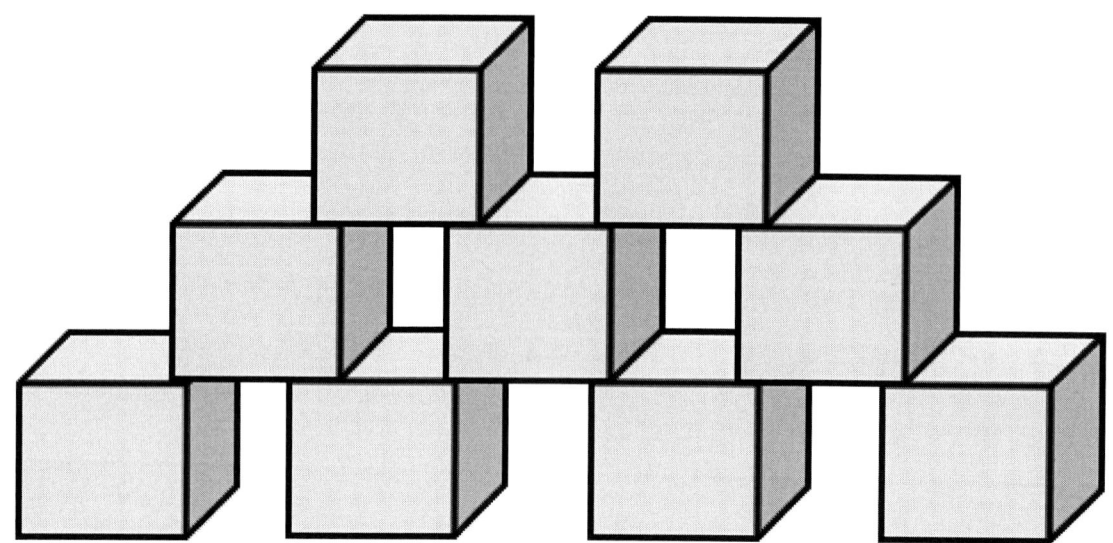

10. 다음 보기 그림을 잘 보고 아래 빈칸에 똑같이 따라 그리고, 색칠하세요.

[보기]

[3회차]

시지각능력
난이도 상 (★★★)

제 이름은 _____ 입니다.
오늘은 _____ 년 _____ 월 _____ 일입니다.

1. 보기와 같은 그림이 아래 그림에서 몇 개가 있나요? 모두 찾아서 동그라미 하세요. (_____)개

[보기]

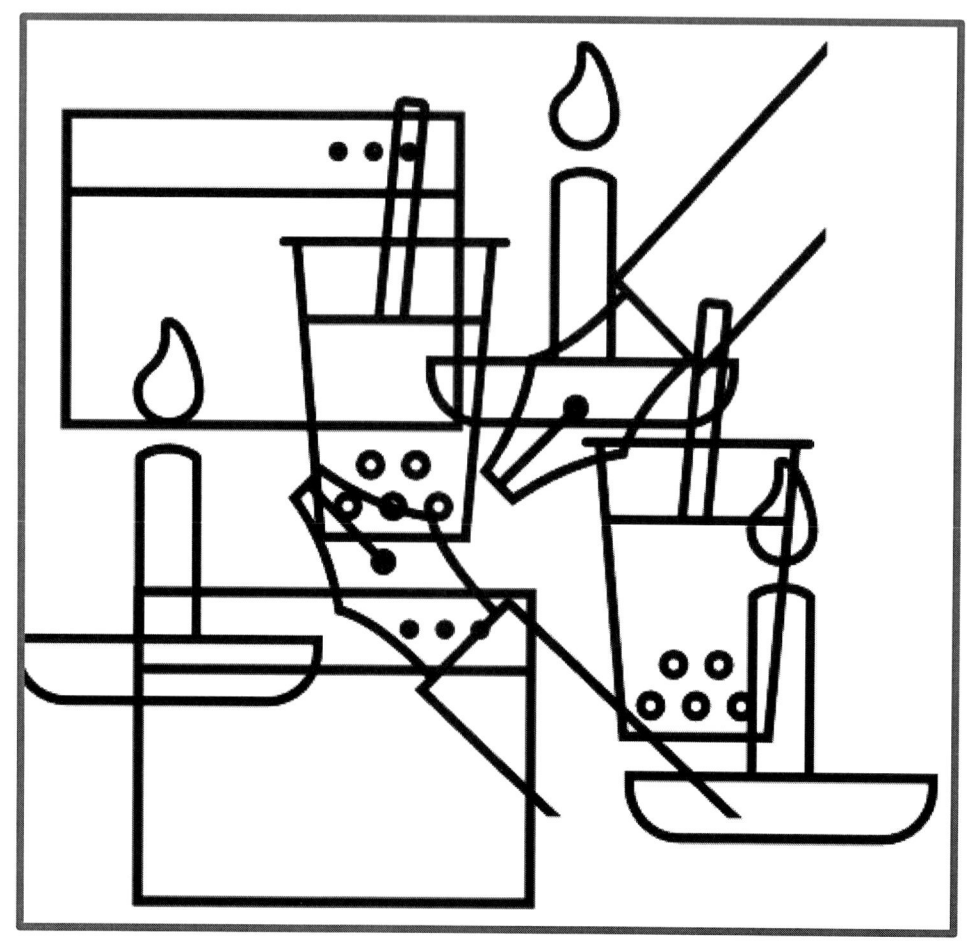

2. 다음 그림을 잘 보고 질문에 답하세요.

1) 아기가 어느 쪽 팔을 들고 있나요?

| ① 오른쪽 | ② 왼쪽 |

2) 아기 엄마는 아기의 어느 쪽에 앉아 있나요?

| ① 오른쪽 | ② 왼쪽 |

3. 다음 사진에 보이는 사람의 오른쪽 손에 동그라미(O) 표시를 하고, 왼쪽 발에 엑스(X) 표시를 하세요.

4. 다음 사진을 보고 거울을 보듯 똑같이 따라 해보세요.

5. 다음 그림을 잘 보고 숨어 있는 글자를 찾아 읽어 보세요.

6. 다음 보기 그림을 잘 살펴보세요. (5초 동안) 다음 장에서 같은 그림을 찾으세요.

[보기]

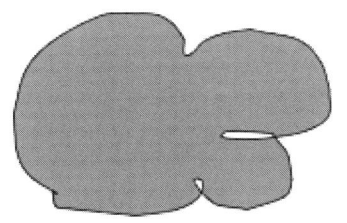

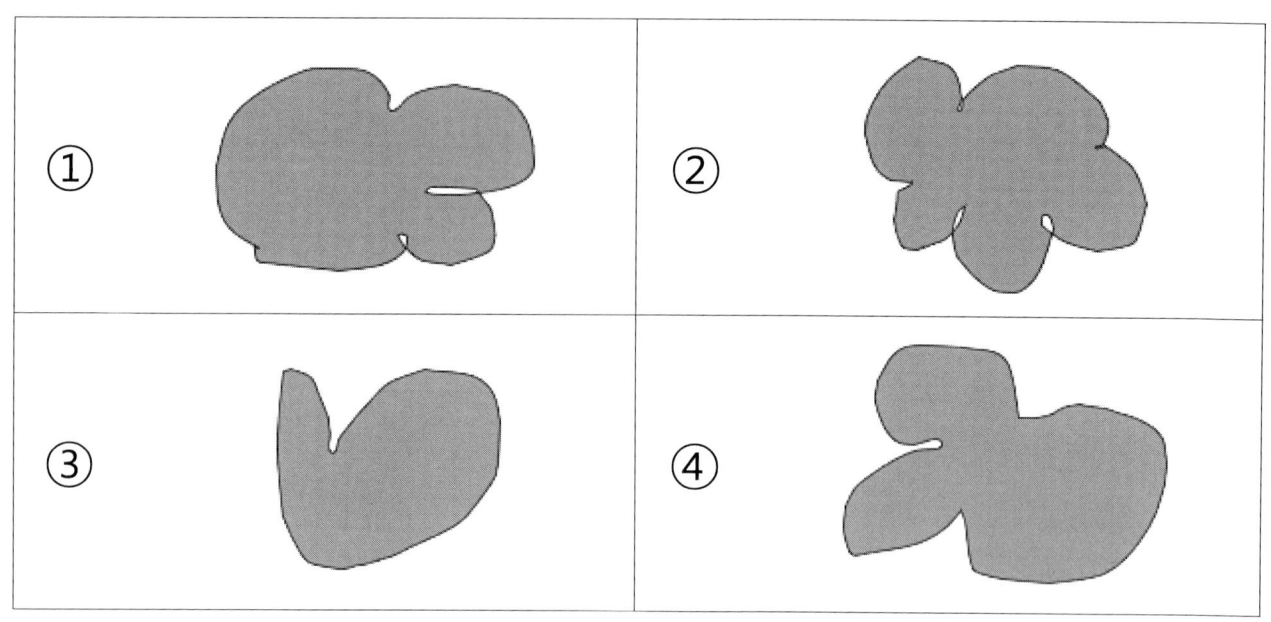

7. 아래 빈 칸에 동그란 원, 숫자와 바늘을 그려서 시계 모양을 완성하세요. "3시 45분을 나타내세요."

8. 다음 그림을 잘 보고 아래쪽 빈 칸에 똑같은 위치와 모양으로 그려보세요.

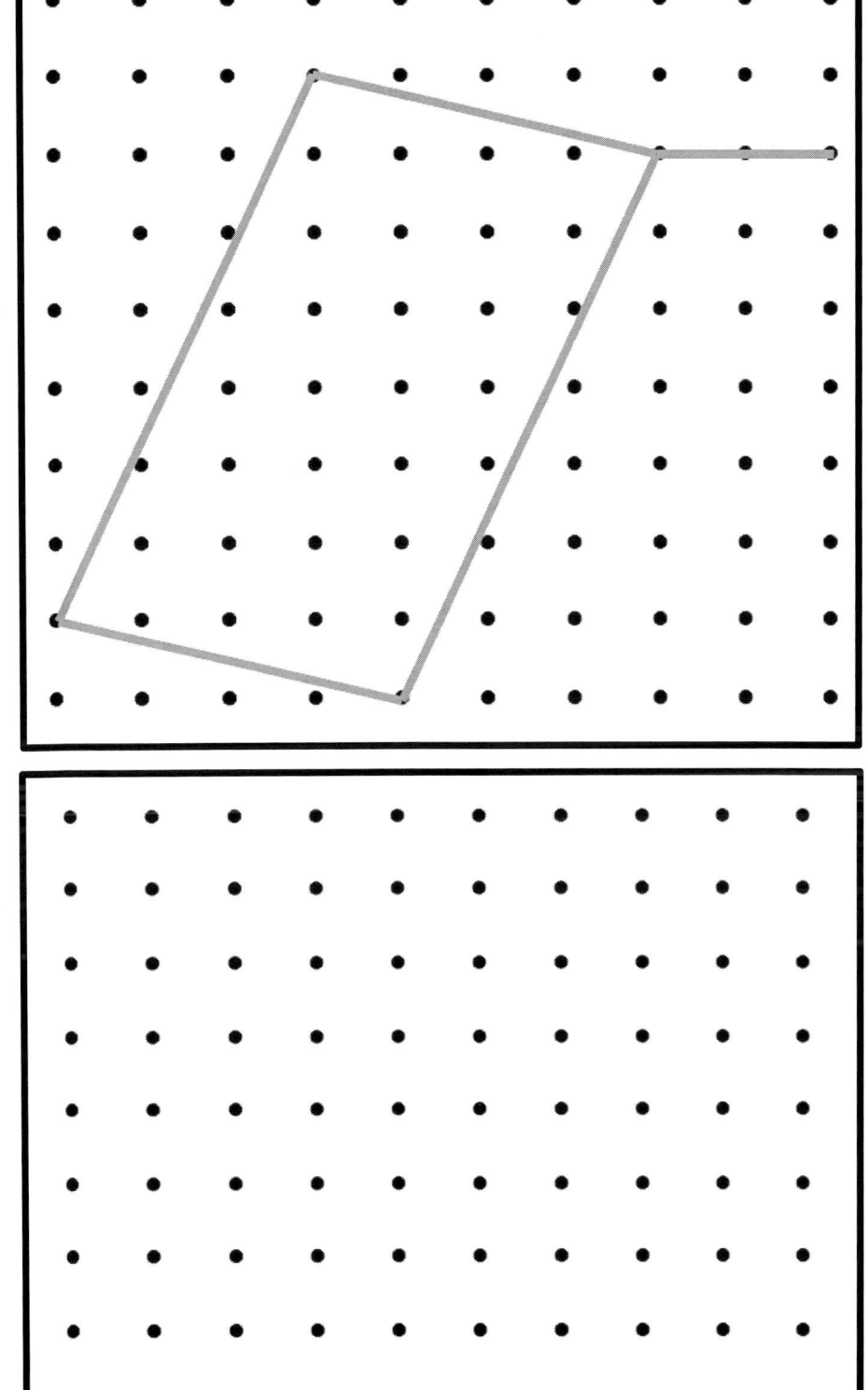

9. 다음 모양과 똑같이 만들기 위해서 필요한 적목은 모두 몇 개인가요? (_____)개

10. 다음 보기 그림을 잘 보고 아래 빈칸에 똑같이 따라 그리고, 색칠하세요.

[보기]

[4회차]	
시지각능력 난이도 상 (★★★)	제 이름은 _____ 입니다. 오늘은 ____년 ____월 ____일입니다.

1. 보기와 같은 그림이 아래 그림에서 몇 개가 있나요? 모두 찾아서 동그라미 하세요. (_____)개

[보기]

2. 다음 그림을 잘 보고 질문에 답하세요.

1) 아이가 어느 쪽 손으로 펜을 들고 있나요?

| ① 오른쪽 | ② 왼쪽 |

2) 아이의 어느 쪽에 지구본이 있나요?

| ① 오른쪽 | ② 왼쪽 |

3. 다음 사진에 보이는 사람의 왼쪽 손에 동그라미 (O) 표시를 하고, 오른쪽 발에 엑스(X) 표시를 하세요.

4. 다음 사진을 보고 거울을 보듯 똑같이 따라 해보세요.

5. 다음 그림을 잘 보고 숨어 있는 글자를 찾아 읽어 보세요.

6. 다음 보기 그림을 잘 살펴보세요. (5초 동안) 다음 장에서 같은 그림을 찾으세요.

[보기]

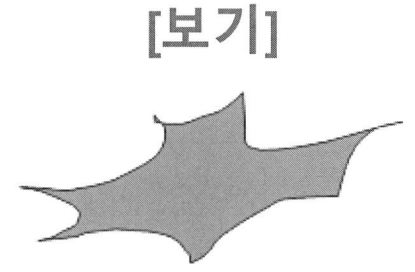

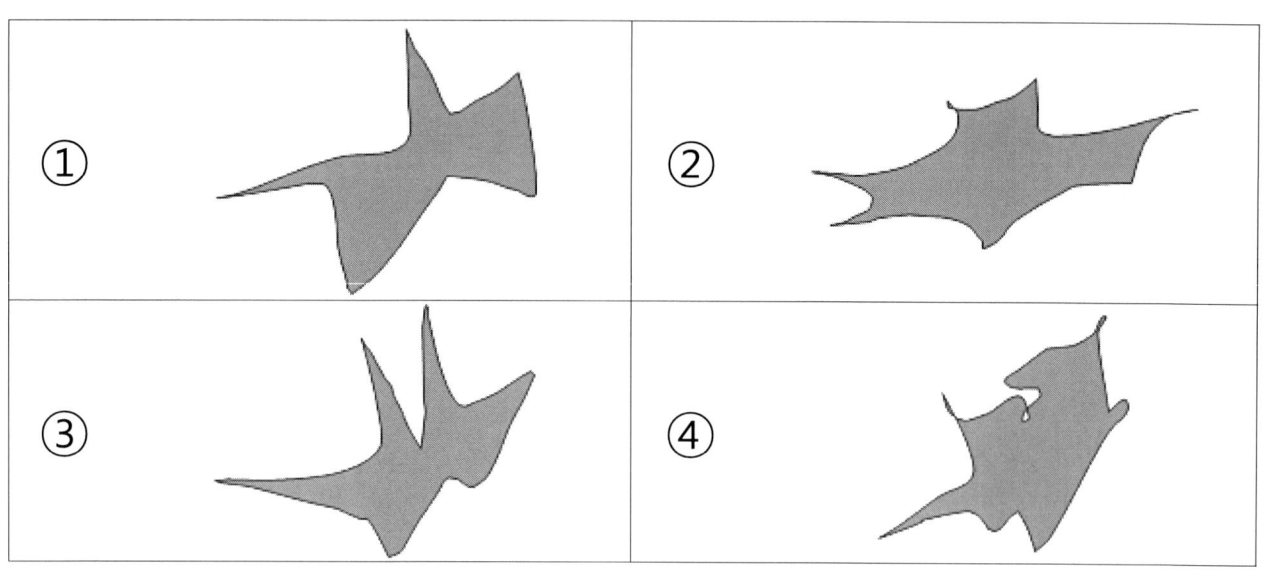

7. 아래 빈 칸에 동그란 원, 숫자와 바늘을 그려서 시계 모양을 완성하세요. "6시 30분을 나타내세요."

8. 다음 그림을 잘 보고 아래쪽 빈 칸에 똑같은 위치와 모양으로 그려보세요.

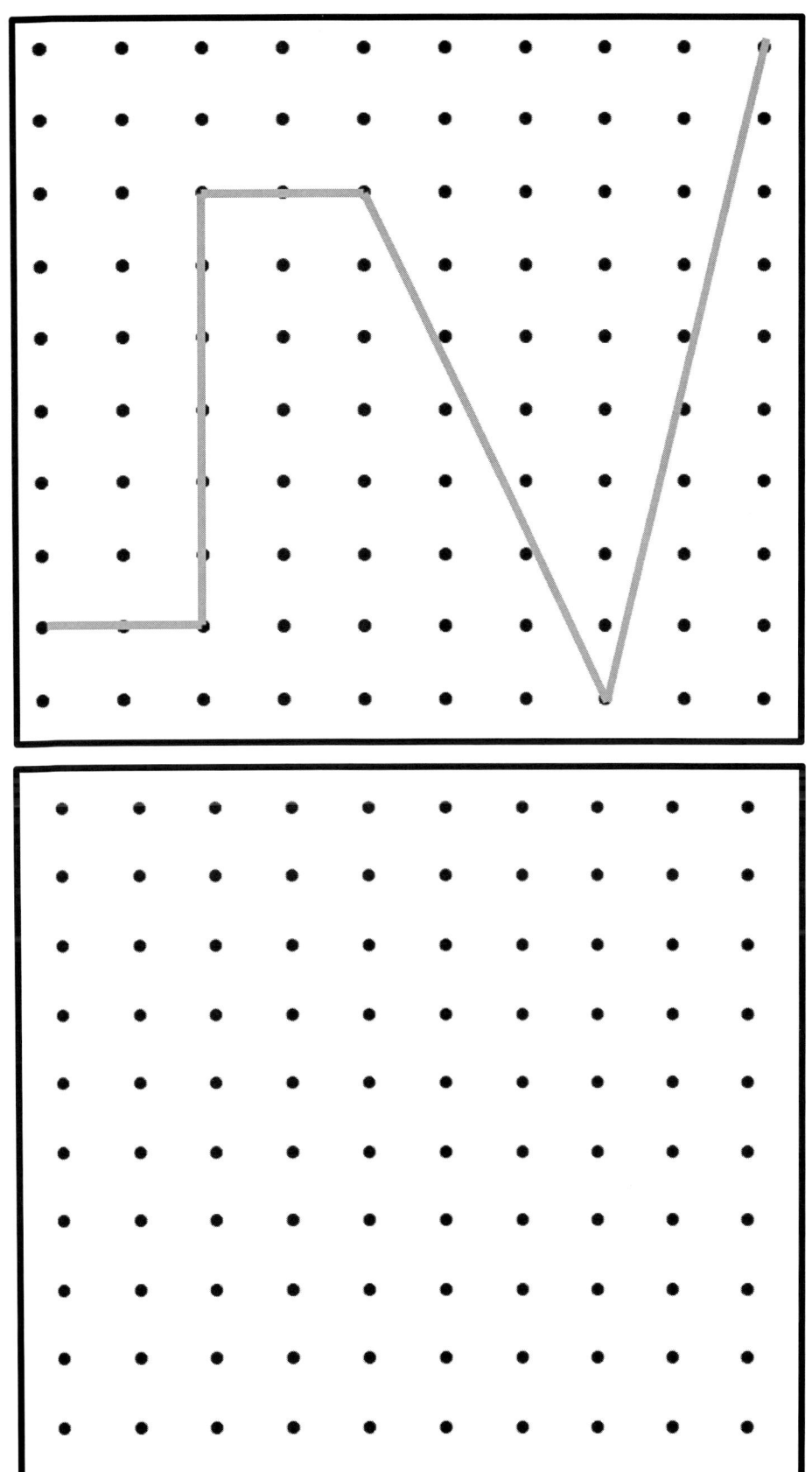

9. 다음 모양과 똑같이 만들기 위해서 필요한 적목은 모두 몇 개인가요? (_____)개

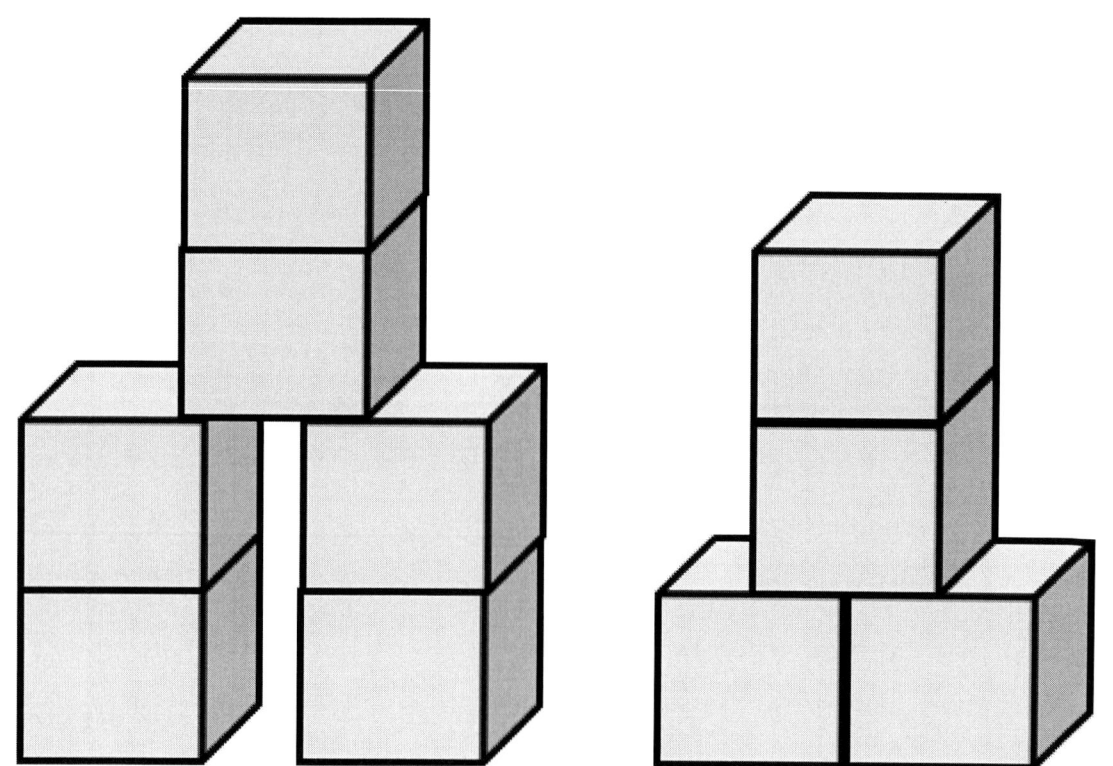

10. 다음 보기 그림을 잘 보고 아래 빈칸에 똑같이 따라 그리고, 색칠하세요.

[보기]

[5회차]

시지각능력
난이도 상 (★★★)

제 이름은 _____ 입니다.
오늘은 _____년 _____월_____일입니다.

1. 보기와 같은 그림이 아래 그림에서 몇 개가 있나요? 모두 찾아서 동그라미 하세요. (_____)개

[보기]

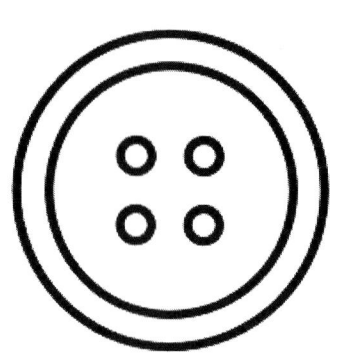

2. 다음 그림을 잘 보고 질문에 답하세요.

1) 사진 속 사람의 어느 쪽에 검정색 출입문이 있나요?

| ① 오른쪽 | ② 왼쪽 |

2) 사진 속 사람의 어느 쪽에 컵이 있나요?

| ① 오른쪽 | ② 왼쪽 |

3. 다음 사진에 보이는 사람의 오른쪽 손에 동그라미(O) 표시를 하고, 왼쪽 발에 엑스(X) 표시를 하세요.

4. 다음 사진을 보고 거울을 보듯 똑같이 따라 해보세요.

5. 다음 그림을 잘 보고 숨어 있는 글자를 찾아 읽어 보세요.

6. 다음 보기 그림을 잘 살펴보세요. (5초 동안) 다음 장에서 같은 그림을 찾으세요.

[보기]

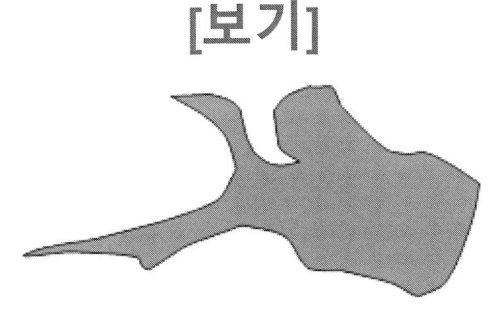

①	②
③	④

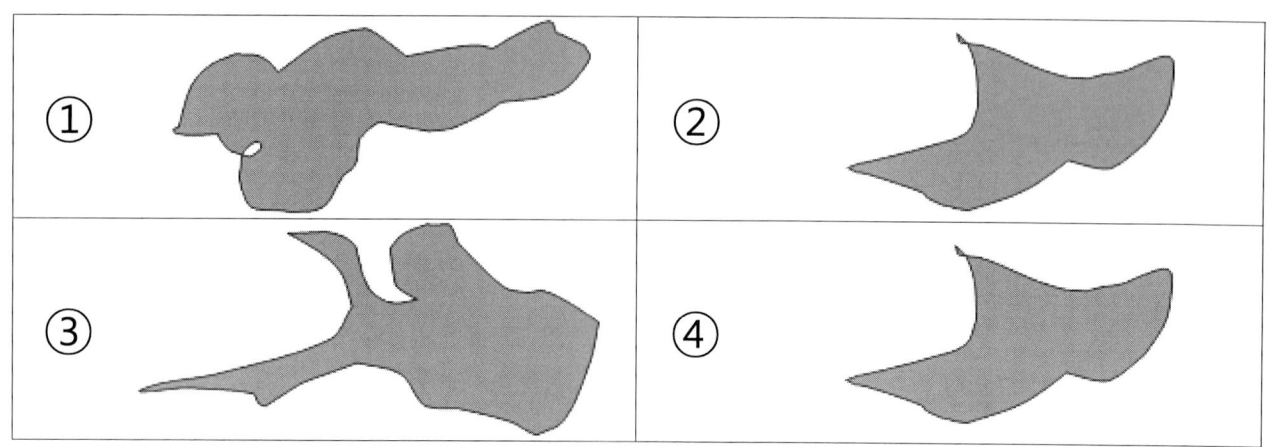

7. 아래 빈 칸에 동그란 원, 숫자와 바늘을 그려서 시계 모양을 완성하세요. "2시 55분을 나타내세요."

8. 다음 그림을 잘 보고 아래쪽 빈 칸에 똑같은 위치와 모양으로 그려보세요.

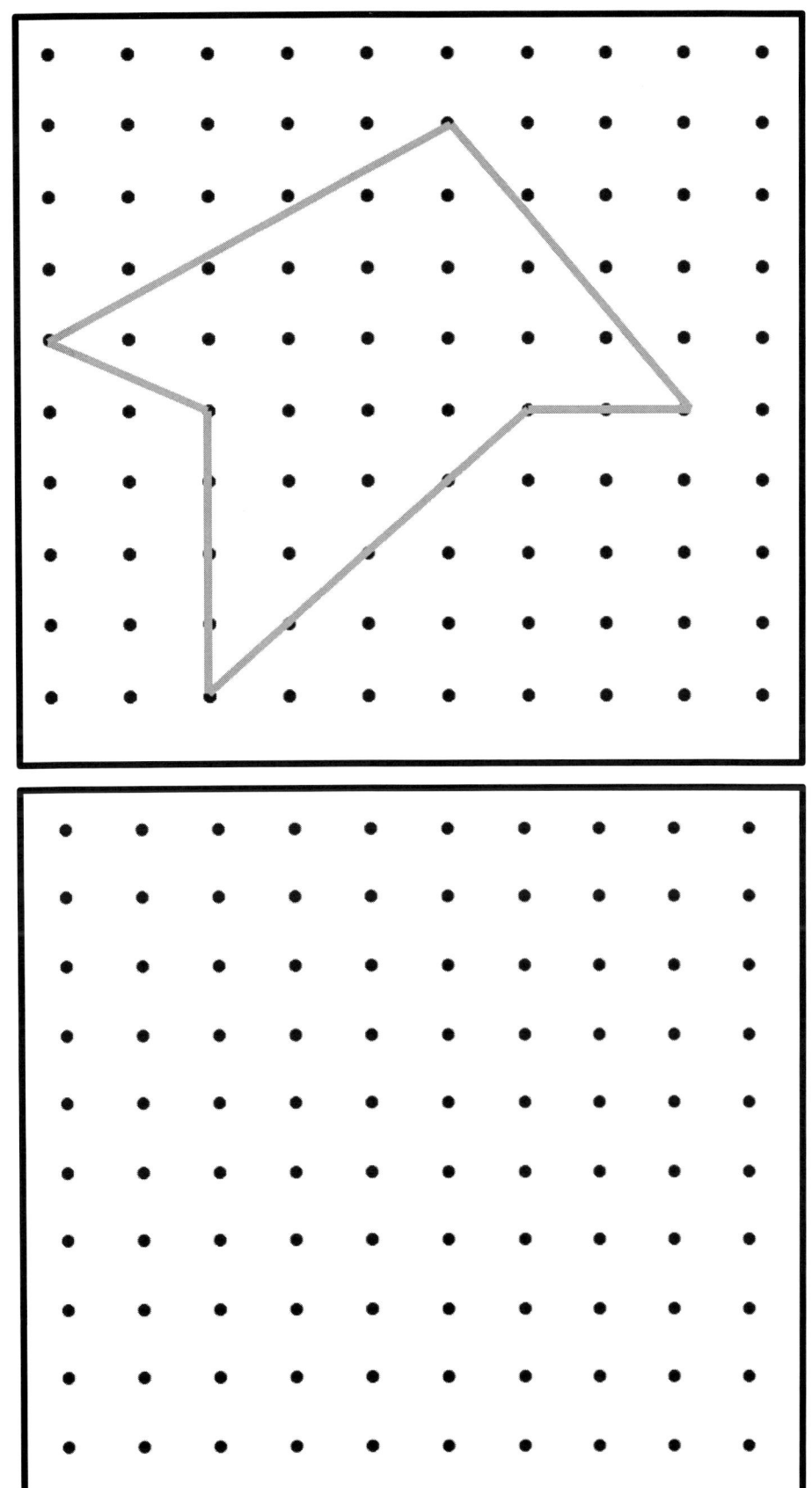

9. 다음 모양과 똑같이 만들기 위해서 필요한 적목은 모두 몇 개인가요? (_____)개

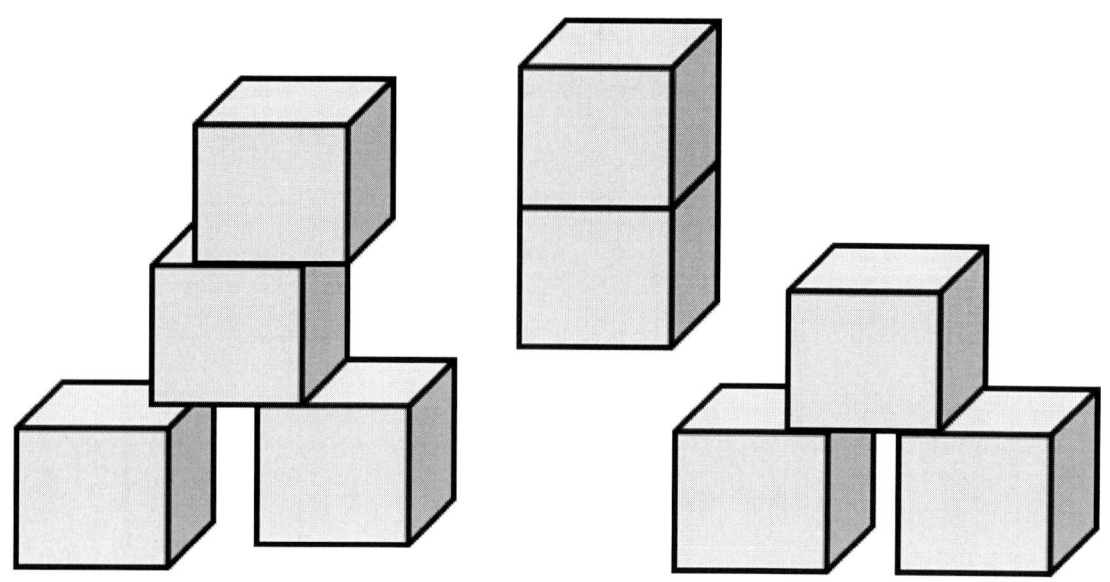

10. 다음 보기 그림을 잘 보고 아래 빈칸에 똑같이 따라 그리고, 색칠하세요.

[보기]

에듀컨텐츠·휴피아
CH Educontents·Huepia

난이도 상
(난이도 ★★★)

4. 『언어능력 및 사고력』

[1회차]

| 언어능력 및 사고력 |
| 난이도 상 (★★★) |

제 이름은 _____ 입니다.
오늘은 _____ 년 ____ 월 ____ 일입니다.

[1-2.] 다음 글을 읽고 물음에 답하세요.

[복지관 임시 휴관 안내문]

OO복지관은 오래된 화장실을 보수공사로 인해 임시 휴관하오니 ㉠양해 부탁드립니다.
- 기간: 2023.12.08.~12.15.

OO복지관장

1. OO복지관이 휴관하는 이유로 가장 적절한 것은?

① 복지관 바닥 공사를 위해
② 새로운 곳으로 이사하기 위해
③ 오래된 화장실을 보수하기 위해
④ OO 복지관장의 허락을 받기 위해

2. ㉠양해와 바꿔 쓸 수 있는 단어로 알맞은 것은?

① 축하
② 협조
③ 불가
④ 참석

3. 다음 일기예보 내용을 확인하고, 이에 대한 설명으로 알맞은 것에 동그라미(O) 표시하세요.

[일기 예보]

▶ 오늘 날씨
· 최저 2도 / 최고 12도
· 전국적으로 맑음

▶ 토요일 날씨
· 최저 영하 5도/ 최고 7도
· 낮 한때, 눈 내릴 예정

---

1) 오늘은 비가 예보되어 있다. (   )

2) 토요일은 최저와 최고 기온 차이가 5도이다. (   )

3) 토요일에는 눈이 예보되어 있다. (   )

4. 다음을 잘 읽고 물음에 답하세요.

> 김씨와 최씨는 동네 주변 걷기를 했습니다. 김씨는 1시간 10분이 걸렸고, 최씨는 80분이 걸렸습니다.

1) 누가 더 오래 걸렸나요? (김씨 / 최씨)

2) 얼마나 더 오래 걸렸나요? (_____ 분)

5. 다음을 잘 읽고 물음에 답하세요.

> 현재 총 만원을 가지고 있습니다. 1개에 1,500원 하는 핫도그를 사려고 합니다.

1) 최대한 몇 개 살 수 있나요? (_____ 개)

2) 만원을 가지고 살 수 있는 개수만큼 최대한 많이 사고 난 이후 남는 돈은 얼마인가요? (_____ 원)

[2회차]

언어능력 및 사고력
난이도 상 (★★★)

제 이름은 _____입니다.
오늘은 _____년 ____월____일입니다.

1. 다음 시계가 가르키는 현재 시각을 쓰고, 1시간 10분 후의 시각을 쓰세요.

현재 시각:	_____ 시 _____ 분
1시간 10분 후의 시각:	_____ 시 _____ 분

2. 다음에 제시된 단어를 보고 떠오르는 단어를 5개 이상 써 보세요.

[제시어] **"봄"**	

3. 다음에 제시된 단어나 문장을 확인하고, 반대되는 뜻을 가진 단어나 문장을 빈 칸에 써 보세요.

[제시어]	[반대어]
춥다.	
길다.	
빠른	

[4-5.] 다음 글을 읽고 물음에 답하세요.

[메뉴판]			
참치김밥	3,500원	야채비빔밥	5,500원
스팸김밥	4,000원	어묵우동	4,500원
야채김밥	3,000원	튀김우동	4,000원
치즈떡볶이	6,500원	짜장떡볶이	6,000원

4. 현재 가지고 있는 돈이 4,000원뿐이다. 4,000원으로 주문할 수 있는 음식 종류를 아래 빈칸에 모두 쓰세요.

5. 야채김밥 2인분, 어묵우동 2인분, 치즈떡볶이 1인분을 주문하려고 한다. 총 얼마를 내야 하나요?

(_____원)

[3회차]

언어능력 및 사고력
난이도 상 (★★★)

제 이름은 _____ 입니다.
오늘은 _____ 년 ____ 월 ____ 일입니다.

[1-2.] 다음 글을 읽고 물음에 답하세요.

[소독 실시 안내문]

OO아파트의 정기 소독 일정은 아래와 같습니다. 모든 세대가 소독 실시에 ㉠동참해 주시기 바랍니다.

1차 소독 일정: 2024.01.05. 11:00~
추가 소독 일정: 2024.01.15. 14:00~

OO아파트 관리소장

---

1. 안내문 내용과 일치하는 것은?

①	일부 세대만 실시한다.
②	1차에 끝나는 일정이다.
③	소독 점검 안내문이다.
④	1차 소독은 오전 11시에 시작한다.

2. ㉠동참과 바꿔 쓸 수 있는 단어로 알맞은 것은?

①	동시	②	반대
③	축하	④	협조

3. 다음 날씨 관련 기사내용을 확인하고, 이에 대한 설명으로 알맞은 것에 동그라미(O) 표시하세요.

> [날씨] 추위 기세 점점 강해져.. 전국 곳곳에 비·눈
>
> 추위 기세가 점점 강해지고 있습니다. 현재 경남과 경북 내륙에는 한파 주의보가 내려졌습니다.
>
> 창원 영하 2도, 포항과 경주는 영하 4도로 어제보다 5도 정도 낮은 기온을 보이고 있습니다. 한낮에도 기온은 크게 오르지 못하니 따뜻한 옷차림으로 외출하시기 바랍니다.
>
> 주말에는 전국 곳곳에 비나 눈이 내리는 곳이 있겠습니다.

1) 서울과 경기 지역의 온도를 알려주고 있다. (   )

2) 오늘은 어제보다 5도 정도 낮은 기온을 보인다. (   )

3) 주말에는 전국에 비 또는 눈이 예보되어 있다. (   )

4. 다음을 잘 읽고 물음에 답하세요.

고등어 한 마리는 4,800원이고, 갈치 한 마리는 9,700원입니다.

1) 갈치는 고등어보다 얼마가 더 비싼가요?

(_____원)

2) 고등어 2마리, 갈치 1마리는 얼마인가요?

(_____원)

5. 다음을 잘 읽고 물음에 답하세요.

현재 총 만원을 가지고 있습니다. 1개에 1,500원 하는 핫도그를 사려고 합니다.

1) 최대한 몇 개 살 수 있나요? (_____개)

2) 만원을 가지고 살 수 있는 개수만큼 최대한 많이 사고 난 이후 남는 돈은 얼마인가요? (_____원)

[4회차]

언어능력 및 사고력
난이도 상 (★★★)

제 이름은 _____입니다.
오늘은 _____년 ____월____일입니다.

1. 빈 칸에 알맞은 수를 써 넣으세요.

1)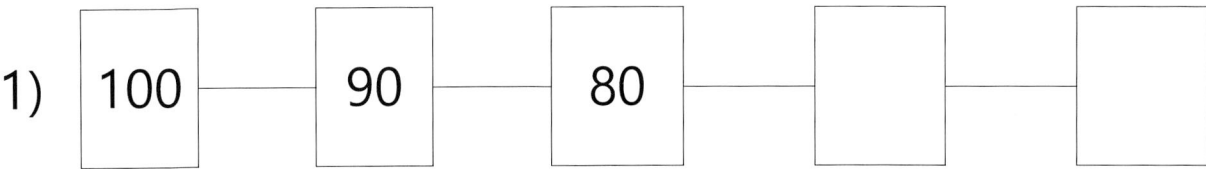

| 100 | 90 | 80 | | |

2)

| 15 | 30 | 45 | | |

3)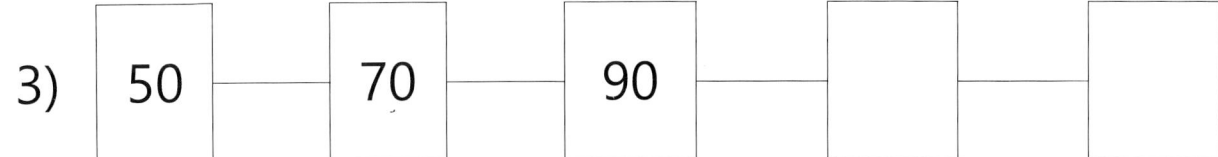

| 50 | 70 | 90 | | |

2. 다음에 제시된 단어를 보고 떠오르는 단어를 5개 이상 써 보세요.

[제시어] **"겨울"**	

3. 다음에 제시된 단어나 문장을 확인하고, 반대되는 뜻을 가진 단어나 문장을 빈 칸에 써 보세요.

[제시어]	[반대어]
뜨겁다.	
비싼	
가볍다.	

[4-5.] 다음 글을 읽고 물음에 답하세요.

[세탁 가격표]			
와이셔츠	3,500원	면자켓	4,500원
가죽자켓	5,000원	청바지	4,500원
면바지	3,000원	가죽바지	6,000원
운동화	6,500원	부츠	6,000원

4. 와이셔츠 3벌, 면자켓 1벌, 가죽바지 1벌을 세탁하려고 한다. 총 얼마가 필요한가요?

(_____원)

5. 가죽자켓 1벌, 청바지 1벌, 운동화 1켤레를 세탁하고, 20,000원을 냈습니다. 거스름돈으로 얼마를 받아야 하나요?

(_____원)

[5회차]

| 언어능력 및 사고력 |
| 난이도 상 (★★★) |

제 이름은 _____ 입니다.
오늘은 _____ 년 ____ 월 ____ 일입니다.

[1-2.] 다음 글을 읽고 물음에 답하세요.

[공사 안내문]

이웃 여러분, 안녕하세요?

　101동 1203호에서 인테리어 공사를 진행합니다. 공사기간동안 최대한 피해가 가지 않도록 철저히 관리하며 안전하고 ㉠신속하게 진행하도록 하겠습니다.

　공사 일정은 아래와 같습니다.
- 공사 기간: 2024.01.05.~2024.01.19.(2주간)
- 담당 전화: 010-2345-2345

1. 안내문 내용과 일치하지 않는 것은?

| ① 인테리어 공사 안내문이다. |
| ② 101동 1203호에서 공사를 한다. |
| ③ 담당자 전화번호가 제시되어 있다. |
| ④ 공사 기간은 20일이다. |

2. ㉠신속하게와 바꿔 쓸 수 있는 단어로 알맞은 것은?

| ① 천천히 | ② 바르게 |
| ③ 빠르게 | ④ 진실하게 |

3. 다음 뉴스 기사 내용을 확인하고, 이에 대한 설명으로 알맞은 것에 동그라미(O) 표시하세요.

> **[OO식당 반찬에서 벌레가 나와..]**
>
> 김O씨가 온라인 커뮤니티에 OO식당 반찬에서 벌레 한마리가 나온 사진을 올렸다. 식당 관계자는 위탁업체로부터 반찬 도시락을 받아 배식하던 중 이런 일이 발생했다며 해당 업체와 계약이 처음이고 현재 추후 조처 등을 논의하고 있다고 설명했다. OO식당 관계자는 이용자들에게 사과문을 게시하였다.

1) 학교 급식에서 벌레가 나왔다는 내용이다. (   )

2) 식당 관계자는 사과문을 게시하였다. (   )

3) 식당 관계자는 사건이 발생한 이후, 아무런 조처를 하지 않았다. (   )

4. 빈 칸에 알맞은 수를 써 넣으세요.

1)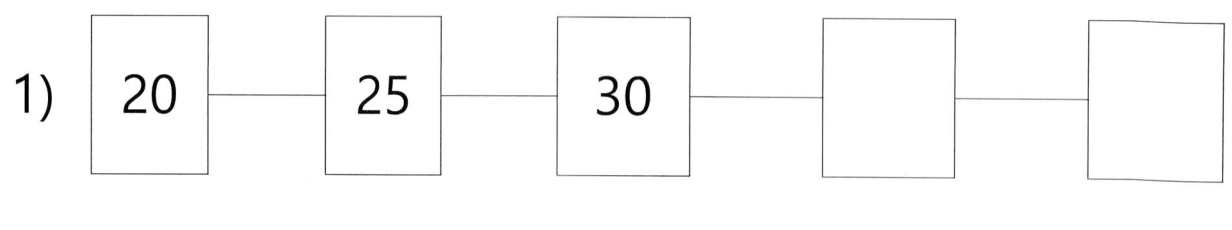

2)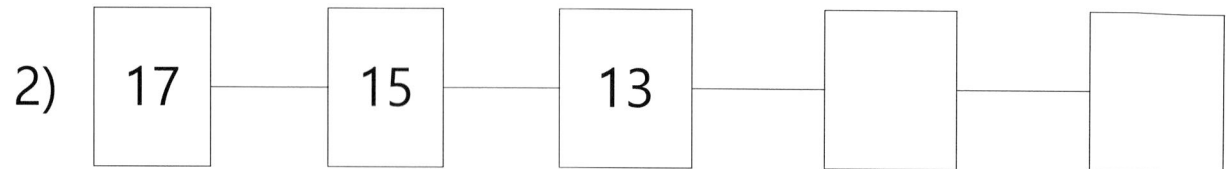

3)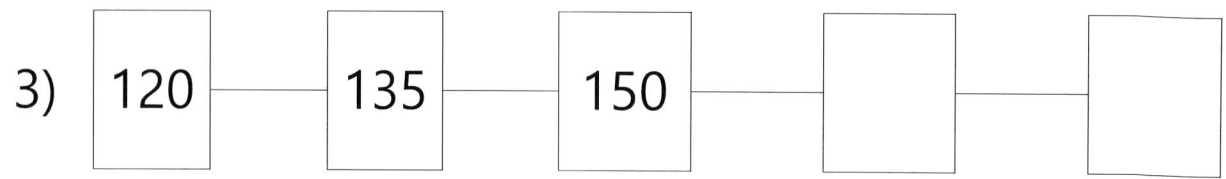

5. 다음을 잘 읽고 물음에 답하세요.

> 이번 달 관리비는 15,800원, 지난 달 관리비는 25,600원이 나왔습니다.

1) 최근 2개월 동안 관리비는 총 얼마인가요?

(_____ 원)

2) 지난 달은 이번 달 보다 관리비가 얼마나 더 많이 나왔나요?

(_____ 원)

에듀컨텐츠·휴피아
CH Educontents·Huepia

Cognitive Training Workbook
Based on Cognitive Area

인지영역 기반 인지훈련 워크북

차 수 민 ♦ 著

발행일 2024년 1월 25일
펴낸이 李 相 烈
펴낸곳 도서출판 에듀컨텐츠휴피아
출판등록 제2017-000042호 (2002년 1월 9일 신고등록)
주　소 서울 광진구 자양로 28길 98, 동양빌딩
전　화 (02) 443-6366
팩　스 (02) 443-6376
이메일 iknowledge@naver.com
Web　http://cafe.naver.com/eduhuepia
만든이 기획・김수아 / 책임편집・이진훈 김예빈 이훈미 하지수
　　　　 디자인・유충현 / 영업・이순우

정　가　38,000원
ISBN　978-89-6356-441-8 (13510)

ⓒ 2024, 차수민, 도서출판 에듀컨텐츠휴피아

＊ 본 책은 저작권법에 따라 보호받는 저작물이므로 무단 전재와 복제를 금지하며, 책 내용의 전부 또는 일부를 이용하려면 반드시 저작권자 및 도서출판 에듀컨텐츠휴피아의 서면 동의를 받아야 합니다.